国家社会科学基金青年项目“环境规制促进经济高质量发展的作用机制、效应测度及政策路径研究”（19CJY001）
中原千人计划基础研究领军人才项目“城乡空间优化与治理研究”（ZYQR201810122）
河南省高等学校重点科研项目“黄河流域产业生态化与高质量发展的耦合协调发展研究的耦合机理与优化路径研究”（23A790018）
河南财经政法大学华贸金融研究院2021年度科研项目”黄河流域产业生态化与高质量发展的耦合协调及实现路径”（HYK-2021030）
河南财经政法大学2022年度校级课题“数字经济促进共同富裕的机理分析与路径优化”

数字经济促进共同富裕的机理分析与优化路径

何 春◎著

MECHANISM ANALYSIS AND OPTIMIZATION PATH OF DIGITAL ECONOMY PROMOTING COMMON PROSPERITY

中国经济出版社
CHINA ECONOMIC PUBLISHING HOUSE
·北 京·

图书在版编目（CIP）数据

数字经济促进共同富裕的机理分析与优化路径／何春著．--北京：中国经济出版社，2023.10
ISBN 978-7-5136-7219-1

Ⅰ．①数… Ⅱ．①何… Ⅲ．①信息经济-关系-共同富裕-研究-中国 Ⅳ．①F492 ②F124.7

中国国家版本馆 CIP 数据核字（2023）第 095728 号

策划编辑　姜　静
责任编辑　王西琨
责任印制　马小宾
封面设计　任燕飞装帧设计工作室

出版发行　中国经济出版社
印 刷 者　河北宝昌佳彩印刷有限公司
经 销 者　各地新华书店
开　　本　710mm×1000mm　1/16
印　　张　16.75
字　　数　292 千字
版　　次　2023 年 10 月第 1 版
印　　次　2023 年 10 月第 1 次
定　　价　78.00 元
广告经营许可证　京西工商广字第 8179 号

中国经济出版社　**网址** www.economyph.com　**社址** 北京市东城区安定门外大街 58 号　**邮编** 100011
本版图书如存在印装质量问题，请与本社销售中心联系调换（联系电话：010-57512564）

序言

共同富裕是社会主义的本质要求，在社会主义现代化建设中扎实推进共同富裕，既是共产党人践行初心和使命的应有之义，也是体现社会主义制度优越性的客观要求。党的十八大后，以习近平同志为核心的党中央把逐步实现共同富裕放在更加突出的位置。党的十九届五中全会提出到2035年“全体人民共同富裕取得更为明显的实质性进展”的目标。共同富裕目标的实现离不开经济发展。近年来，新一轮科技革命迅猛发展，以大数据、云计算、区块链等为代表的数字技术和数字经济亦蓬勃发展。据统计，2020年在新冠肺炎疫情的冲击下，我国数字经济依然保持了9.6%的高速增长，是同期国内生产总值（Gross Domestic Product，GDP）名义增速的3.2倍，成为我国稳定经济增长的关键动力。未来，依托海量的数据资源、完备的工业体系及丰富的应用场景等优势，数字经济的发展前景必然十分广阔。可见，中国共同富裕的实现是嵌于数字经济时代，依托数字经济推进的。数字经济发展是顺应时代发展要求、促进经济高质量发展、提升国际影响力的关键环节，更是贯彻落实国家重大发展战略的内在要求。数字经济作为新的经济形态，有助于形成供给创造需求、需求牵引供给的高水平动态平衡。因此，研究数字经济促进共同富裕的机理与优化路径，可以在发展中构建新的相对平衡，为社会现代化水平总体提高、共同富裕目标的实现发挥固基护航的作用。本书将从以下四个部分论述数字经济促进共同富裕的机理与优化路径，具体内容如下：

第一部分是数字经济促进共同富裕的理论研究。首先，从研究背景、研究意义、研究内容、研究方法和技术路线对全书做一个总体规划，从研究视角、指标体系构建等方面对本书的创新和不足之处进行阐述。其次，系统梳理了国内外关于数字经济、共同富裕、数字经济和共同富裕的相关研究文献资料，并采用可视化文献分析软件（CiteSpace）进行分析，对现有研究进行总结归纳，指出不足之处，并对本书的边际贡献进行说明。最后，从理论逻辑、现实逻辑、历史逻辑与国际逻辑四个方面阐述数字经济促进共同富裕的内在逻辑，并从优化资源配置、推进技术创新、推动协调发展等方面阐述数字经济促进共同富裕的作用机理，为深入认识数字经济促进共同富裕提供可靠的理论依据。

第二部分是数字经济促进共同富裕的现状研究。首先是数字经济发展现状研究。梳理数字经济发展历程，对发展阶段进行划分并对阶段性特征进行总结；结合中国实施的创新驱动、数字发展等战略，解读新阶段数字经济的科学内涵，并对其发展特征进行概括；利用统计数据分析中国数字经济的发展现状，揭示中国数字经济的表现特征，对数字经济发展的成就及困境进行分析。其次是共同富裕发展现状研究。系统梳理共同富裕的发展历程，对其发展阶段和发展特征进行阐述，解读共同富裕的基本内容，利用统计数据对全国及区域共同富裕的现状进行分析，对其取得的成就和发展面临的困境进行详细阐述。最后是数字经济与共同富裕的耦合协调研究。对数字经济与共同富裕的耦合协调进行时空分析，并对二者的耦合协调状况、耦合协调类型进行分析，为后文的实证检验提供现实参考。

第三部分是数字经济促进共同富裕的实证研究。首先是数字经济促进共同富裕的线性效应。利用固定效应模型估计方法实证检验数字经济促进共同富裕的线性效应，从一般性经济增长和均衡性经济增长角度，采用中介效应模型检验数字经济促进共同富裕的作用机理。其次是数字经济促进共同富裕的门槛效应。理论上分析了在不同经济发展水平、不同人力资本条件下，数字经济促进共同富裕的门槛效应。以此为支撑，采用面板门槛模型考察在不同经济发展水平、不同人力资本水平条件下，数字经济促进共同富裕的门槛效应。最后是数字经济促进共同富裕的空间效应。理论上分析了数字经济促进共同富裕的空间溢出效应，并利用空间杜宾模型分析在邻接、距离、经济等空间权重下数字经济促进共同富裕的空间效应，为下文的政策建议提供经验证据。

第四部分是数字经济促进共同富裕的政策研究。首先是数字经济促进共同富裕的案例分析。考虑不同区域发展水平、区位等因素，选择北京、天津、郑州三个地区为案例，对数字经济促进共同富裕的过程、特征进行分析。其次是数字经济促进共同富裕的优化路径。基于前文关于数字经济促进共同富裕的作用机理、效应测度及地域模式，提出数字经济促进共同富裕的优化路径，以便分类引导、有序推动我国经济数字化发展，最终促进共同富裕。最后是政策建议。

目录

第一部分　理论研究

第二部分 现状研究

第三部分　实证研究

第四部分　政策研究

第一部分

理论研究

第一章
绪论

第一节　研究背景

《中华人民共和国国民经济和社会发展第十四个五年规划和2035年远景目标纲要》指出，“十四五”期间全体人民将迈出坚实步伐助力推进实现共同富裕，到2035年全体人民共同富裕取得更为明显的实质性进展。共同富裕作为理想的发展目标，其实现离不开经济发展。当前我国数字经济正在快速发展，2020年我国数字经济增速9.7%，位居全球第一。数字经济的发展为我国第四次工业革命的实现提供了条件。未来，依托海量的数据资源、完备的工业体系以及丰富的应用场景等优势，我国的数字经济发展前景必然十分广阔。可见，中国的共同富裕并非以农业和工业为核心，而是以数字经济发展为核心，共同富裕的发展要依托数字经济的推进。

数字经济作为一种新的经济形态，改变着人们的生产生活方式，推动着经济社会的进步。近几年，我国数字经济持续增长，《中国互联网发展报告2021》显示，2020年我国数字经济规模达到39.2万亿元，跃居世界第二位，仅次于美国，增速居世界第一，高达9.7%，占GDP的比重为38.6%，同时在人工智能、大数据等领域成效显著，产业数字化转型效果显现。目前，我国正处于向经济高质量发展转型的关键时期，面临着国际形势严峻、产业转型缓慢等困境，数字经济的发展是顺应时代发展要求、促进经济高质量发展、提升国际影响力的关键环节，更是贯彻落实国家重大发展战略的内在要求。党中央高度重视数字经济的发展，党的十九大提出建设网络强国、数字中国的口号，《“十四五”数字经济发展规划》也明确提出到2025年数字经济核心产业增加值占GDP的比重达到10%的发展目标。未来，数字经济将以其强大的推动力促进经济的高质量发展，着力推进数字经济发展已经成为各个地区共同关注的问题。研究数字经济促进共同富裕的机理与优化路径，在发展中构建新的相对平衡，对共同富裕目标的实现具有重要的现实意义。

第二节 研究意义

一、理论意义

第一，深入剖析数字经济促进共同富裕的内在逻辑和作用机理，有力深化、拓展现有理论研究框架，为中国区域经济学、发展经济学、城市经济学等理论创新做出贡献；第二，充分利用多种计量分析方法，全面、动态考察中国城市数字经济促进共同富裕的作用机理，弥补了现有研究对中国地方政府考察的欠缺；第三，从数字经济视角探究促进共同富裕的路径，追求经济发展和参与共享的统一，有助于丰富中国特色发展之路以及可持续发展的理论研究。

二、实践意义

第一，共同富裕是社会主义市场经济的根本目标，共同富裕评价指标体系的构建能够更好地把握当前宏观经济形势和政策发展脉络，为中央和地方政府优化城乡发展政策、促进我国区域经济协同发展提供依据，推动社会主义现代化建设；第二，聚焦新时期促进共同富裕的契机，以数字经济为切入点，研究数字经济促进共同富裕的机理和优化路径，有助于破解城乡发展不平衡、区域发展不均衡等问题，对于实现共同富裕具有现实意义和实践指导价值。

第三节　研究内容

本书基于促进共同富裕的契机，以数字经济为切入点，以中国各城市为研究对象，全面系统地研究数字经济促进共同富裕的内在逻辑、作用机理、效应测度、地域模式及其优化路径，回答了“为何促进”“是否促进”和“如何促进”的问题。首先，从理论、现实、历史与国际四个方面分析数字经济促进共同富裕的内在逻辑；其次，从经济一般性增长和经济均衡性增长角度探究数字经济促进共同富裕的作用机理；再次，实证检验数字经济促进共同富裕的各种效应；最后，基于数字经济发展促进共同富裕的现实问题，提出数字经济促进共同富裕的实施路径。具体研究内容如下：

第一，数字经济促进共同富裕的理论分析。从相关文献梳理、内在逻辑、作用机理三个层面阐述数字经济促进共同富裕的理论基础：一是现有文献与基础理论研究。对现有文献进行梳理，分析数字经济与共同富裕相关研究的现状、趋势及不足；以创新理论、马克思恩格斯的共同富裕观、列宁的共同富裕观等理论为基础，搭建数字经济促进共同富裕的基础理论体系。二是数字经济促进共同富裕的内在逻辑。从理论逻辑、现实逻辑、历史逻辑、国际逻辑四个方面来理解和把握数字经济促进共同富裕的内在逻辑。三是数字经济促进共同富裕的机理分析。从一般性经济增长角度分析数字经济促进共同富裕的作用机理，共同富裕的第一层含义是“富裕”，实现共同富裕最基本的前提条件是促进生产力的高度发展，主要表现为经济增长。从优化资源配置、推进技术创新等方面阐述数字经济如何促进一般性经济增长。从均衡性经济增长角度分析数字经济促进共同富裕的作用机理。共同富裕的实现必须把发展的不平衡和不充分结合起来，实现均衡性增长，促进不同地区和城乡居民的共同富裕。从区域协调发展方面论述数字经济如何促进均衡性经济增长。

第二，数字经济促进共同富裕的现状研究。一是数字经济与共同富裕的科学内涵。分析中国数字经济发展的现状，揭示中国数字经济的表现特征，并结合中国实施的创新驱动、数字发展等战略，解读新阶段数字经济的科学内涵；从全民富裕、全面富裕、共建富裕、渐进富裕四个方面深入阐述共同富裕的科学内涵，并厘清全局与局部、先富与共富、效率与公平、政府与市场之间的辩证关系。二是数字经济与共同富裕的发展历程。系统梳理数字经济与共同富裕的发展历程，并对其发展阶段进行划分，对阶段性特征进行总结。三是指标体系构建。从数字基础设施、数字普惠金融等维度构建数字经济的指标体系，从发展和共享两大维度构建共同富裕指标体系。四是数字经济与共同富裕的耦合协调。分析全国及区域的数字经济与共同富裕的发展现状，并对两者的耦合协调状况进行分析。

第三，数字经济促进共同富裕的实证研究。以作用机理研究为支撑，探索数字经济促进共同富裕的线性效应、门槛效应、空间效应。论证当前形势下数字经济促进共同富裕的合理性和必要性，检验“是否促进”问题，为解决“如何促进”提供科学指导。其一，线性效应。利用固定效应模型估计方法实证检验数字经济促进共同富裕的线性效应，从一般性经济增长和均衡性经济增长角度，采用中介效应模型检验数字经济促进共同富裕的作用机理。其二，门槛效应。利用面板门槛模型考察在不同经济发展水平、不同人力资本水平条件下，数字经济促进共同富裕的非线性效应。其三，空间效应。利用空间杜宾模型分析在邻接、距离、经济等空间权重下数字经济促进共同富裕的空间效应。

第四，数字经济促进共同富裕的政策研究。基于地域特征，凝练出数字经济促进共同富裕的典型模式：一是数字经济促进共同富裕的案例分析。考虑不同区域发展水平、区位等因素，选择不同类型区域（都市区、传统农区、生态功能区、资源型城市、边疆地区等）案例，对数字经济促进共同富裕过程、特征进行分析。二是数字经济促进共同富裕的优化路径。基于前文关于数字经济促进共同富裕的作用机理、效应测度及地域模式，提出数字经济促进共同富裕的优化路径，以便分类引导、有序推动我国经济数字化发展，最终促进共同富裕。具体的技术路线如图 1-1 所示。

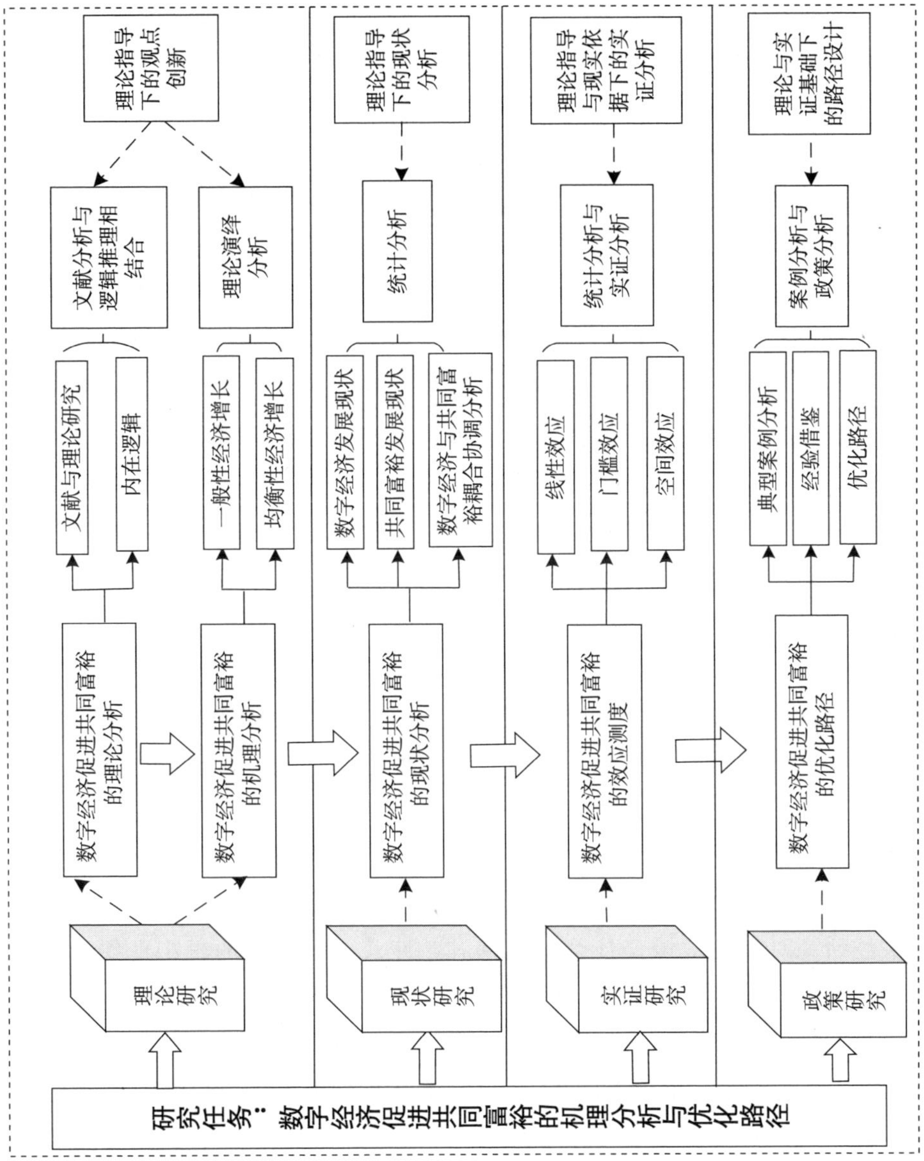
研究任务：数字经济促进共同富裕的机理分析与优化路径
理论研究
现状研究
实证研究
政策研究
数字经济促进共同富裕的理论分析
数字经济促进共同富裕的机理分析
数字经济促进共同富裕的现状分析
数字经济促进共同富裕的效应测度
数字经济促进共同富裕的优化路径
文献与理论研究
内在逻辑
一般性经济增长
均衡性经济增长
数字经济发展现状
共同富裕发展现状
数字经济与共同富裕耦合协调分析
线性效应
门槛效应
空间效应
典型案例分析
经验借鉴
优化路径
文献分析与逻辑推理相结合
理论演绎分析
统计分析
统计分析与实证分析
案例分析与政策分析
理论指导下的观点创新
理论指导下的现状分析
理论指导与现实依据下的实证分析
理论与实证基础下的路径设计

图1-1　技术路线图

第四节　研究方法

本书借鉴经济增长理论、区域发展理论、均衡与非均衡理论的研究成果，运用文献分析、定性分析与定量分析相结合、规范分析与实证分析相结合等方法探索数字经济促进共同富裕的机理与优化路径。具体如下：

第一，文献分析法。通过查阅国内外大量文献资料，对数字经济、数字金融、共同富裕、收入不平等方面的文献进行梳理，为下文的理论研究、实证研究和政策研究提供依据。

第二，定性分析与定量分析相结合。定性分析是从“质”的角度来分析事物，通过归纳与演绎、抽象与概括等描述事物的性质和特征，从而认识事物的本质，揭示其内在规律。定量分析依据统计数据建立数学模型，对分析对象的指标及其数值进行研究，进而达到揭示和描述社会现象的相互作用和发展趋势的目的。二者之间是相互联系、相互统一的。作为一门边缘学科，数字经济和共同富裕涉及经济、历史、社会和统计等领域，因此，对数字经济促进共同富裕问题仅仅从定性角度出发进行分析是远远不够的，而且，数字经济促进共同富裕这一问题本身就涉及了收入差距、社会保障水平等大量的定量指标。因此，在对数字经济的发展历程、内涵、特征与共同富裕的发展历程、内涵等内容进行研究时，本书采用的是定性分析法，而对数字经济和共同富裕的测算则采用定量分析法。这两种方法的结合，为本书分析数字经济对共同富裕的促进作用提供了更为精确的理论和数据支持。

第三，规范分析与实证分析相结合。规范分析法是依据特定的社会目标和一定的价值标准，研究实现这一社会目标和价值标准的步骤。规范分析侧重于关注研究对象“应该是什么”的问题，涉及已经存在的事物现象，从而根据一定的价值标准对研究对象产生的结果做出“好”或“坏”的判断。而实证分析的焦点集中在“是什么”这一问题，忽略了一般性的价值判断，着重于研究对象的现状、在不同条件下的变化以及后果等问题。在本书的分析中，实证分析要回答“数字经济是否促进共同富裕”，而规范分析则研究“数字经济怎样促进共同富裕”，以及促进共同富裕的实现应该采用何种发展模式。本书运用规范分析与实证分析相结合的方法，从数字经济促进共同富裕的实证分析角度出发，对数字经济促进共同富裕提出了一些政策建议。[①]

第四，静态分析与动态分析相结合。静态分析是对某一特定的时间点的状况进行分析，与均衡分析有着紧密的联系；而动态分析是对某个时间段内的发展变化和趋势进行分析。比如对2012年的数字经济和共同富裕的现状的分析属于静态分析，而对数字经济和共同富裕的时空格局的分析则属于动态分析。数字经济和共同富裕问题是一个处在动态变化中的具有历史意义的问题，因此在进行分析时不仅要从现实出发，还要系统地、整体地、动态地去分析。

第五节　创新点及不足

一、创新点

第一，构建数字经济促进共同富裕的内在逻辑和作用机理。数字经济作为新的经济形态，其发展打破了物理时空限制，超越了农业、工业经济的发展逻辑，为实现共同富裕“做大蛋糕”和“分好蛋糕”提供了新路径。目前学术界对数字经济与共同富裕进行了较为丰富的研究，但多数都是将其割裂来研究，本书从理论逻辑、现实逻辑、历史逻辑与国际逻辑四个方面来理解和把握数字经济促进共同富裕的内在逻辑，并从优化资源配置、推进技术创新、推动协调发展等视角探究数字经济促进共同富裕的作用机理。

第二，构建共同富裕的指标体系。目前学界已有少量实证文献从不同视角对共同富裕进行了测度，然而，由于研究目标不一致，同时受到数据可得性的影响，所取得的结论不尽一致，并不能有效地反映我国城市层面的共同富裕现状。本书基于共同富裕的内涵，从共享和发展两个维度，引入统计显著性因素，同时考虑经济重要性和统计显著性因素、变量的水平值贡献和方差值贡献，首次提出一种分析和评价经济变量的贡献度指标，进而构建共同富裕评价指标体系。

第三，凝练出数字经济促进共同富裕的典型模式。不同区域的资源要素、经济发展、区域特征等存在较大差异，本书选择不同类型区域的案例对数字

① 何春．中国城镇化的农村减贫效应研究［D］．沈阳：辽宁大学，2018.

经济促进共同富裕的过程、特征进行分析，并对不同类型区域进行分析，识别出数字经济促进共同富裕的主导因素，并从数字经济促进共同富裕的框架、动力机制和路径中凝练出数字经济促进共同富裕的典型经验。

第四，提出数字经济促进共同富裕的优化路径。本书探究数字经济促进共同富裕的内在逻辑、作用机理，并根据地域发展特色总结出数字经济促进共同富裕的典型模式，按照党中央关于共同富裕的发展要求，基于共享共富的发展理念分析数字经济促进共同富裕的目标任务、机制构建、优化路径，提出相应的响应对策，为地方政府宏观制定区域规划和微观整合政策提供依据和向导。

二、不足

当前数字经济和共同富裕在世界范围内蓬勃发展，相关理论并不成熟，本书可能会存在以下方面的不足：

第一，我国数字经济发展起步较晚，可用于统计的数据年份较少，考虑到数据的可获得性，本书采用 2011—2019 年的面板数据进行分析，研究年份相对较少，可能会在某些方面影响研究结果，未来应持续关注数字经济的发展变化，深入分析数字经济对共同富裕的影响，进一步探究其规律。

第二，共同富裕是一个比较综合的概念，现有资料并未给出官方关于共同富裕的评价指标体系，本书从发展性和共享性两个维度测量共同富裕，对于从这两个角度研究共同富裕是否能够真正反映现实情况尚不确定，因此，未来应进一步丰富共同富裕内涵，从更多维度构建共同富裕指标体系。

第三，数字经济推动实现共同富裕的方式有很多种，有些方式不利于共同富裕的实现，本书仅从数字经济促进共同富裕的方式进行分析，并不完善；未来应深入探讨数字经济发展带来的数字鸿沟、数字金融风险如何影响共同富裕等问题，尽量做到全面化。

第二章
文献综述

研究数字经济促进共同富裕问题的机理与优化路径，需要通过阅读大量的海内外文献以及严密的计量分析来获取这一领域的现状研究。目前学术界关于数字经济、共同富裕以及数字经济和共同富裕的测算与评估等内容的研究成果，为本书在数字经济背景下分析其对共同富裕的影响机制以及模型建立等打下了坚实的理论基础。除此之外，关于数字经济和共同富裕的定义理解、共同富裕实现路径的影响因素等方面也能通过对相关文献的梳理来完成。

第一节　数字经济相关研究

一、数字经济的概念

（一）数字经济概念的起源和发展

“数字经济”这一概念是在数字技术的快速发展，以及经济环境和经济活动受到大数据影响而发生根本变革的过程中逐渐产生和确立起来的。关于数字经济的概念最早可以追溯到 1996 年，被誉为“数字经济之父”的唐·泰普斯科特（Don Tapscott）[①] 在其出版的作品《数字经济：网络智能时代的前景与风险》（*The Digital Economy: Promise and Peril in the Age of Networked Intelligence*）中首次使用“Digital Economy”，标志着数字经济这一概

① Tapscott D. The Digital Economy: Promise and Peril in the Age of Networked Intelligence [M]. New York: McGraw-Hill, 1996.

念的形成。之后，美国商务部（1998）[①] 发布了《崛起的数字经济》（*The Emerging Digital Economy*），并首次引用了“数字经济”这一概念，阐述了随着物联网技术的发展和信息化时代的到来，生产方式将会迎来重大变革，工业经济也必然走向数字经济。1999 年，其在后续发布的《崛起的数字经济Ⅱ》（*The Emerging Digital Economy* Ⅱ）中将互联网、信息技术、信息产业、电子商务作为数字经济的重要方面。其他国家也逐渐认识了这一概念，1997 年日本通产省官方文件开始出现“数字经济”。随后，“数字经济”在世界经济论坛（2002）[②] 发布的《全球信息技术报告》（*The Global Information Technology Report*）中出现，并从此成为每年报告的重点内容，这无疑大大强化了数字经济概念的传播与推广。

（二）数字经济概念的构成要素

然而，数字经济概念的出现并不意味着学术界和国际社会对其内涵有着统一的认识。

在官方层面，美国商务部（1998）认为，对数字经济而言，互联网是基础设施，信息技术是先导技术，信息产业是领头和支柱产业，电子商务是经济增长的发动机。而 2016 年在杭州举办的二十国集团（Group of 20，G20）峰会推出的《二十国集团数字经济发展与合作倡议》中，明确阐述了其内涵：“以使用数字化的知识和信息作为关键生产要素、以现代信息网络作为重要载体、以信息通信技术的有效使用作为效率提升和经济结构优化的重要推动力的一系列经济活动。”[③] 2018 年，经济合作与发展组织（Organization for Economic Co-operation and Development，OECD）以及美国商务部经济分析局（2018）[④] 对这一概念进行了进一步的认定，即认为一项经济活动是否属于数字经济，关键在于生产和交易过程中是否涉及信息与通信技术（Information

---

① Henry D，Cooke S，Montes S. The Emerging Digital Economy［R/OL］.（2017-02-28）［2022-09-02］. http：//www. esa. doc. gov/sites/default/files/emergingdig_0. pdf.

② Kirkman G，Cornelius P，Sachs J，et al. The Global Information Technology Report 2001－2002：Readiness for the Networked World［M］. New York：Oxford University Press，2002.

③ 二十国集团数字经济发展与合作倡议［EB/OL］.（2016-09-20）［2022-09-04］. http：//www. g20chn. org/hywj/dncgwj/201609/t20160920_ 3474. html.

④ Barefooyk，Curtis D，Jollif W，et al. Defining and Measuring the Digital Economy［R］. Washington：Bureau of Economic Analysis，2018：12-24.

and Communications Technology，ICT）。中国信息通信研究院表示，数字经济是以数字化的知识和信息为关键生产要素，以数字技术创新为核心驱动力，以现代信息网络为重要载体，通过数字技术与实体经济深度融合，不断提高传统产业数字化、智能化水平，加速重构经济发展与政府治理模式的新型经济形态。

在国内外学术领域，数字经济的概念界定更是多种多样，有从数字经济的特征出发的，也有从数字经济的内容出发的。续继（2019）[①] 将数字经济的概念分为三种：核心定义、狭义定义、广义定义。核心定义最为重要，代表了数字经济在数字经济活动中的核心位置。狭义定义将数字经济简单地理解为利用信息数据工具进行生产、交换、分配等经济活动。而广义定义则认为数字经济是变革社会生产和生活方式的经济效应，即数字产业化和产业数字化。赵玉鹏和王志远（2003）[②] 根据流动性数字特征，认为可以用动态发展来描述数字资源流动的经济叫作数字经济。人们之间的通信、商业事务的处理、资金的流通都依赖于数字 0 和 1，所以这些都叫作数字经济。逄健和朱欣民（2013）[③] 以技术为特征，认为以信息与通信技术为基础的，通过互联网、移动网络来实现交易的经济行为都属于数字经济；不仅包括信息领域、通信技术领域，从更广泛的视角来看，音乐、影视等娱乐行业都可以被数字化。赵星（2016）[④] 将重点放在了数字化应用上，认为交易内容是否为数字产品、是否利用数字技术可以作为是否属于数字经济的判断标准。

从数字经济的内容进行界定也是学术界研究的另一重要方面，刘方和孟祺（2019）[⑤] 将数字经济分为数字化产业和数字经济融合效应，汇总构建出数字经济的测度模型。何大安（2021）[⑥] 认为数字经济是一个关联微观运行的范畴，对立于其他经济运行模式，涉及数字企业如何以大数据为基本

---

① 续继．国内外数字经济规模测算方法总结［J］．信息通信技术与政策，2019（9）：78-81.

② 赵玉鹏，王志远．数字经济与数字经济时代浅议［J］．广西民族大学学报（哲学社会科学版），2003（S1）：113-114.

③ 逄健，朱欣民．国外数字经济发展趋势与数字经济国家发展战略［J］．科技进步与对策，2013，30（8）：124-128.

④ 赵星．数字经济发展现状与发展趋势分析［J］．四川行政学院学报，2016（4）：85-88.

⑤ 刘方，孟祺．数字经济发展：测度、国际比较与政策建议［J］．青海社会科学，2019（4）：83-90.

⑥ 何大安．中国数字经济现状及未来发展［J］．治理研究，2021，37（3）：5-15+2.

分析要素，进行诸如经营决策、价格与产量确定、资源配置、组织架构等经济活动。

尽管目前学术界对于数字经济的内涵存在多种理解，但也达成了部分共识：一是认识到数字技术的重要性，数字技术在数字经济的概念中起到基础性作用；二是认识到数字技术在经济领域的渗透，数字技术在提高生产力的同时，也改变了传统的生产方式；三是数据信息具有关键地位。对于数字经济内涵的定义，目前研究数字经济的文献大致可分为特征性描述和内容性认定。特征性描述强调某一要素在数字经济中的关键性作用，内容性认定强调数字经济界定范围的涵盖。但目前的测算研究多局限于数字部门，数字技术在经济领域的增加值创造作用的机制还未得到梳理。

二、数字经济的效应

（一）数字产业化

数字产业化，就是以数字技术为载体，随着数字技术和信息技术的不断演进与发展，形成新兴信息技术产业的现象。曹梦石等（2021）① 认为数字产业化是数字金融不断发展的必然结果。数字技术的不断推进不仅为我国经济产业带来数量上的腾飞，还带来质量上的优化。陆岷峰和王婷婷（2021）② 认为数字技术是多种新技术的集成，数字技术的作用范围更广，数字技术所带来的高效生产方式刺激了市场的巨大内需，由此形成了以数字技术为核心的新兴信息技术产业。陆岷峰（2021）③ 在另一篇文献中提出，在当前构建新发展格局的大背景下，技术的引领无疑是最重要的生产力，技术被拔升到很高的地位。而数字技术作为运用广泛、影响深远的新兴技术，催生了大量优质产业的出现。

针对数字产业化的相关研究，目前比较完善。在影响作用方面，陈晓东

① 曹梦石，徐阳洋，陆岷峰．“双碳”目标与绿色资本：构建资本有序流动体制与机制研究［J］．南方金融，2021（6）：59-68.

② 陆岷峰，王婷婷．数字技术与小微金融：担保与风险转移模式创新研究——基于数字技术在商业银行小微金融风险管理中的应用［J］．当代经济管理，2021，43（3）：72-82.

③ 陆岷峰．绿色理念与低碳转型：新阶段商业银行打造低碳银行研究——基于百年绿色发展思想视角［J］．金融理论与实践，2021（5）：1-11.

和杨晓霞（2021）[①] 认为数字经济不仅可以推动产业结构的优化升级，而且具有边际效用递增的特征。陈小辉等（2020）[②] 通过深入研究，发现数字经济在推动产业化的同时，要实现边际效用递增，主要以第一产业的相对滞后为前提条件。基于通信产业与其他产业的耦合效应，陶长琪和周旋（2015）[③] 通过实证分析发现，除江苏省和广东省外，我国信息产业和其他制造业之间耦合协调度属于普遍不协调。郭美晨（2019）[④] 发现当数字产业化程度较低时，对我国优化产业结构的推动作用十分有限，但经过一段时间的发展，数字产业化能够显著推动我国产业结构升级。由此可以看出，随着数字技术的不断推进，数字产业在不断地发展壮大，数字产业化将会对产业结构发挥巨大的溢出效应。

（二）产业数字化

在数字经济成为当前经济新趋势的背景下，传统行业也面临着数字化转型，这就需要依靠大数据、人工智能等新型技术的帮助。所谓产业数字化，即产业相关部门通过引进和融合数字技术，使得生产效率提高、产出增加，并使数字技术赋予传统行业新模式、新业态，是推动国家实施大数据战略，加快建设数字中国的重要引擎。陆岷峰和汪祖刚（2021）[⑤] 不仅认为产业数字化单纯是指信息技术在传统行业生产上的运用，而且从更广泛的角度来看，经营模式、行政管理、风险管理等方面都在被潜移默化地影响，从而达到提高效率、增加经济效益、降低成本、节约资源的目的。传统行业必然要通过这样一次数字化转型对自身进行全面、彻底的变革。产业数字化是中国特色社会主义在数字经济时代重要的发展路径。产业数字化是以技术的创新与使用为基础的，其从一定意义上来说是技术创新与投入运营的过程。而技术的

---

① 陈晓东，杨晓霞．数字经济发展对产业结构升级的影响——基于灰关联熵与耗散结构理论的研究［J］．改革，2021（3）：26-39.

② 陈小辉，张红伟，吴永超．数字经济如何影响产业结构水平？［J］．证券市场导报，2020（7）：20-29.

③ 陶长琪，周璇．产业融合下的产业结构优化升级效应分析——基于信息产业与制造业耦联的实证研究［J］．产业经济研究，2015（3）：21-31+110.

④ 郭美晨．ICT 产业与产业结构优化升级的关系研究——基于灰关联熵模型的分析［J］．经济问题探索，2019（4）：131-140.

⑤ 陆岷峰，汪祖刚．金融业人工智能应用的现状、问题与对策——基于商业银行数字机器人运用的样本分析［J］．金融科技时代，2021，29（1）：14-22.

运用也有可能产生负面影响，对社会造成危害。因此，在推进数字化的过程中，既要发挥技术的正面效应，也要防范负面影响的出现，严守数据机密，防范数据泄露。

关于产业数字化的相关研究，主要有以下几个方面：按交易环节分类，一是消费领域方面，姚战琪（2021）① 基于相关企业的微观数据，研究产业数字化对零售行业的影响，结果显示，产业数字化转型可以推动消费升级。实现路径为产业数字化推动企业创新水平的提高，创新水平的提高能够显著影响消费升级，创新水平和消费升级具有链式中介作用。刘红红（2022）② 实证研究了消费结构的中间效应，认为产业数字化的转型可以借助消费回流的中介渠道，进一步推动居民消费结构优化。二是流通领域方面，流通领域作为连接生产者和消费者的桥梁，其研究价值关乎我国消费转型升级和经济发展。刘风云（2022）③ 研究了流通业数字化发展对消费结构升级的影响，通过实证研究发现，流通业的数字化对于推进全国消费升级具有显著作用，其中东部地区比中西部地区更加明显。周善将和周天松（2021）④ 从供需结构的角度出发，通过构建和测算产业智能化发展指数，研究产业智能化发展的消费升级溢出效应和区域差异性，得出了“需求刺激供给，供给创造需求”的结论，是数字经济推动产业智能化赋能消费升级的重要机制。按产业类型分类，一是文化领域方面，文化产业的数字化是当下数字经济发展的必然趋势和主要选择。方慧和张潇叶（2022）⑤ 发现文化产业的数字化具有显著的出口促进效应，尤其是带动了高附加值内容型文化产品的出口，同时对出口的距离具有调节作用。二是农业领域方面，数字农业是数字经济在农业领域的延伸，是未来农业科技发展的方向。郑业鲁和唐宇清

---

① 姚战琪．产业数字化转型对消费升级和零售行业绩效的影响［J］．哈尔滨工业大学学报（社会科学版），2021，23（4）：143-151.

② 刘红红．产业数字化转型对消费结构优化的影响——消费回流的中间效应［J］．商业经济研究，2022（12）：52-55.

③ 刘风云．互联网背景下流通业数字化对消费升级的影响——基于省级面板的实证［J］．商业经济研究，2022（2）：57-60.

④ 周善将，周天松．新发展格局下产业智能化发展的消费升级溢出效应：理论与实证［J］．商业经济研究，2021（22）：173-177.

⑤ 方慧，张潇叶．中国文化产业数字化水平测度及其出口效应研究［J］．山东大学学报（哲学社会科学版），2022（3）：38-51.

(2004)[①] 将数字农业分为三个方面的内容，即农业要素信息数字化、农业生产过程数字化、农业管理数字化。而且有学者认为数字农业可以从功能和能力两个维度促进农户、消费者以及整个社会福利水平的提高和福利分配公平的实现，完善价值再创造和价值再分配环节。[②] 三是传统制造业领域方面，这方面一直是产业数字化研究的重要内容。目前我国传统产业的数字化水平较发达国家相比仍有差距，处于发展阶段，且不同地区、不同行业之间数字化水平参差不齐。[③] 朱文博浩等（2021）[④] 基于后疫情时代暴露出传统产业短板的现状，分析了粤港澳大湾区产业数字化面临的资源禀赋、转型障碍、区域特征等，构建数字经济指标体系，从各主体方面为传统行业与数字技术进行深度融合提出发展建议和政策启示。

（三）数字产业化和产业数字化的耦合协调

数字产业化和产业数字化这两者的矛盾与转化都是目前数字经济重要的研究方向。数字产业化与产业数字化是数字经济的“双重向度”，其耦合协调程度对于优化数字经济发展结构具有重要意义。不少学者对数字产业化和产业数字化的关系展开不同程度的研究。刘钒和余明月（2021）[⑤] 通过实证分析长江经济带的耦合协调度，发现长江经济带数字经济水平稳步提升，存在数字产业化落后于产业数字化的趋势。张昕蔚和蒋长流（2021）[⑥] 认为数字产业化和产业数字化的融合更能促进数据的要素化，同时数据的要素化又能推进数字产业化和产业数字化的融合进程。李永红和黄瑞（2019）[⑦] 针对大数据推动信息产业进一步转型升级以及大数据和区块链等数字技术与传统产

---

① 郑业鲁，唐宇清．数字农业与广东农业信息化发展的思考［J］．南方经济，2004（12）：68-70.

② 马述忠，贺歌，郭继文．数字农业的福利效应——基于价值再创造与再分配视角的解构［J］．农业经济问题，2022（5）：10-26.

③ 康芸．加快传统产业企业数字化转型［J］．宏观经济管理，2022（6）：82-90.

④ 朱文博浩，李晓峰，孙波．后疫情时代数字化促进粤港澳大湾区传统产业升级研究［J］．国际贸易，2021（3）：52-59.

⑤ 刘钒，余明月．长江经济带数字产业化与产业数字化的耦合协调分析［J］．长江流域资源与环境，2021，30（7）：1527-1537.

⑥ 张昕蔚，蒋长流．数据的要素化过程及其与传统产业数字化的融合机制研究［J］．上海经济研究，2021（3）：60-69.

⑦ 李永红，黄瑞．我国数字产业化与产业数字化模式的研究［J］．科技管理研究，2019，39（16）：129-134.

业进一步深度融合两种不同的模式，提出了数字产业化信息增值模式和产业数字化融合驱动模式，数据成为新型生产要素和战略资源，并与土地、资金等传统生产要素协同生产。李晓华（2016）① 认为互联网大数据技术可以为实体经济的发展提供物质上的保障，例如计算机、智能机器人等设备提高了实体经济的生产效率，同样，实体经济在享受大数据带来的基础设施和技术水平提高的同时，也为技术进一步产业化提供了支持。左晓栋（2016）② 解释了为什么信息流可以带动财政资源、科技资源、人力资源的配置优化，从而促使实体经济与互联网相融合，推动产业结构优化和经济结构调整。

数字产业化和产业数字化互相补充，同频共振。只有两者在矛盾中做到相互转化，才能推动数字经济稳中向好，平稳运营。其中涉及两个最重要的问题：一是要素分配，即各生产要素在数字产业化和产业数字化之间的分配协调；二是财富的公平分配，要根据创造的价值量合理公平地在两个系统之间进行分配。③ 杜庆昊（2021）④ 提出了三种方式来实现数字产业化和产业数字化的协同发展："非均衡方式"是将有限的资源投入特定领域和特定空间，突破短板来推动数字产业发展；"融合方式"是指要实现数字化转型与服务经济的深度耦合协调，推动数字产业化"充分发展"；"匹配方式"是实现高标准的供需水平的配对，体现在数字产业与市场需求的配对、技术标准与市场应用的配对、治理体系和产业特征的配对方面。

综上所述，数字产业化和产业数字化的研究由来已久，但大多局限于在特定关系下的对策制定和政策建议，缺少对数字产业化和产业数字化的总体性研究。

三、数字经济的测算

（一）数字经济的核算边界

数字经济的出现给传统经济核算方式带来巨大挑战，学术界和实务部门

---

① 李晓华．"互联网+"改造传统产业的理论基础［J］．经济纵横，2016（3）：57-63.

② 左晓栋．G20"数字经济倡议"与网络安全［J］．微型机与应用，2016，35（18）：1-2.

③ 陈瑞义，戴静．数字产业化和产业数字化耦合协调性研究——以江苏省为例［J］．经济论坛，2022（2）：63-75.

④ 杜庆昊．数字产业化和产业数字化的生成逻辑及主要路径［J］．经济体制改革，2021（5）：85-91.

对如何测度和界定数字经济展开了许多研究。马格里奥·L. 等（Margherio L. et al.，1998）[①] 对数字经济边界的相关话题进行了有益的探索，为后来测度数字经济打下坚实的基础。卡欣和布林约尔松（Kahin & Brynjolfsson，2000）[②] 提出了数字经济的主要构成：行业结构、基础设施、数字价格、电子商务、数字化劳动。OECD（2015）[③] 认为，数字经济的核算框架主体为创新性的激活、设施投资、增长、就业、社会推进。巴克特和海克斯（Bukht & Heeks，2017）[④] 则认为，软件出版、数据处理、互联网出版与广播、计算机出版与设计、搜索门户网站等核心数字技术行业才是数字经济的主要核算内容。

中国数字经济飞速崛起，尤其是移动支付方面，中国始终领跑全世界。国内学术界也对如何测度数字经济进行了很多有益的探索。蔡跃洲（2018）[⑤] 将数字经济核算范围分为数字信息技术所带来的替代效应和渗透效应，并利用增加值核算法和增长核算法汇总这两种效应的增加值进而得出数字经济的规模。

（二）数字经济的核算方法

目前国内外对数字经济测度的研究，按照研究内容和研究方法的不同，大概可以划分为增加值测算研究、构建卫星账户、相关指数编制研究和国民经济核算这几种。

在增加值测算研究方面，近年来，一些国际组织和有关学者开展了大量的研究。澳大利亚统计局（2019）对数字经济进行了相关界定，并借鉴供给使用表对澳大利亚数字经济增加值以及所占国民生产总值的比重进行了有效的测算；同样，新西兰统计局（2017）也对数字经济增加值进行测算，得出新西兰 2007—2015 年数字经济占总产出的比重为 20%。然而，不同机构的测算结果存在较大差异，其中，中国的腾讯研究院通过增加值测算得出的数字

---

① Margherio L，Dave H，Cook S，et al. The Emerging Digital Economy [R]. U. S. Department of Commerce，1998.

② Kahin B，Brynjolfsson E. Understanding the Digital Economy：Data，Tools，and Research [M]. Cambridge：The MIT Press，2000.

③ 经济合作与发展组织 . 衡量数字经济：一个新的视角 [M]. 上海：上海远东出版社，2015.

④ Bukht R，Heeks R. Defining，Conceptualising and Measuring the Digital Economy [J]. International Organization Research Journal，2017（13）：143-172.

⑤ 蔡跃洲 . 数字经济的增加值及贡献度测算：历史沿革、理论基础与方法框架 [J]. 求是学刊，2018，45（5）：65-71.

经济占国民生产总值的比重为30.6%，而欧洲智库布鲁盖尔研究所得出的这一比例仅为5.6%。造成这种差异的原因主要是选择测算标准的不统一。布鲁盖尔研究所数字经济增加值测算范围涵盖了数字制造产品和数字服务，并对其进行了行业细分，分为八个不同类型。腾讯研究院则聚焦于和数字经济相关的消费、投资、进出口等方面。国外学者约利夫和尼克尔逊（Jolliff & Nicholson，2019）根据界定的数字经济定义，对美国数字经济增加值和产出规模进行了测算。国内学者如向书坚和吴文君（2019）①也利用了该方法对我国数字经济产业如电子商务等产业增加值进行了测算。许宪春和张美慧（2020）②根据窄口径数据视角计算2007—2017年数字经济规模增加值，测算结果表明：2017年，中国数字经济增加值为53028.85亿元，占GDP的6.46%，而数字经济总产出为147574.05亿元，占国内总产出的6.53%。蔡跃洲和张钧南（2015）③基于增长核算框架体系将ICT对经济增长的影响分为替代效应和渗透效应，又对中国改革开放以来的经济增长来源进行了细致划分，实证分析得出两种效应对经济的贡献占比。综上所述，虽然在增加值测算方面尚未形成统一的界限和划分标准，但增加值测算已经成为不少国家官方统计数字经济的方法，并产生了深刻的影响。

在构建卫星账户方面，一些国际组织、国家官方组织和学者也展开了相关研究。构建卫星账户的最初目的是通过细分当前的分类体系和辨别数字经济的参与者来改进核算标准，从而清晰地反映数字经济背景下企业运营生产的条件，然后得出在国际数字经济核算标准下，企业如何进行生产经营活动。卫星账户强调了交易满足的条件，即数字化订购（digitally ordered）和数字化传输（digitally delivered）。一场经济交易只要满足其中一项条件，就可以算作数字卫星账户的核算范围。此外，卫星账户也包含对基础设施的核算，例如马来西亚统计局、南非统计局、智利统计局相继成立了ICT卫星账户，并引入了一系列辅助指标，共同构成国家数字经济卫星账户体系。OECD于2017年在成立数字经济测算组的基础上设立了数字经济卫星账户的基本框架，并

① 向书坚，吴文君．中国数字经济卫星账户框架设计研究［J］．统计研究，2019，36（10）：3-16.

② 许宪春，张美慧．中国数字经济规模测算研究——基于国际比较的视角［J］．中国工业经济，2020（5）：23-41.

③ 蔡跃洲，张钧南．信息通信技术对中国经济增长的替代效应与渗透效应［J］．经济研究，2015，50（12）：100-114.

编写了供给使用表。王思瑶（2019）[①] 认为这套卫星编制账户可以提供电子商务交易规模、数字经济行业创造的价值、生产过程中 ICT 产品的总消耗量、数字服务的总消耗量、免费的数据和有价值的信息。在国内，杨仲山和张美慧（2019）[②] 在总结 OECD、美国和马来西亚等国家统计局构建数字经济卫星账户的基础上，结合中国实际情况，尝试构建了中国数字经济卫星账户的整体框架，并通过实例来探讨编制方法。

在相关指数编制方面，美国信息技术与创新基金会（ITIF，2014）[③] 提出了新经济指数，并构建了数字经济指标体系。世界银行编制了知识经济指数（Knowledge Economy Indicators，KEI），其研究范围覆盖了 146 个国家，展现了各个国家的经济实力。国际学者奥扬佩拉和葛兰姆（Ojanperä & Graham，2019）[④] 在知识经济指数相关估计方法和数据指标的基础上构建了数字知识经济指数（Digital Knowledge Economy Indicators，DKEI）。国内方面，华为于 2014 年编制了全球联接指数，系统地评估各国的数字经济发展状况。吴翌琳（2019）[⑤] 对传统国际竞争力“钻石模型”进行了扩展，通过构建国家数字竞争力评价体系，系统地评估了中国数字竞争力在国际上的地位及与其他一些国家的差距。刘传辉和杨志鹏（2021）[⑥] 测度了长三角城市群、京津冀城市群、中原城市群等六大城市群 106 个城市的数字经济指数，并通过可视化处理反映了城市群发展状况和时空特点。王喆等（2021）[⑦] 尝试从数字技术（Technology）、数字基础设施（Infrastructure）、数字市场（Market）和数字治理（Governance）四个维度构建 TIMG 指数，测度了 2013—2019 年全球 108 个经济体数字经济的发展程度，构建了一套系统、全面、较长时间维度的数字

---

① 王思瑶．数字经济能否编制卫星账户［J］．中国统计，2019（1）：40-42.

② 杨仲山，张美慧．数字经济卫星账户：国际经验及中国编制方案的设计［J］．统计研究，2019（5）：16-30.

③ ITIF. The 2014 State New Economy Index［R］. Washington D. C.：ITIF，2014.

④ Ojanperä S，Graham M，Zook M. The Digital Knowledge Economy Index：Mapping Content Production［J］. Journal of Development Studies，2019：55.

⑤ 吴翌琳．国家数字竞争力指数构建与国际比较研究［J］．统计研究，2019，36（11）：14-25.

⑥ 刘传辉，杨志鹏．城市群数字经济指数测度及时空差异特征分析——以六大城市群为例［J］．现代管理科学，2021（4）：92-111.

⑦ 王喆，陈胤默，张明．测度全球数字经济发展：基于 TIMG 指数的特征事实［J］．金融评论，2021，13（6）：40-56+118-119.

经济发展指标体系。郭树行等（2021）[①] 提出了一种面向新媒体的数字经济开发过程方法，基于数据生命周期供应链的指数模型（简称指数工厂），认为数字经济作为新媒体对企业迈向数字化起到了推动作用。

在国民经济核算方面，数字经济逐渐成为国民经济核算中不可缺少的一环。在消费上，数字经济可以缓解信息不对称，消除"信息"障碍。数字经济作为全新的消费渠道，改变了人们的消费水平，传统的国民经济核算对象主要是企业，数字经济使得越来越多的消费主体成为价值的创造者，需要加入国民经济核算体系。[②] 在投资上，数字经济在生活和科技领域不断拓展影响范围，人们的精神生活得到了丰富，软件、组织资本等无形资产投资的作用越发凸显。[③] 而在传统核算体系中，无形资产仅作为中间支出，而非计入投资支出，这使得数字经济所带来无形投资创造的价值远远被低估，掩盖了数字经济的作用。在进出口方面，数字经济带来数字贸易的增多，跨境电子商务的发展，为进出口核算增加了困难，国际货币基金组织（2018）[④] 指出，低于申报门槛的跨境交易不被海关所涵盖，移动支付、跨境数字订购等数字支付与销售推广增加了这些跨境交易量。同时，跨境数据流通会间接通过各种渠道增加创收行为，跨境数字服务的兴起创造了巨大的社会价值，传统国民经济核算体系很难兼顾到这一点。从国际上看，OECD 先后提出了知识经济、信息经济、互联网经济、数字经济的测算框架。国外学者艾哈迈德和希瑞尔（Ahmad & Schreyer，2016）[⑤] 认为从概念的角度看，GDP 已经包含了数字经济活动所创造的价值。国内学者张美慧（2017）[⑥] 将不同组织对新经济测度

---

① 郭树行，刘紫琪，张荐清．面向新媒体的数字经济指数建设研究［J］．中国出版，2021（10）：33-38.

② Bean C. Independent Review of British Economic Statistics［R］. Independent Report of the British Ministry of Finance and the Cabinet Office London，2016.

③ Groshen E L，Moyer B C，Aizcorbe A M，et al. How Government Statistics Adjust for Potential Biases from Quality Change and New Goods in an Age of Digital Technologies：A View from the Trenches［J］. Journal of Economic Perspectives，2017，31（2）：187-210.

④ 国际货币基金组织．衡量数字经济［R］．国际货币基金组织政策文件，2018（2）：18-28.

⑤ Ahmad N，Schreyer P. Measuring GDP in a Digitalised Economy［EB/OL］.（2016-06-17）［2022-10-23］. https：//www. oecd-ilibrary. org/economics/measuring-gdp-in-a-digitalised-economy_5jlwqd81d09r-en.

⑥ 张美慧．国际新经济测度研究进展及对中国的借鉴［J］．经济学家，2017（11）：47-55.

的研究成果应用到中国的实践中。续继和唐琦（2019）[①] 认为数字经济对于产出水平可以从消费、投资、净出口三个角度进行分析，但是也给传统的国民经济核算体系带来挑战，并对未来相关国民经济体系研究与数字经济核算提出了展望。魏和清（2005）[②] 在分析界定知识经济内涵的基础上，为如何测量知识存量、如何建立分类知识增长模型提供了解决方法。许宪春等（2019）[③] 从统计理论、统计方法、学术研究和人才培养方面阐述了我国当前面临的经济统计的严峻挑战，并从创新领域、创新方法、创新人才等方面研究了我国经济统计如何实现创新发展，助力我国解决现实经济发展问题。

就当前研究可以看出，相较于其他核算方法，数字经济卫星账户是目前能够衡量国民经济中从事数字经济活动情况的较为有效的方法。不过，目前的研究还处于不断完善发展的阶段，对于数字经济卫星账户的实践研究仍有待推进，以期实现宏观层面的编制。现阶段，大多数国家都是通过产业增加值来反映数字经济发展情况、实现数字经济卫星账户编制的。

四、数字经济的 CiteSpace 文献计量分析

CiteSpace 软件作为当下最流行的由知识图谱绘制的文献计量工具之一，通过对关键词、作者、机构、被引文献、被引作者、被引期刊等信息的挖掘和分析，能够了解研究领域的热点主题、前沿和发展趋势，客观、全面地揭示研究领域的发展状况。考虑到数字经济是中国的战略选择，具有本土性和异质性，本书主要使用中国知网数据库进行国内相关研究文献的采集。检索条件是“数字经济”，文献来源是北大中文核心期刊、中文社会科学引文索引，加上《人民日报》《光明日报》《经济日报》上刊登的文章，以及《求是》刊物上的文章。

（一）关键词共现图谱

关键词是文献核心内涵的高度凝结，对关键词进行共现关系及强度分

---

① 续继，唐琦．数字经济与国民经济核算文献评述［J］．经济学动态，2019（10）：117-131.

② 魏和清．关于知识测度理论与方法的思考［J］．当代财经，2005（7）：120-123.

③ 许宪春，关会娟，张钟文．新时代中国经济社会统计的创新与发展［J］．统计研究，2019，36（9）：3-17.

析，可以形成研究热点。得到的数字经济关键词共现图谱如图 2-1 所示。图中生成关键词节点 387 个、连线 1030 条，密度为 0.0138，每一个节点代表一个关键词，每一条连线代表一个关联关系。图中“数字经济”的字体与节点圆圈面积最大，表明此关键词为图谱中的最大节点，频次最多，中心性最强，为这一主题的研究热点。除去搜索的主题，中心性排名靠前的有数字贸易、人工智能、大数据、数字金融、区块链、数字经济等，这些都是研究热点。

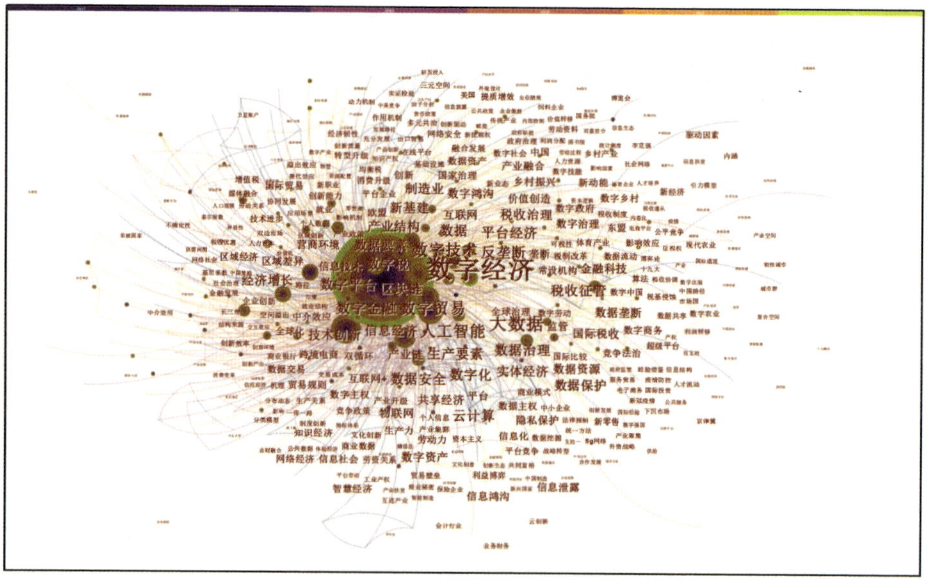

图 2-1　数字经济主题关键词共现图谱

资料来源：笔者根据中国知网数据库运用 CiteSpace 软件整理而来。

表 2-1 为数字经济主题高频关键词统计表。如表所示，高频关键词中频次最高的是数字经济（1172 次），然后是大数据和人工智能等，另外，相关的核心词还有数字贸易、反垄断和经济增长等。在综合关键词共现图谱及共现频次、中心度表后可以得出，近五年来，数字经济、大数据、人工智能、数字贸易和数字技术等关键词最为突出，反映了当前数字经济领域的研究热点。

表 2-1 数字经济主题高频关键词统计表

序号	关键词	中心度	共现频次（次）	年份
1	数字经济	1.73	1172	2017
2	大数据	0.02	46	2017
3	人工智能	0.02	35	2018
4	数字贸易	0.01	33	2017
5	数字技术	0	32	2020
6	反垄断	0.02	30	2018
7	区块链	0.01	25	2018
8	技术创新	0	20	2018
9	经济增长	0.02	20	2018
10	数据	0	20	2020
11	数字税	0	19	2019
12	平台经济	0	19	2020
13	数字金融	0	18	2019
14	产业结构	0	18	2018
15	数据要素	0	18	2020

资料来源：笔者根据中国知网数据库运用 CiteSpace 软件整理而来。

（二）关键词聚类图谱

在关键词共现知识图谱基础上，利用 LLR 算法进行聚类分析，得到关键词聚类图谱，如图 2-2 所示。聚类图的 *Modularity Q*（*Q* 值）= 0.4696，大于 0.3，表明该网络结果显著，聚类效果较高；*Mean Silhouette*（*S* 值）= 0.8718，大于 0.5，表明聚类阈值选取合理，结果具有可信度。图 2-2 中各组中心性（平均轮廓值）都在 0.8 以上，聚类质量较高。图中形成了 9 个聚类，数字越小，聚类包含的关键词越多，出现最多的那个关键词可作为该聚类的标签。比如，#0 数字经济，包含的主要关键词有人工智能、技术创新、大数据、智慧城市、体育产业、中介效应等。

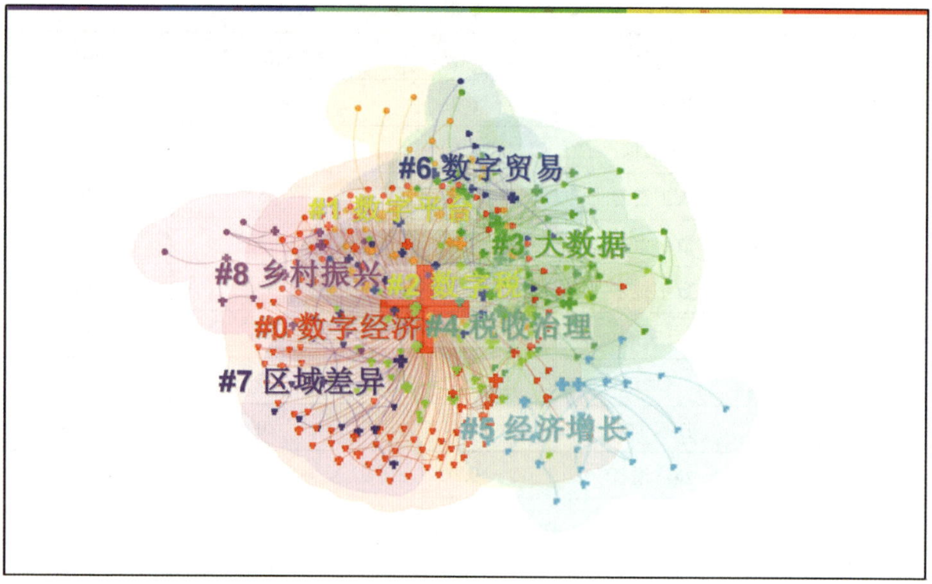

图 2-2　数字经济主题关键词聚类图谱

资料来源：笔者根据中国知网数据库运用 CiteSpace 软件整理而来。

（三）关键词聚类时间线图谱

关键词聚类按照序号放在时间线里，如图 2-3 所示，时间线是将聚类包含的关键词按照时间铺开，每个聚类左边都包含几个关键词，这些关键词就是聚类中所包含的几个主要关键词。在时间线里，关键词会按照自身出现的年份、所属聚类铺展开。比如，#1 数字平台下，数字经济关键词是 2017 年出现的。

（四）关键词作者共现图谱

图 2-4 为数字经济主题关键词作者共现图谱，可以辨析该研究领域发文较多的研究者，识别研究者之间的合作强度。图谱总节点数 233 个，连线数 67 条，密度为 0.0025。图 2-4 中连线代表作者之间的合作状况，连线越粗，交叉越多，说明该节点作者与他人之间的合作强度越高，相关研究呈现百花齐放的状态，不同学者均有各自独到的见解。除此之外，也存在发文量不多但发文质量很高的学者，在文献主观梳理中呈现。

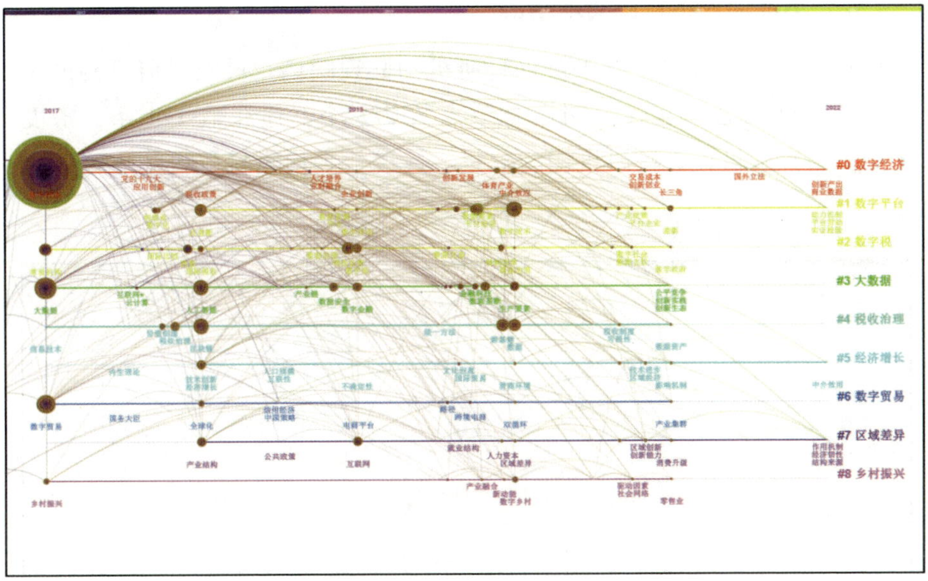

图 2-3　数字经济主题关键词聚类时间线图谱

资料来源：笔者根据中国知网数据库运用 CiteSpace 软件整理而来。

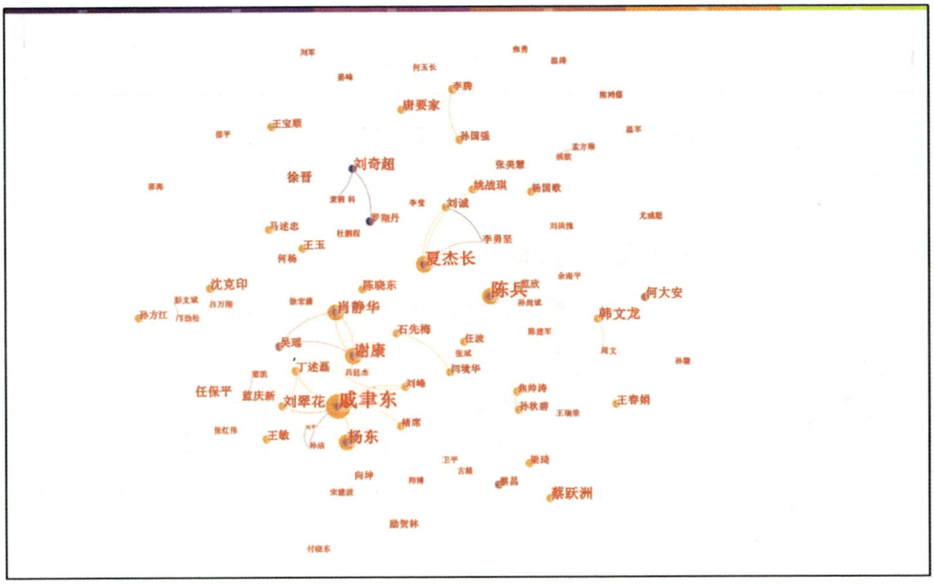

图 2-4　数字经济主题关键词作者共现图谱

资料来源：笔者根据中国知网数据库运用 CiteSpace 软件整理而来。

（五）关键词科研机构共现图谱

图 2-5 为数字经济主题关键词科研机构共现图谱，反映科研机构的重要性以及相互间的合作程度。图谱总节点数 228 个，连线数 114 条，密度为 0.0044。节点数量代表科研机构的数量，连线数量代表科研机构之间的合作数量。

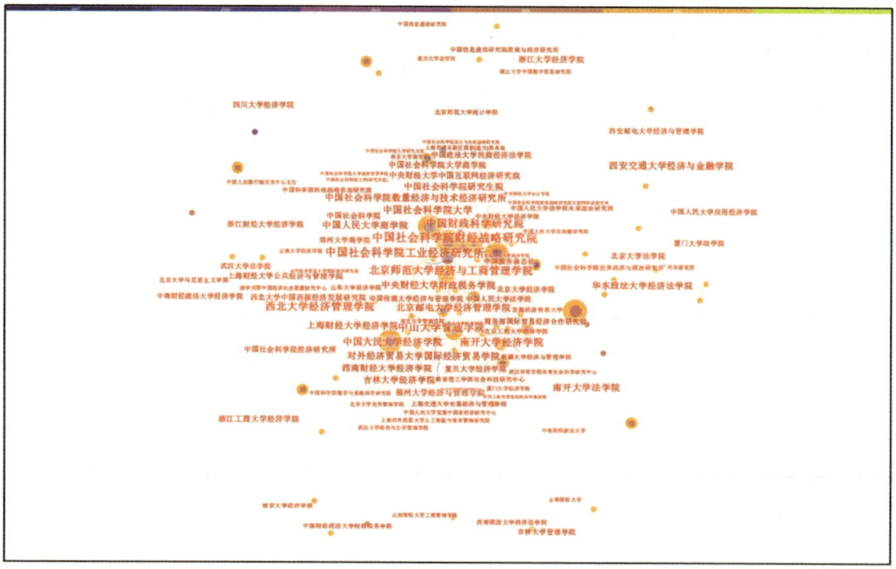

图 2-5　数字经济主题关键词科研机构共现图谱

资料来源：笔者根据中国知网数据库运用 CiteSpace 软件整理而来。

（六）关键词突出强度共现图谱

图 2-6 为数字经济主题关键词突出强度共现图谱，主要呈现 6 列前 25 个突现词排序图谱数据信息，字段涉及 Keywords、Year、Strength、Begin 和 End 等。其中 Year 表示样本数据的选择起始年份，Strength 表示文献关键词突现强度，Begin 为该内容迅速成为热点的起始研究年份，End 是该研究不再成为热点的年份，最后一列时间跨度为当前样本数据的取值年份范围，其中加粗的部分为研究热点时间区域，较细的部分为该关键词的研究年份。

Top 25 Keywords with the Strongest Citation Bursts

Keywords	Year	Strength	Begin	End	2017 - 2022
常设机构	2017	2.5	**2017**	2019	
共享经济	2017	2.23	**2017**	2020	
熵值法	2017	1.57	**2017**	2019	
增值税	2017	1.34	**2017**	2018	
欧盟	2017	2.59	**2018**	2019	
均衡税	2017	2.58	**2018**	2018	
税收政策	2017	2.2	**2018**	2019	
云计算	2017	1.91	**2018**	2020	
应用创新	2017	1.29	**2018**	2018	
影响因素	2017	1.29	**2018**	2018	
人工智能	2017	2.28	**2019**	2020	
互联网	2017	2.25	**2019**	2019	
数据资源	2017	1.94	**2019**	2020	
卫星账户	2017	1.8	**2019**	2019	
智慧城市	2017	1.29	**2019**	2020	
生产要素	2017	2.94	**2020**	2020	
跨境电商	2017	2.09	**2020**	2020	
物联网	2017	1.67	**2020**	2020	
算法	2017	1.67	**2020**	2020	
数据共享	2017	1.67	**2020**	2020	
数据	2017	1.4	**2020**	2020	
全球治理	2017	1.25	**2020**	2020	
垄断	2017	1.42	**2021**	2022	
中介效应	2017	1.41	**2021**	2022	
平台经济	2017	1.3	**2021**	2022	

图 2-6　数字经济主题关键词突出强度共现图谱

资料来源：笔者根据中国知网数据库运用 CiteSpace 软件整理而来。

第二节　共同富裕相关研究

在党的十九届六中全会决议通过的《中共中央关于党的百年奋斗重大成就和历史经验的决议》中，我们明确了新时代的主要任务：一是决胜全面建成小康社会，实现第一个百年奋斗目标；二是开启第二个百年奋斗目标新征程，逐步实现全体人民共同富裕。[①] 必须坚持为人民服务，坚持以人民为中心，以期全体人民实现共同富裕取得更为明显的实质性进展，21 世纪要基本实现全体人民共同富裕。2021 年中央经济工作会议指出，要正确认识和把握实现共同富裕的战略目标和实践途径。在我国社会主义制度下，既要不断解放和发展社会生产力，不断创造和积累社会财富，又要防止两极分化。[②]

一、共同富裕的概念

（一）共同富裕概念的起源和发展

共同富裕这一概念源于 1953 年党中央通过的《中国共产党中央委员会关于发展农业生产合作社的决议》。该决议首次提出了共同富裕这一历史性概念，决议表明“逐步克服工业和农业这两个经济部门发展不相适应的矛盾，并使农民能够逐步完全摆脱贫困的状况而取得共同富裕和普遍繁荣的生活”。[③]“共同富裕”一词曾在 1953 年的《人民日报》中连续出现了十二次，也就是从这时起，共同富裕的概念开始广泛传播。

党的十一届三中全会之后，邓小平曾多次强调：“我的一贯主张是，让一部分人、一部分地区先富起来，大原则是共同富裕。一部分地区发展快一点，带动大部分地区，这是加速发展、达到共同富裕的捷径。”1992 年，在改革开放不断深入推进的时间节点，邓小平在南方谈话中也提出了“社会主义的本质，是解放生产力，发展生产力，消灭剥削，消除两极分化，最终达到共同富裕”[④]。在区域经济发展问题上，邓小平以两个“大局”来解释：沿海地区要加快对外开放，较快地先发展起来，内地要顾全这个大局。反过来，发展到一定阶段，又要求沿海拿出更多力量来帮助内地发展，那时沿海也要服从这个大局。自党的十八大以来，关于“共同富裕”的讨论逐渐成为社会关注的热点，共同富裕是社会主义的本质要求，是社会主义现代化的重要特征。

---

① 中共中央关于党的百年奋斗重大成就和历史经验的决议 [M]. 北京：人民出版社，2021.

② 2021 年中央经济工作会议公报全文 [EB/OL]. 经济形势报告网.（2021-09-09）[2022-12-30]. http：//www. china-cer. com. cn/guwen/2021090914626. html.

③ 穆菁. 在高质量发展中促进共同富裕，统筹做好重大金融风险防范化解工作 [J]. 共产党员，2021（18）：4-5.

④ 邓小平. 邓小平文选（第 3 卷）[M]. 北京：人民出版社，1993.

（二）共同富裕概念的内涵

学术界基于各种方式对共同富裕的内涵做出解释，总的来说有以下三种观点：第一种强调“全面”。所谓的“共同富裕”，其中“富”代表的就是个人所拥有的财产多，“富裕”不仅限于金钱、土地、房屋等物质财产的丰厚，还有精神财富的满足和升华。曹海军和梁赛（2022）① 认为共同富裕是在消除贫困后实现人民在各个方面的富裕。李泽泉（2011）② 指出，共同富裕不只是物质生活的单方面富裕，而是物质生活和精神生活上的“全面富裕”。

第二种强调“共享”。任保平（2021）③ 指出在目前新发展阶段，共同富裕有了新的要求，那就是要将富裕和共享结合起来，着重解决分配问题。杨文圣和李旭东（2022）④ 明确指出，共同富裕的本质内涵就是共有、共建、共享。缺少任何一方都会导致共同富裕的性质改变和实践障碍。王立胜（2021）⑤ 认为共同富裕的实现要以共享发展理念为先导，在追求经济发展效率和速度的同时，要保证发展果实为广大人民群众所共享是迈向共同富裕的基本前提。

第三种强调“过程”。顾海良（2021）⑥ 认为共同富裕是有步骤的，具有逐步实现的过程性特征，既不是一蹴而就的，也不是齐头并进的。张占斌和吴正海（2022）⑦ 指出，共同富裕的过程也是有差别的，且非均等富裕，必须是建立在公平合理的基础上，有利于社会发展进步的，而不是两极分化和发展受阻。杨煌（2021）⑧ 认为，共同富裕是由低层次到高层次逐步实现的，不是一步到位的，由于各地经济发展条件和基础不同，注定了实现共同富裕的标准和速度不可能完全统一。

---

① 曹海军，梁赛．赓续百年目标：共同富裕的因由寻绎、意蕴索隐和路径构想［J］．云南社会科学，2022（1）：54-61+187-188.

② 李泽泉．坚定不移走共同富裕道路［J］．红旗文稿，2011（22）：14-15.

③ 任保平．全面理解新发展阶段的共同富裕［J］．社会科学辑刊，2021（6）：142-149.

④ 杨文圣，李旭东．共有、共建、共享：共同富裕的本质内涵［J］．西安交通大学学报（社会科学版），2022，42（1）：10-16.

⑤ 王立胜．以共享发展促共同富裕：理念、挑战与路径［J］．当代世界与社会主义，2021（6）：61-67.

⑥ 顾海良．共同富裕是社会主义的本质要求［J］．红旗文稿，2021（20）：4-11.

⑦ 张占斌，吴正海．共同富裕的发展逻辑、科学内涵与实践进路［J］．新疆师范大学学报（哲学社会科学版），2022，43（1）：39-48+2.

⑧ 杨煌．共同富裕：中国共产党百年的奋斗与追求［J］．世界社会主义研究，2021，6（9）：23-37+102-103.

中央财经委员会第十次会议对共同富裕问题做出了进一步的深入回答：允许一部分人和地区先富起来，让先富的人带动后富的人，逐渐实现共同富裕。总之，共同富裕不是“平均主义”，也不属于“同步富裕”。是存在一定差距的、属于全体人民的富裕，而非整齐划一、属于少数人的富裕。习近平总书记强调：“人民美好生活需要日益广泛，不仅对物质文化生活提出了更高要求，而且在民主、法治、公平、正义、安全、环境等方面的要求日益增长。”① 共同富裕的含义随着探索的深入变得丰富。

二、共同富裕的探索历程

《中共中央关于党的百年奋斗重大成就和历史经验的决议》中将党的百年奋斗历程划分为夺取新民主主义革命伟大胜利、完成社会主义革命和推进社会主义建设、进行改革开放和社会主义现代化建设、开创中国特色社会主义新时代四个阶段，这与党带领人民探索共同富裕道路的历程息息相关。

目前对于党带领人民探索共同富裕道路的阶段和特征，学术界开展了广泛的研究。石文静（2021）② 从共同富裕的历史意义的视角出发，将实现共同富裕百年探索历程分为了打开共同富裕之门、奠定共同富裕之基、开辟共同富裕之路和共同富裕迈出新步伐。蒋永穆和豆小磊（2021）③ 立足于历史逻辑和思想演变，把这四个阶段分为了初步萌芽期（1921—1949 年）、初步探索期（1949—1978 年）、质的升华期（1978—2012 年）、初步实现期（2012—2021 年）。谢小飞和吴家华（2021）④ 根据四个阶段的历史和社会特点，将其分成了为实现共同富裕创造根本政治条件的阶段（新民主主义革命的胜利）、对共同富裕的初步探索阶段（社会主义革命与建设时期）、对共同富裕全方位提速阶段（改革开放时期和社会主义现代化建设新时期）。黄一玲（2021）⑤ 将其概括为中华人民共和国成立以前党对共同富裕的理论求索与实

---

① 中共中央．中共中央关于制定国民经济和社会发展第十四个五年规划和二〇三五年远景目标的建议［M］．北京：人民出版社，2020.

② 石文静．中国共产党实现共同富裕的历程与经验［J］．科学社会主义，2021（6）：35-39.

③ 蒋永穆，豆小磊．共同富裕思想：演进历程、现实意蕴及路径选择［J］．新疆师范大学学报（哲学社会科学版），2021，42（6）：16-29.

④ 谢小飞，吴家华．中国共产党追求共同富裕的百年历程与启示［J］．西南民族大学学报（人文社会科学版），2021，42（7）：53-58.

⑤ 黄一玲．中国共产党实现共同富裕的百年探索与经验启示［J］．南京师范大学学报（社会科学版），2021（5）：93-101.

践（1921—1949 年）、中华人民共和国成立初期赶超式发展战略下的共同富裕探索（1949—1978 年）、改革开放政策之下的“先富”带“后富”战略（1978—2012 年）、新时代以人民为中心的发展（2012 年至今）。付文军（2021）[①] 将这四个时期总结为以“抓革命、促生产”为核心的初步试探期（1921—1948 年）、以“巩固政权、恢复民生”为目标的反复尝试期（1949—1977 年）、以“改革开放、先富带动后富”为举措的全面探索期（1978—2011 年）、以“激发社会活力、扎实推动共同富裕”为内容的新时期（2012 年至今）。总之，虽然不同的学者对这四个时期的命名所站的角度不同，但对这四个历史时期的共同富裕思想特征的概括却是一致的。

三、实现共同富裕的意义

（一）实现共同富裕是社会主义的本质要求

习近平总书记曾多次强调：“实现共同富裕是社会主义的本质要求。”马克思曾写下这样的话：在新的社会制度中，社会生产力的发展将如此迅速，生产将以所有人的富裕为目的[②]。列宁继承了马克思的想法，他认为：“我们要争取新的、更好的社会制度：在这个新的、更好的社会里不应该有穷有富，大家都应该做工。共同劳动的成果不应该归一小撮富人（没有参与劳动的资本家）享受，应该归全体劳动者享受。机器和其他技术改进应该用来减轻大家的劳动，不应该用来使少数人发财，让千百万人民受穷。”[③] 综上所述，共同富裕是社会主义所倡导的生产资料公有制的必然结果，这与生产资料私有制从而造成贫富差距较大的资本主义不同，共同富裕是社会主义现实的经济基础所决定的，实现共同富裕是社会主义的本质要求。

（二）促进共同富裕是建设富强民主文明和谐社会主义现代化国家的必然要求

我国目前正处于并将未来长期处于社会主义初级阶段，社会主义初级阶段建立在还未实现共同富裕道路的一般物质基础上，此时的社会主义制度建

① 付文军．中国特色社会主义共同富裕论纲［J］．社会科学辑刊，2021（6）：159-167.

② 马克思．资本论（第一卷）［M］．中共中央马克思恩格斯列宁斯大林著作编译局，译．北京：人民出版社，1975.

③ 列宁．列宁全集（第 7 卷）［M］．中共中央马克思恩格斯列宁斯大林著作编译局，译．北京：人民出版社，2013.

设是不完善的，生产力和生产关系还处于发展阶段，共同富裕是需要长期努力才能实现的目标。然而，随着改革开放的深入推进，社会主义进入了新阶段。2021 年，习近平总书记提出："现在，已经到了扎实推动共同富裕的历史阶段。"① 这个判断符合我国目前的国情，我国目前已经成为世界第二大经济体，中国特色社会主义初级阶段也进入了历史新阶段，"必须把促进全体人民共同富裕作为为人民谋幸福的着力点，不断夯实党长期执政基础"。促进共同富裕的实现，是当前中国社会进入社会主义新时代的必然要求。

（三）实现共同富裕是解决我国发展中存在问题的举措

根据《中国统计年鉴 2020》的数据，当前我国基尼系数依旧高于 0.4，由此带来的社会问题值得重视。邓小平同志在晚年的时候曾提出："少部分人获得那么多财富，大多数人没有，这样发展下去总有一天会出问题。分配不公，会导致两极分化，到一定时候问题就会出来。这个问题要解决。"② 习近平总书记也指出："必须坚决防止两极分化，促进共同富裕，实现社会和谐安定。"

由此看来，从实现共同富裕的过程和意义来看，实现共同富裕，道路是曲折的，而前途是光明的，是摸着石头过河，不断自我革新、自我发展的过程。

四、共同富裕的核算

关于共同富裕的测度问题，目前学术界多体现在共同富裕指标体系的综合评价以及熵值法计算权重的研究中。刘培林等（2021）③ 基于共同富裕的内涵，对共同富裕指标体系的构建提出了构建框架：一是总体富裕程度，可以以人均国民收入、人均财富保有量、全员劳动生产率与发达国家相比的水平为度量指标，其指标值越高，总体富裕的程度也就越高；二是发展成果共享程度，从人群差距、区域差距、城乡差距三个维度加以度量。宋群（2014）④ 在前者的基础上，增加了反映我国经济社会发展总体水平的基础指标，包含经济、文化、生态、社会和制度，进一步完善了指标体系的要素。同样，申云和李京

① 习近平．扎实推动共同富裕［J］．求是，2021（20）：32.

② 中共中央文献研究室．邓小平思想年编：一九七五—一九九七［M］．北京：中央文献出版社，2011.

③ 刘培林，钱滔，黄先海，等．共同富裕的内涵、实现路径与测度方法［J］．管理世界，2021，37（8）：117-129.

④ 宋群．我国共同富裕的内涵、特征及评价指标初探［J］．全球化，2014（1）：35-47+124.

蓉（2020）[①] 从全面建成小康社会的视角出发，将一级指标划分为物质和精神两个层面，其中物质层面包括收入状况、生活质量和便利程度，精神层面则包括科教文化、卫生服务、社会保障能力。陈丽君等（2021）[②] 在兼顾科学性和可操作性的基础上，兼顾供给侧和需求侧，综合考虑总体财富状况、是否公平地惠及人民以及人口与资源环境的长远发展潜力，将共同富裕的维度划分为发展性指标、共享性指标和可持续性指标。李实（2021）[③] 以全体人民的生活水平和共享程度为基础，选取收入、财产和公共服务水平来衡量生活水平的指标，选取不同人群的收入差异、财产差异以及公共服务水平的差异衡量共享程度的高低。李金昌和余卫（2022）[④] 从经济质效、发展协调、社会和谐、全域美丽建设、可持续性等方面出发构建了共同富裕评价指标体系。

同时，由于富裕的反面是贫困，学者对于贫困程度的测量也对共同富裕的研究具有重要意义。例如陈宗胜等（2020）[⑤] 结合中国国情分析了多维贫困理论的可行性，可以为新时期建立脱贫攻坚检测、预防和扶助体系提供参考。

除此之外，在立足于中国经济发展不平衡不协调的问题方面，陈正伟和张南林（2013）[⑥] 将共同富裕分解为富裕度和共同度，建立具有区域可比性的购买力平价模型，对我国六大地区的富裕度和共同度进行对比。刘渝琳等（2022）[⑦] 通过构建结构指数并拓展可持续经济福利结构均衡增长指数（Sustainable Economic-Index for Sustainable Economic Welfare，SE-ISEW）的核算基础，引入 Dagum 基尼系数来测算区域经济福利结构的差别，为我国成功实现全面脱贫攻坚、实现共同富裕提供政策建设和思考。吕光明和陈欣悦（2022）[⑧] 根据党中央提出的“2035 年全体人民共同富裕迈出坚实步

---

① 申云，李京蓉．我国农村居民生活富裕评价指标体系研究——基于全面建成小康社会的视角［J］．调研世界，2020（1）：42-50.

② 陈丽君，郁建兴，徐铱娜．共同富裕指数模型的构建［J］．治理研究，2021，37（4）：5-16+2.

③ 李实．共同富裕的目标和实现路径选择［J］．经济研究，2021，56（11）：4-13.

④ 李金昌，余卫．共同富裕统计监测评价探讨［J］．统计研究，2022，39（2）：3-17.

⑤ 陈宗胜，黄云，周云波．多维贫困理论及测度方法在中国的应用研究与治理实践［J］．国外社会科学，2020（6）：15-34.

⑥ 陈正伟，张南林．基于购买力平价下共同富裕测算模型及实证分析［J］．重庆工商大学学报（自然科学版），2013，30（6）：1-5.

⑦ 刘渝琳，王雨豪，朱鑫城．共同富裕目标下可持续经济福利结构均衡增长［J］．数量经济技术经济研究，2022，39（5）：3-24.

⑧ 吕光明，陈欣悦．2035 年共同富裕阶段目标实现指数监测研究［J］．统计研究，2022，39（4）：3-20.

伐”的要求，借鉴联合国开发计划署（The United Nations Development Programme，UNDP）的经收入不平等调整的人类发展指数（Inequality-adjusted Human Development Index，IHDI）做法，构建共同富裕阶段目标综合指数框架，结论表明：此模型基本上可以满足2035年阶段目标实现的要求。万海远和陈基平（2021）① 收集了跨国面板数据，同时构建了具有中国特色、以结果为导向的共享发展评价方法，将国际与国内进行比较。罗楚亮等（2021）② 分析了中国居民收入分配课题组（Chinese Household Income Project，CHIP）2013年和2018年的住户调查数据，借助洛伦兹曲线的定义、城乡差距关联分析等方式，分析了我国收入差距高位徘徊的根本因素。赵鑫铖和梁双陆（2020）③ 运用“消费等价”福利测算方法，对我国31个省份的区域福利增长和福利水平进行测算。战炤磊（2021）④ 从国民财富分配领域的角度出发，论证了居民收入、企业利润和政府的财政收入三个基本领域是实现共同富裕的重要路径。

围绕2035年人均GDP达到中等发达国家的标准水平，陆挺（2021）⑤ 参考世界银行、OECD等国际组织关于发达国家的定义，取这些国际组织第34百分位的中位数（即24492美元）作为进入“中等发达国家”的门槛，认为我国还需要多方面的改革才能达成此目标。黄群慧和刘学良（2021）⑥ 取中等发达国家的人均国民生产总值的均值（2.56万美元）和中位数（2.59万美元），并将其设置为富裕指标，根据对我国未来经济增长潜力的预测，得出了中国可以在“十四五”过程中进入高收入水平国家行列，2035年实现人均生产总值翻一番的结论。李雪松（2020）⑦ 则将全球70个高收入国家中人均GDP排名第24~47位的视为高收入国家里中等收入水平，也就是人均GDP处

---

① 万海远，陈基平．共享发展的全球比较与共同富裕的中国路径［J］．财政研究，2021（9）：14-29.

② 罗楚亮，李实，岳希明．中国居民收入差距变动分析（2013—2018）［J］．中国社会科学，2021（1）：33-54+204-205.

③ 赵鑫铖，梁双陆．中国区域经济福利的水平测度与增长测度研究［J］．数量经济技术经济研究，2020，37（7）：26-47.

④ 战炤磊．居民、企业与政府收入协同增长：共同富裕的重要实现路径［J］．学术研究，2021（11）：107-114.

⑤ 陆挺．2035年我国成为“中等发达国家”需要多快的GDP增速［J］．企业观察家，2021（5）：20-21.

⑥ 黄群慧，刘学良．新发展阶段中国经济发展关键节点的判断和认识［J］．经济学动态，2021（2）：3-15.

⑦ 李雪松．努力实现“十四五”发展目标及2035年远景目标［J］．经济研究参考，2020（24）：100-102.

于 23500~43600 美元区间，并对我国努力实现 2035 年远景目标提供了建议，表达了信心。

结合我国目前实际情况，这三种研究的侧重点都有其不足之处：在共同富裕指标体系构建方面，不同学者对于指标的选择不同，这就导致加总合成项有很大偏差，结果具有不确定性。在立足于中国经济发展不平衡不协调的问题方面，大多数研究仅集中于不同地域之间不平衡不协调的变化分析，对共同富裕程度的测量较少，对其与地域经济水平差异因果关系的剖析不够。在立足于 2035 年达到中等发达国家水平的研究中，大多局限于目前国际国内的相关数据分析和比较，对我国实现共同富裕的具体实现路径认识不够。

五、共同富裕的 CiteSpace 文献计量分析

如上文数字经济主题的文献计量方法，运用 CiteSpace 软件进行分析。考虑到中国的共同富裕问题具有本土性和异质性，主要使用中国知网数据库进行国内相关研究文献采集。检索条件是“共同富裕”。文献来源主要是北大中文核心期刊、中文社会科学引文索引，加上《人民日报》《光明日报》《经济日报》等报纸上的文章，以及《求是》刊物上的文章；时间跨度是 1978—2022 年。

（一）关键词共现图谱

关键词是文献核心思想和内容的高度凝结，对关键词进行共现关系及强度分析，可以形成研究热点。得到的关键词共现图谱如图 2-7 所示。图中生成关键词节点 395 个、连线 1124 条，密度为 0.0144，每一个节点代表一个关键词，每一条连线代表一个关联关系。图中“共同富裕”的字体与节点圆圈面积最大，表明此关键词为图谱中的最大节点，频次最多，中心性最强，为这一主题的研究热点。除去搜索的主题，中心性排名靠前的有乡村振兴、精准扶贫、脱贫攻坚、共享发展等，这些是研究热点。

表 2-2 是共同富裕主题高频关键词统计表。高频关键词依次有共同富裕（893 次）乡村振兴、新时代、共享发展等，另外，相关的核心词有收入分配、精准扶贫、脱贫攻坚、相对贫困等。在综合关键词共现图谱及共现频次、中心度表后，可以发现近五年以来，共同富裕、乡村振兴、新时代、共享发展、收入分配等关键词最为突出，反映了当前共同富裕研究领域的研究热点。

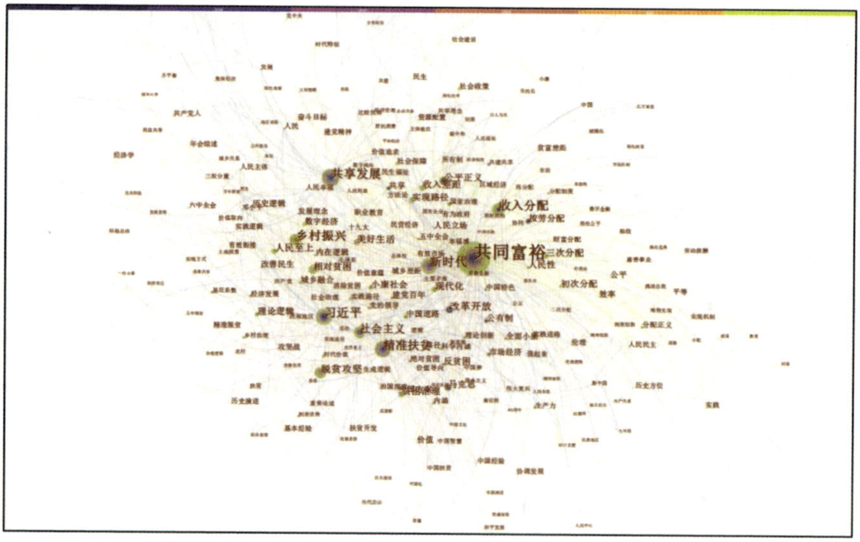

图 2-7 共同富裕主题关键词共现图谱

资料来源：笔者根据中国知网数据库运用 CiteSpace 软件整理而来。

表 2-2 共同富裕主题高频关键词统计表

序号	关键词	中心度	共现频次（次）	年份
1	共同富裕	1.29	893	2017
2	乡村振兴	0.08	116	2018
3	新时代	0.07	92	2018
4	共享发展	0.09	84	2017
5	习近平	0.09	75	2017
6	收入分配	0.05	66	2017
7	精准扶贫	0.05	64	2017
8	社会主义	0.06	50	2017
9	脱贫攻坚	0.02	45	2018
10	相对贫困	0.01	35	2020
11	改革开放	0.02	31	2017
12	现代化	0.01	24	2017
13	公平正义	0.02	24	2017
14	实现路径	0.01	24	2017
15	贫困治理	0.02	24	2018

资料来源：笔者根据中国知网数据库运用 CiteSpace 软件整理而来。

（二）关键词聚类图谱

在关键词共现知识图谱的基础上，利用 LLR 算法进行聚类分析，得到关键词聚类图谱，如图 2-8 所示。聚类图的 *Modularity Q*（*Q* 值）= 0.4493，大于 0.3，表明该网络结果显著，聚类效果较高；*Mean Silhouette*（*S* 值）= 0.8047，大于 0.5，表明聚类阈值选取合理，结果具有可信度。图 2-8 中各组中心性（平均轮廓值）都在 0.8 以上，聚类质量较高。图中形成了 9 个聚类，数字越小，聚类包含的关键词越多，出现最多的那个关键词作为该聚类的标签。比如，#0 共同富裕，包含的主要关键词有收入差距、分配制度、实践路径、普惠金融、公共服务等。

图 2-8　共同富裕主题关键词聚类图谱

资料来源：笔者根据中国知网数据库运用 CiteSpace 软件整理而来。

（三）关键词聚类时间线图谱

关键词聚类按照序号放在时间线里，如图 2-9 所示，时间线是将聚类包含的关键词按照时间铺开，每个聚类左边都包含几个关键词，这些关键词就是聚类中所包含的几个主要关键词。在时间线里，关键词会按照自身出现的年份、所属聚类铺展开。比如，在#1 聚类共同富裕下，税制结构作为关键词是 2022 年出现的。

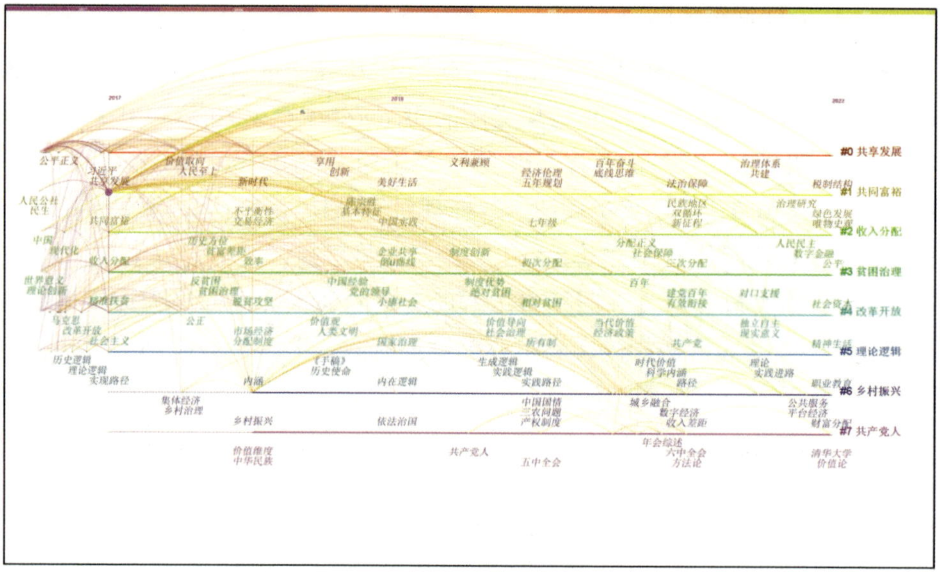

图 2-9　共同富裕主题关键词聚类时间线图谱

资料来源：笔者根据中国知网数据库运用 CiteSpace 软件整理而来。

（四）关键词作者共现图谱

图 2-10 为共同富裕主题关键词作者共现图谱。作者共现图谱可以辨析该研究领域发文较多的研究者，识别研究者之间的合作强度。图谱总节点数 253 个，连线数 83 条，密度为 0.0026。图中连线代表作者之间的合作状况，连线越粗，交叉越多，说明该节点作者与他人之间的合作强度越高，相关研究呈现百花齐放的状态，不同学者对此都有独到的见解。除此之外，也存在发文量不多但发文质量很高的学者，在文献主观梳理中呈现。

（五）关键词科研机构共现图谱

图 2-11 为共同富裕主题关键词科研机构共现图谱。科研机构共现图谱反映科研机构的重要性以及相互间的合作程度。图谱总节点数 248 个，连线数 210 条，密度为 0.0069。节点数量代表科研机构的数量，连线数量代表科研机构之间的合作数量。

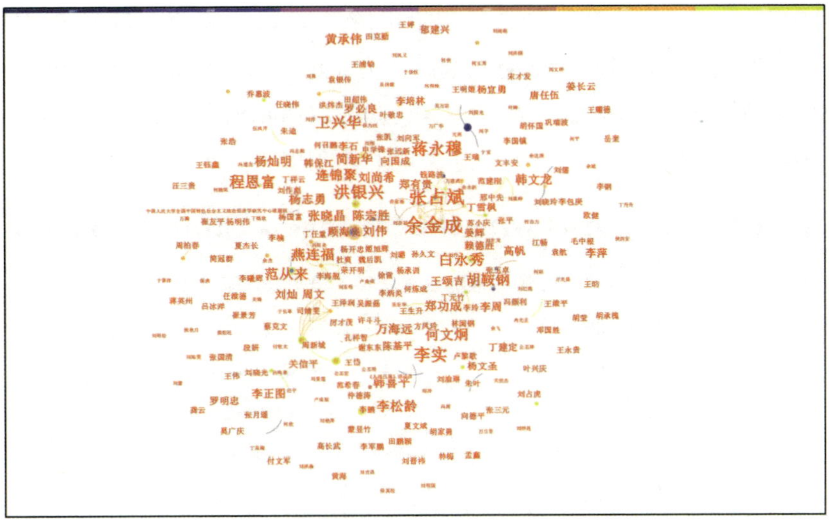

图 2-10　共同富裕主题关键词作者共现图谱

资料来源：笔者根据中国知网数据库运用 CiteSpace 软件整理而来。

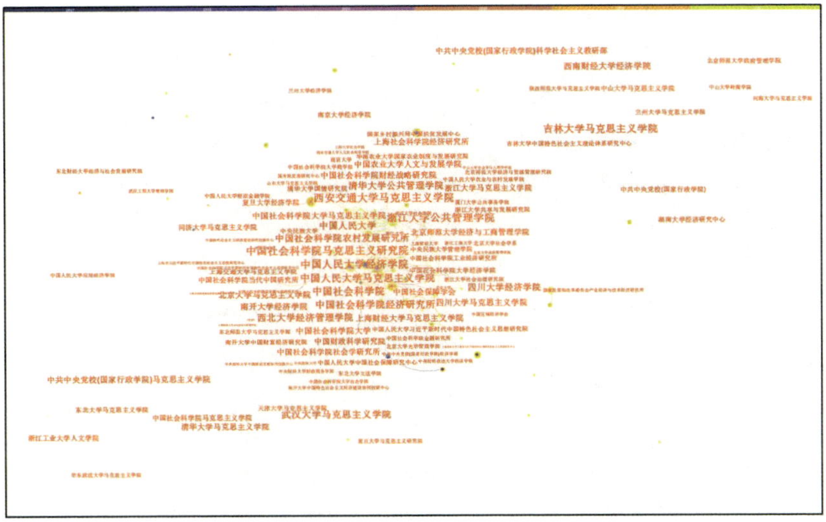

图 2-11　共同富裕主题关键词科研机构共现图谱

资料来源：笔者根据中国知网数据库运用 CiteSpace 软件整理而来。

（六）关键词突出强度共现图谱

图 2-12 为共同富裕主题关键词突出强度共现图谱，主要呈现 6 列前 25 个突现词排序图谱数据信息，字段涉及 Keywords、Year、Strength、Begin 和 End

等。其中 Year 表示样本数据的选择起始年份，Strength 表示文献关键词突现强度，Begin 为该内容迅速成为热点的起始研究年份，End 是该研究不再成为热点的年份，最后一列时间跨度为当前样本数据的取值年份范围，其中加粗的部分为研究热点时间区域，较细的部分为该关键词的研究年份。

Top 25 Keywords with the Strongest Citation Bursts

Keywords	Year	Strength	Begin	End	2017 - 2022
共享发展	2017	21.04	**2017**	2019	
精准扶贫	2017	13.58	**2017**	2020	
习近平	2017	10.54	**2017**	2020	
马克思	2017	4.76	**2017**	2020	
按劳分配	2017	2.97	**2017**	2020	
十九大	2017	2.56	**2017**	2018	
发展	2017	2.56	**2017**	2018	
发展理念	2017	2.24	**2017**	2019	
共建共享	2017	2.15	**2017**	2020	
新时代	2017	16.41	**2018**	2020	
改革开放	2017	8.28	**2018**	2019	
改善民生	2017	3.11	**2018**	2020	
攻坚战	2017	2.22	**2018**	2020	
价值取向	2017	2.22	**2018**	2020	
国有企业	2017	2.22	**2018**	2020	
市场经济	2017	2.1	**2018**	2020	
美好生活	2017	3.55	**2019**	2022	
中国经验	2017	2.7	**2019**	2020	
中国方案	2017	2.7	**2019**	2020	
精准脱贫	2017	2.16	**2019**	2020	
党的领导	2017	2.09	**2019**	2020	
脱贫攻坚	2017	3.87	**2020**	2022	
绝对贫困	2017	3.15	**2020**	2022	
五中全会	2017	2.86	**2020**	2022	
制度优势	2017	2.29	**2020**	2022	

图 2-12　共同富裕主题关键词突出强度共现图谱

资料来源：笔者根据中国知网数据库运用 CiteSpace 软件整理而来。

第三节　数字经济与共同富裕的相关研究

数字经济对共同富裕作用的相关文献较少，现有研究中大多数是从宏观角度来讨论的，大部分与产业结构调整、促进经济增长以及构建新发展格局等方面相关，多数学者认为数字经济可以促进共同富裕的实现，但也有少数学者持不同的意见。

一、数字经济有利于实现共同富裕

目前的相关研究文献分为宏观和微观两个角度。宏观上多从经济整体布局出发，向云等（2022）[①] 分多重维度分别测度了全国 31 个省份数字经济发展指数和共同富裕指数，采用面板数据模型测度数字经济对共同富裕的作用，并通过了内生性检验和稳健性检验。刘儒和张艺伟（2022）[②] 采用了基于 Bootstrap 的有调节的中介效应分析方法来验证数字经济对共同富裕的传导机制，得出了当产业去中心化到一定程度时，数字经济才会显著地提升共同富裕水平的结论。梁东亮和赖雄麟（2022）[③] 从非均衡增长到均衡增长视角阐述了数字经济促进共同富裕作用的重要性。唐红涛和谢婷（2022）[④] 基于目前产业扶贫的角度，认为我国多数省份的产业振兴落后于产业扶贫，而数字经济可以有效地将制造业扶贫和制造业振兴衔接起来。向云等（2022）[⑤] 强调数字经济正在引领中国的质量变革、动力变革、效率变革，也是推进共同富裕的新动能。欧阳日辉（2022）[⑥] 认为发展数字经济需要与实现共同富裕同频共振。数字经济作为新一轮科技革命的重要经济驱动力，反映出了强大

① 向云，陆倩，李芷萱．数字经济发展赋能共同富裕：影响效应与作用机制［J］．证券市场导报，2022（5）：2-13.

② 刘儒，张艺伟．数字经济与共同富裕——基于空间门槛效应的实证研究［J］．西南民族大学学报（人文社会科学版），2022，43（3）：90-99.

③ 梁东亮，赖雄麟．数字经济促进共同富裕研究——基于均衡增长视角［J］．理论探讨，2022（3）：57-62.

④ 唐红涛，谢婷．数字经济视角下产业扶贫与产业振兴有效衔接的机理与效应研究［J］．广东财经大学学报，2022（4）：30-43.

⑤ 向云，陆倩，李芷萱．数字经济发展赋能共同富裕：影响效应与作用机制［J］．证券市场导报，2022（5）：2-13.

⑥ 欧阳日辉．数字经济促进共同富裕的逻辑、机理与路径［J］．长安大学学报（社会科学版），2022，24（1）：1-15.

的增长潜力，涵盖了科学技术创新的集成应用、产业数字化和数字产业化的产业效应，逐渐成为实现共同富裕的助推力。由此可见，发展数字经济对实现共同富裕、消灭贫困、全面建成小康社会具有重要意义。

从具体的传导机制来看，部分学者认为数字经济可以改善产业结构，提高劳动力质量，从而平衡“效率与公平”。例如戚聿东和褚席（2022）[①] 认为数字经济利用产业结构优化可以促进生产要素的协调与合理配置。张昕蔚和蒋长流（2021）[②] 则将数字经济作为生产要素的重要组成部分，通过与土地、劳动等生产要素深度融合从而完成对生产过程的重塑，进而实现共同富裕。张品茹（2022）[③] 以消费公平为切入点，认为数字技术的创新在短期内会加速消费者之间的消费分化，具有一段时间的“消费排斥”现象，而在长期，数字技术的创新可以促进城市消费公平，让更多的消费者更加公平地享受数字技术创新的外溢效应所带来的福利。刘诚（2022）[④] 从收入分配的角度，认为数字经济能够从初次、再次、第三次分配过程中优化分配过程，进而促进公平分配和共同富裕。从创业就业方面来看，何宗樾和宋旭光（2020）[⑤] 从人口特征、人力资本、社会资源禀赋等多个维度得出了数字经济能够缓解创业者的贷款困境，提供社会资源援助，促进就业决策，对非农就业，特别是受雇性就业具有显著的促进作用。张勋等（2019）[⑥] 研究发现数字金融带来了创业机会的均等化，数字金融能够保护低社会资本的创业行为，可以促进中国的包容性增长。郭峰等（2020）[⑦] 利用蚂蚁金服的交易账户数据编制中国数字普惠金融指数，得出了数字金融可以实现低成本、广覆盖、可持续发展的包容模式，为一些经济落后地区奋起直追提供了可能性。缩小城乡差距是实现共同富裕的重要议题，也是数字经济促进共同富裕的重要路

---

① 戚聿东，褚席．数字经济发展促进产业结构升级机理的实证研究［J］．学习与探索，2022（4）：111-120.

② 张昕蔚，蒋长流．数据的要素化过程及其与传统产业数字化的融合机制研究［J］．上海经济研究，2021（3）：60-69.

③ 张品茹．数字经济发展视域下技术创新与城市消费公平研究［J］．商业经济研究，2022（11）：42-45.

④ 刘诚．数字经济与共同富裕：基于收入分配的理论分析［J］．财经问题研究，2022（4）：25-35.

⑤ 何宗樾，宋旭光．数字经济促进就业的机理与启示——疫情发生之后的思考［J］．经济学家，2020（5）：58-68.

⑥ 张勋，万广华，张佳佳，等．数字经济、普惠金融与包容性增长［J］．经济研究，2019，54（8）：71-86.

⑦ 郭峰，王靖一，王芳，等．测度中国数字普惠金融发展：指数编制与空间特征［J］．经济学（季刊），2020，19（4）：1401-1418.

径。数字经济对缩小城乡差距的直接影响是实现市场一体化和模块化分工，间接作用是实现劳动力再配置和城乡集聚效应。[①] 肖若晨（2019）[②] 也认为大数据是实现乡村振兴和数字经济融合发展，提高乡村振兴质量和水平的有效途径。

在微观方面，朱太辉等（2022）[③] 聚焦微观个体角度，从企业入手，阐述了企业在促进、优化资源配置中的突出作用，是推进共同富裕的重要主体。王海艳等（2022）[④] 基于2014—2019年中国省级面板数据，从要素差异性和区域异质性两个角度分析了数字经济对城乡居民融合的影响，结论显示，数字经济可以对城乡融合起到积极的推动作用。从农村与农户来看，农业作为第一产业也是基础性产业，是缩小城乡发展差距、实现城乡共同富裕的重要路径，不少学者对此做出研究。罗明忠和刘子玉（2022）[⑤] 从农户入手，基于中国社会调查数据，对近万份农户样本的共同富裕水平进行了测算，经过实证检验得出数字技术可以通过拓展社会网络促进农户的共同富裕，并且数字技术对低收入农户具有比高收入农户更强的促进效应。李丽霞等（2019）[⑥] 通过研究得出财政性收入、农户家庭住房、生活燃料、受教育年限和社会保险等方面贫困发生率较高，其中农户家庭使用互联网对农户多维贫困尤其是高维度贫困的减贫效应显著。王渝和汪三贵（2020）[⑦] 认为数字经济可以通过对农户多层面赋能，使其认识自身发展的潜力，从而增强农户追求美好生活的能力和信心，实现共同富裕。胡伦和陆迁（2019）[⑧] 从收入角度得出数字技术的普及对农业增收效应非常明显，实现路径为降低农户信息搜索成本、缓解信息不对称、提升人力资本、形成较强的价格效应。

---

① 陈鑫鑫，段博．数字经济缩小了城乡差距吗？——基于中介效应模型的实证检验［J］．世界地理研究，2022，31（2）：280-291.

② 肖若晨．大数据助推乡村振兴的内在机理与实践策略［J］．中州学刊，2019（12）：48-53.

③ 朱太辉，林思涵，张晓晨．数字经济时代平台企业如何促进共同富裕［J］．金融经济学研究，2022，37（1）：181-192.

④ 王海艳，林云舟，滕忠铭．数字经济对城乡融合发展的影响因素研究［J］．中共福建省委党校（福建行政学院）学报，2022（3）：123-132.

⑤ 罗明忠，刘子玉．数字技术采纳、社会网络拓展与农户共同富裕［J］．南方经济，2022（3）：1-16.

⑥ 李丽霞，李宁，张旭锐．互联网使用对农户多维贫困的减贫效应研究［J］．科学决策，2019（11）：66-82.

⑦ 王瑜，汪三贵．互联网促进普惠发展的基本经验：成本分担与多层面赋能［J］．贵州社会科学，2020（11）：132-140.

⑧ 胡伦，陆迁．贫困地区农户互联网信息技术使用的增收效应［J］．改革，2019（2）：74-86.

二、数字经济不利于实现共同富裕

也有部分学者提出了不一样的观点，认为数字经济不利于共同富裕的实现。陈岑等（2022）① 认为数字经济会对劳动力市场的就业和工资不平等产生冲击，会引起就业分化、收入不平等方面的问题，要警惕数字经济成为缩小贫富差距的绊脚石。刘军等（2021）② 着眼于制造业智能化对收入差距的影响，认为制造业显著扩大了高低技能劳动力的工资差距。田海燕和李秀敏（2018）③ 通过实证分析得出数字化普及和数字化技能的非均衡配置会阻碍欠发达地区的发展，从而加剧区域的经济差距，造成区域不均衡发展。赵勇（2022）④ 从中国特色社会主义法治建设的角度阐述了数字化时代容易造成新的不公平问题的出现，从立法、执法、司法三个法治建设过程角度，为推动促进共同富裕实现的法律法规的形成提供了法律建议。王阳和朱计翰（2022）⑤ 认为数字经济会带来数字鸿沟，继而引起信息贫困，制约共同富裕的实现。马慧（2021）⑥ 重点分析了数字网络平台横向并购中的争议问题，在数字经济的大背景下，会激化平台企业横向并购中的矛盾，诸如正向关系不明确、市场集中和进入壁垒存在矛盾、效率要求和福利水平存在矛盾等，从而加大了反垄断规制的难度。王世强（2021）⑦ 也认为数字工具在运作上具有高效性，对监管部门和消费者具有隐蔽性，这加大了我国目前数字经济反垄断的难度，会损害消费者权益。

综上所述，目前对于数字经济与共同富裕的研究较少，尚未形成确切的结论，大多从理论角度出发进行分析，即使使用了实证分析，方法也较为单一，不能精准地反映出数字经济对共同富裕的影响。

---

① 陈岑，张彩云，周云波．新时代背景下的共同富裕：挑战与路径选择［J］．西南金融，2022（4）：31-43.

② 刘军，曹雅茹，鲍怡发，等．制造业智能化对收入差距的影响研究［J］．中国软科学，2021（3）：43-52.

③ 田海燕，李秀敏．财政科教支出、技术进步与区域经济协调发展——基于引致技术进步动态多区域 CGE 模型［J］．财经研究，2018，44（12）：85-99.

④ 赵勇．数字时代推进共同富裕的法治完善［J］．湖北大学学报（哲学社会科学版），2022，49（2）：13-20.

⑤ 王阳，朱计翰．数字经济背景下促进共同富裕的路径选择［J］．科学发展，2022（3）：104-112.

⑥ 马慧．数字经济背景下平台企业横向并购反垄断的困境与路径［J］．中国流通经济，2021，35（12）：112-124.

⑦ 王世强．数字经济中的反垄断：企业行为与政府监管［J］．经济学家，2021（4）：91-101.

三、数字经济与共同富裕的 CiteSpace 文献计量分析

采用 CiteSpace 文献计量方法，考虑到数字经济是中国新的发展动力以及共同富裕具有本土性和异质性，本书主要使用中国知网数据库进行国内相关研究的文献采集。文献来源是北大中文核心期刊、中国社会科学引文索引，同时加上《人民日报》《光明日报》《经济日报》等报纸上的文章，《求是》刊物上的文章。

（一）关键词共现图谱

关键词是文献核心思想和内容的高度凝练，对关键词进行共现关系及强度分析，可以形成研究热点。得到的关键词共现图谱如图 2-13 所示。图中生成关键词节点 114 个、连线 221 条，密度为 0.0304，每一个节点代表一个关键词，每一条连线代表一个关联关系。图中“共同富裕”的字体与节点圆圈面积最大，表明此关键词为图谱中的最大节点，频次最多，中心性最强，为这一主题的研究热点。除去搜索的主题，中心性排名靠前的有乡村振兴、制造业、农产品、数字鸿沟、守正创新、碳中和等，这些是研究热点。

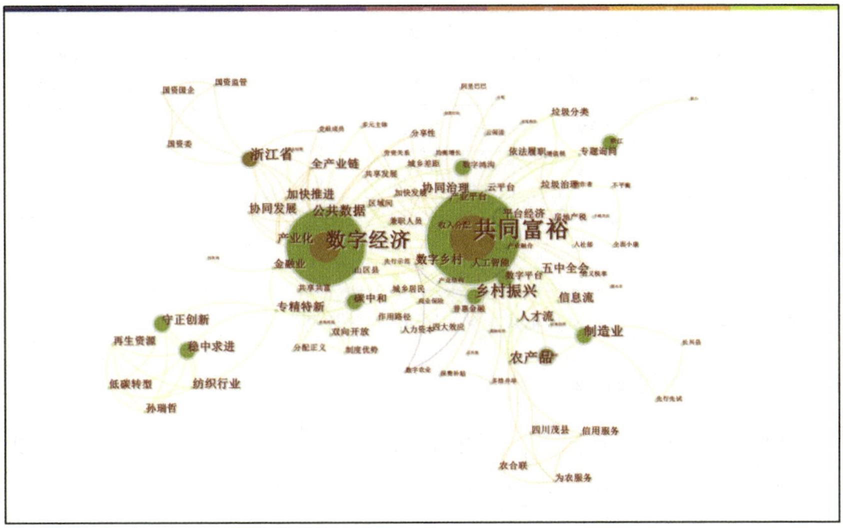

图 2-13　数字经济与共同富裕主题关键词共现图谱

资料来源：笔者根据中国知网数据库运用 CiteSpace 软件整理而来。

表 2-3 为数字经济与共同富裕高频关键词统计表。高频关键词依次有共

同富裕（78 次）、数字经济、乡村振兴等，另外，相关的核心词有守正创新、数字乡村、碳中和等。在综合关键词共现图谱及共现频次、中心度表后，可以发现近五年来，共同富裕、数字经济、乡村振兴、收入分配、稳中求进、数字平台等关键词最为突出，反映了当前共同富裕与数字经济领域的研究热点。

表 2-3　数字经济与共同富裕高频关键词统计表

序号	关键词	中心度	共现频次（次）	年份
1	共同富裕	1.03	78	2021
2	数字经济	0.39	46	2021
3	乡村振兴	0.04	8	2018
4	收入分配	0	4	2022
5	稳中求进	0.03	4	2022
6	数字平台	0	4	2022
7	平台经济	0	4	2022
8	数字鸿沟	0	3	2022
9	浙江省	0.09	3	2021
10	守正创新	0.03	3	2022
11	数字乡村	0.01	3	2018
12	农产品	0.12	3	2021
13	碳中和	0.02	3	2022
14	制造业	0.06	3	2022
15	双循环	0	3	2021

资料来源：笔者根据中国知网数据库运用 CiteSpace 软件整理而来。

（二）关键词聚类图谱

在关键词共现图谱基础上，利用 LLR 算法进行聚类分析，得到关键词聚类图谱，如图 2-14 所示。聚类图的 *Modularity Q*（*Q* 值）= 0.6019，大于 0.3，表明该网络结果显著，聚类效果较高；*Mean Silhouette*（*S* 值）= 0.9262，大于 0.5，表明聚类阈值选取合理，结果具有可信度。图 2-14 中各组中心性（平均轮廓值）都在 0.8 以上，聚类质量较高。图中形成了 5 个聚类，数字越小，聚类包含的关键词越多，出现最多的那个关键词作为该聚类的标签。

比如，#0共同富裕，包含的主要关键词有双循环、区块链、城乡居民、数字鸿沟、阿里巴巴等。

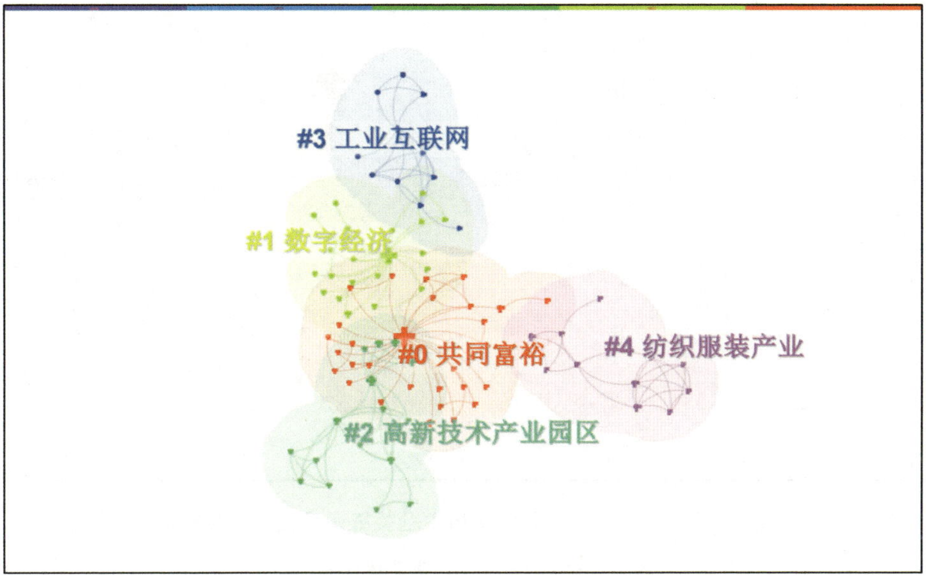

图 2-14 数字经济与共同富裕主题关键词聚类图谱

资料来源：笔者根据中国知网数据库运用 CiteSpace 软件整理而来。

（三）关键词聚类时间线图谱

关键词聚类按照序号放在时间线里，如图 2-15 所示，时间线是将聚类包含的关键词按照时间铺开，每个聚类左边都包含几个关键词，这些关键词就是聚类中所包含的几个主要关键词。在时间线里，关键词会按照自身出现的年份、所属聚类铺展开。比如，在#4 纺织服装产业下，碳中和作为关键词是 2022 年出现的。

（四）关键词作者共现图谱

图 2-16 为数字经济与共同富裕主题关键词作者共现图谱。作者共现图谱可以辨析该研究领域发文较多的研究者，识别研究者之间的合作强度。图谱总节点数 74 个，连线数 24 条，密度为 0.0089。图中连线代表作者之间的合作状况，连线越粗，交叉越多，说明该节点作者与他人之间的合作强度越高。

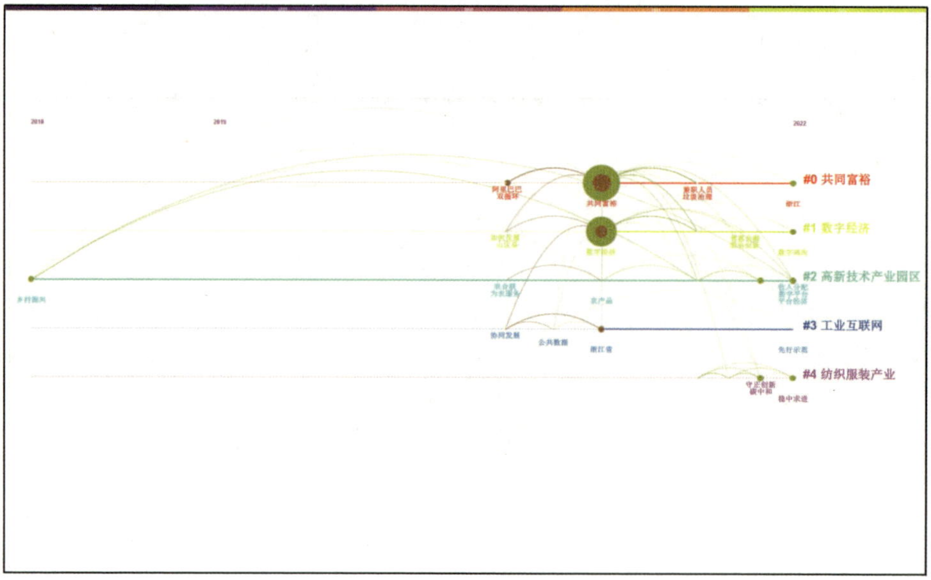

图 2-15　数字经济与共同富裕主题关键词聚类时间线图谱

资料来源：笔者根据中国知网数据库运用 CiteSpace 软件整理而来。

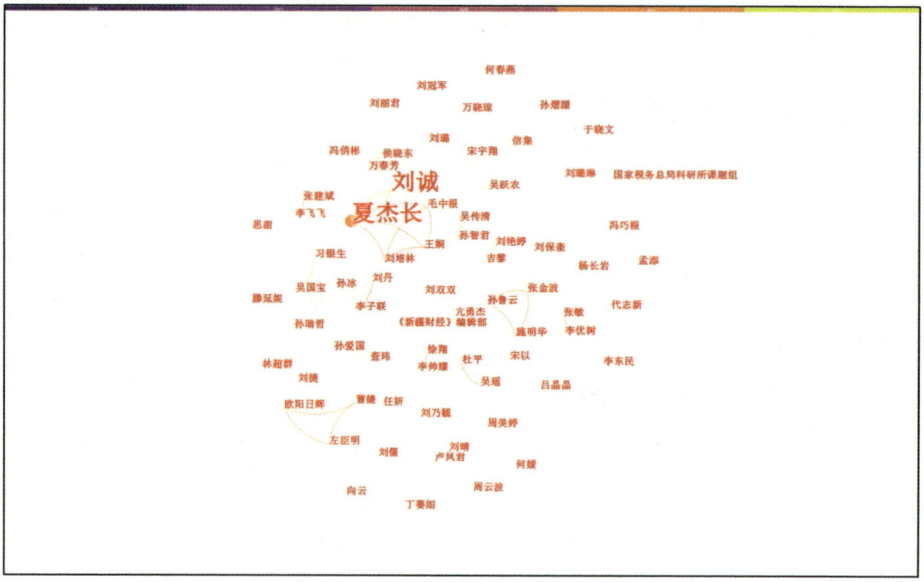

图 2-16　数字经济与共同富裕主题关键词作者共现图谱

资料来源：笔者根据中国知网数据库运用 CiteSpace 软件整理而来。

（五）关键词科研机构共现图谱

图 2-17 为数字经济与共同富裕主题关键词科研机构共现图谱。科研机构共现图谱反映科研机构的重要性以及相互间的合作程度。图谱总节点数 59 个，连线数 41 条，密度为 0.024。节点数量代表科研机构的数量，连线数量代表科研机构之间的合作数量。

图 2-17　数字经济与共同富裕主题关键词科研机构共现图谱

资料来源：笔者根据中国知网数据库运用 CiteSpace 软件整理而来。

（六）关键词突出强度图谱

图 2-18 为数字经济与共同富裕主题关键词突出强度图谱，主要呈现 6 列前 25 个突现词排序图谱数据信息，字段涉及 Keywords、Year、Strength、Begin 和 End 等。其中 Year 表示样本数据的选择起始年份，Strength 表示文献关键词突现强度，Begin 为该内容迅速成为热点的起始研究年份，End 是该研究不再成为热点的年份，最后一列时间跨度为当前样本数据的取值年份范围，其中加粗的部分为研究热点时间区域，较细的部分为该关键词的研究年份。

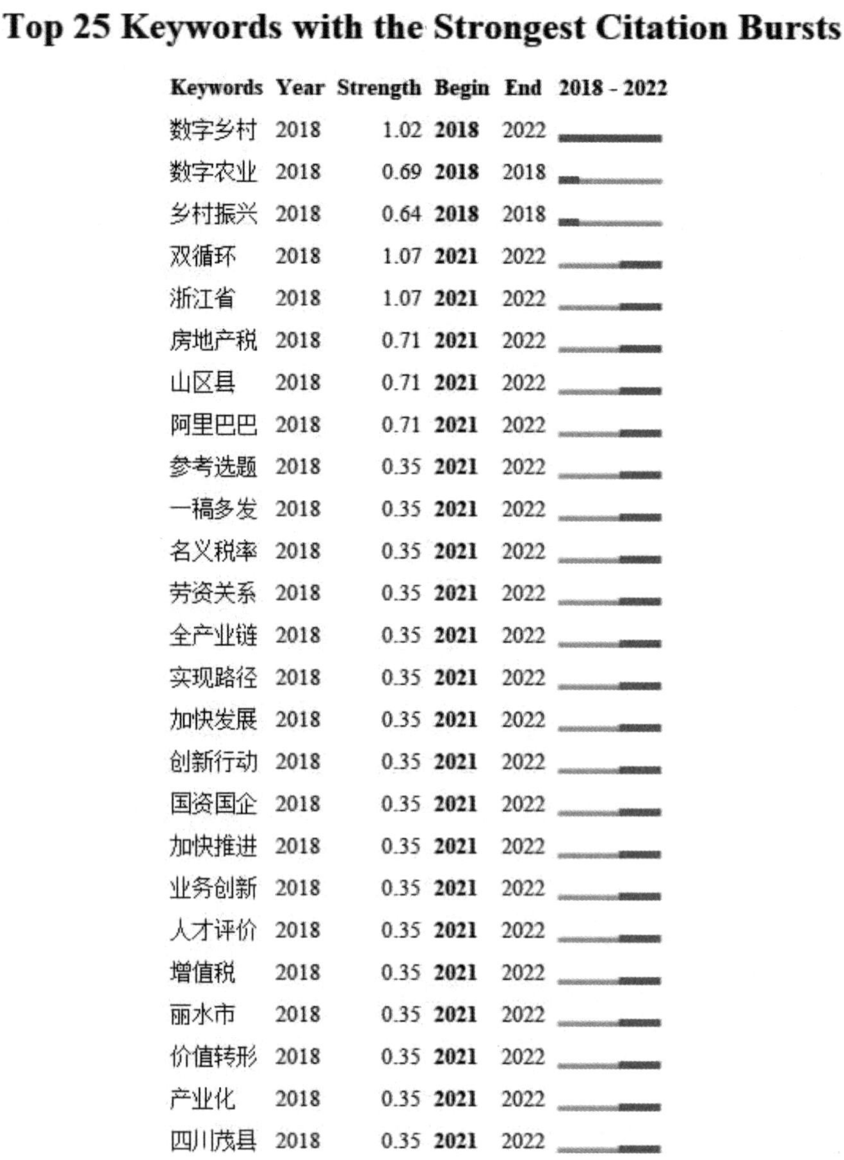

图 2-18 数字经济与共同富裕主题关键词突出强度图谱

资料来源：笔者根据中国知网数据库运用 CiteSpace 软件整理而来。

第四节　文献评述

本章总共分为四节，前三节分别对数字经济相关研究、共同富裕相关研究、数字经济对共同富裕的影响相关研究三类文献进行回顾综述。

第一部分，首先，由数字经济的角度入手，从数字经济的起源和发展开始，再到其构成要素，对现有相关文献进行了回顾和评述。其次，归纳总结出学术界关于数字经济的界定范围和内涵确认，有从数字经济的内容切入的，也有从数字经济的特征切入的，虽然切入点不同，但核心要素不变，即都是以数字技术为基础，改变了传统的生产生活方式，大数据在数字经济中起关键作用。数字经济的产业效应主要包括产业数字化和数字产业化两个方面，两者的关系是同频共振、相互促进的。另外，梳理了现有文献对数字经济进行核算的研究：首先总结了核算的范围，之后介绍了数字经济的核算方法，主要包括四种，即增加值测算、国民经济核算、构建卫星账户、编制相关指数，并进行相关文献的分析比较。其中，构建卫星账户相较于其他方法较为有效，但仍处于不断完善的阶段。目前，用得较多的方法是增加值测算。

第二部分，从共同富裕的关键词入手，对共同富裕这一概念的提出和发展进行了回顾和评述；基于现有官方文件和文献，对共同富裕的内涵做出了具体的解释：主要从“全面”“共享”“过程”三个方面进行解释。之后围绕实现共同富裕的必要性进行论证，即实现社会主义的必然要求、我国建设富强民主文明和谐社会主义现代化国家的必然要求、解决我国发展中存在问题的举措。然后，本书进一步从共同富裕的测算方法着手，将目前学术界出现的研究角度分为三类即建立指标评价体系、立足于区域不平衡不协调的现状、2035 年实现人均 GDP 达到中等发达国家水平，进一步深入探讨了共同富裕的研究现状，并比较了这三种研究角度的优点与不足。

第三部分是关于数字经济对共同富裕的影响的研究，收集相关学术界文献后发现这部分的研究目前还不够完善，但不同的学者提出了不同的看法。部分学者认为数字经济可以促进共同富裕的实现，主要有宏观和微观两种方向，宏观的传导路径主要有优化产业结构、提高劳动力质量、促进生产要素合理分配协调、促进收入再次分配和第三次分配更加公平完善、促进消费公平、缩小城乡和地区差距等方面。微观的文献主要研究了企业和农户作为微观经济的参与主体如何在数字经济的背景下在生产行为上改善经营状况，促进共同富裕。另一部分学者认为数字经济会阻碍共同富裕的实现，主要原因有：引起劳动力质量参差不齐造成就业分化和工资不平等，数字化普及会产生地区数字鸿沟从而引起信息贫困，要素自由流动会造成地区发展的不平衡，数字经济可能导致经济垄断现象突出，等等，并都进行了相关实证分析。

通过文献梳理可以发现，当前关于此方面的文献主要表现在这几个方面：第一，目前学术界对于数字经济和共同富裕的相关研究都较为完善，虽然学者们在细节方面保留意见，但总体方向大体一致。对于数字经济对共同富裕的影响研究较少，且在数字经济对共同富裕是不是有正向影响上也存在分歧，没有形成统一的观点。第二，在研究方法上，更多的是从宏观政策的角度来解读，而对确切建立的模型进行实证研究的方面却比较少。第三，在构建指标体系来评价数字经济和共同富裕的文献中，尚未形成统一的构建标准，因此结果会出现偏差。基于此，本书将做出以下边际贡献：第一，理论上阐述了数字经济促进共同富裕的内在逻辑，并分析了数字经济促进共同富裕的作用机理；第二，系统梳理了数字经济与共同富裕的发展历程，并对其发展现状进行归纳总结，同时对二者发展的时空特征、耦合协调状况进行分析；第三，采用城市层面数据实证检验数字经济对共同富裕的线性影响，并采用中介效应模型对其作用机理进行检验，从科教水平、人口规模、区位状况分析数字经济促进共同富裕的异质性影响；第四，采用城市面板数据检验数字经济促进共同富裕的门槛效应和空间效应；第五，以北京、天津、郑州三个城市为例，对数字经济促进共同富裕进行案例分析，并进行经验总结，在此基础上，提出政策建议。

第三章
数字经济促进共同富裕的机理分析

实现共同富裕是社会主义的本质要求，是党持之以恒的奋斗目标，党始终把带领全国人民实现共同富裕贯穿于民主革命、社会主义建设、改革开放、新时代的全过程，始终把“全体人民共同富裕取得更为明显的实质性进展”作为红线贯穿于全面建设社会主义现代化国家的全过程。“十四五”规划进一步描绘了新时期实现共同富裕的宏伟蓝图。数字经济是将数字化知识和信息作为生产要素，以数字技术的研发和创新为核心生产力，促进公平和效率更加统一的新型经济形态。习近平总书记多次强调要“不断做强做优做大我国数字经济”。《中国数字经济发展白皮书（2021）》指出，数字经济在当前已经成为我国实现经济高质量增长的重要驱动力，数字经济的发展有助于形成供给刺激需求、需求拉动供给的更高消费水平的平衡。本部分内容将对数字经济促进共同富裕的内在逻辑和作用机理进行分析。

第一节　内在逻辑

一、理论逻辑

理论上，数字经济与共同富裕有很强的契合性。共同富裕的核心是解决增长过程中的发展不平衡不充分问题，因而共同富裕目标的实现必须坚持共享性、均衡性的增长方式。[①] 数据是一种生产要素，数据要素的生产是无穷尽的，加之数据要素可以很容易地传播、复制、共享，打破了地域时空的限制，是推动经济发展的根本保障。与工业经济相比，数字经济具有较强的数据集

① 万海远．实现全体人民共同富裕的现代化［J］．中国党政干部论坛，2020（12）：36-40.

聚和资源配置的功能，使数字经济成为新时代社会财富创造的主要贡献者，为共同富裕的实现提供了路径。数字经济的普惠性使经济均衡性增长，进而推动共同富裕的实现。数字经济促进均衡性增长主要体现在以下四个方面：第一，数字经济促进产业布局分散。数据要素和信息技术的流动性强，能够实现跨地区流动，使得地理因素对产业集聚和行业分工的作用下降，产业趋于分散化。产品的生产和消费都可以通过数字平台进行匹配，可以分散在不同的区域。产业的分散化对区域协调发展具有重要促进作用。第二，数字经济有助于乡村振兴。农村发展不充分是制约共同富裕目标实现的现实难题。由于受教育程度低、知识储备有限，大多数农民都无法有效获取和使用信息，而数字技术的运用能够帮助农民制订适宜的生产和销售计划，促进农民增收。数字经济还能够推动三次产业融合，提升农产品附加值，推动农业供给侧结构性改革，催生农村电商、物流配送等新岗位。特别是农村电商直播有效带动了农副产品的品牌价值提升和销量增加，增加了农民收入。第三，数字经济推动公共服务均等化。数字技术嵌入政府公共管理中，不仅扩大了数字技术的应用，也弥补了公共服务供给的不足。如数字技术应用到政府治理中，称为“电子政务”，电子政务使政府服务更加便民化和简捷化，提高了政府效能，改善了居民之前对政府服务“门难进、事难办、脸难看”的看法。第四，数字经济有利于建立国内统一大市场。国内统一大市场的建立对于促进经济增长、推动区域协调发展具有重要作用。数字经济打破了传统的行政和地域分割，建立了统一的线上市场，线上市场能够降低企业的准入门槛，实现跨区域经营，受到大多数中小企业的青睐，带动更多居民创业致富。①

二、现实逻辑

中央经济工作会议指出要积极探索实现共同富裕的战略目标和实践路径。共同富裕是一个发展的过程，最终目标是实现富裕，核心在于共同。共同富裕是针对我国当前发展不平衡、不充分的问题提出的，区域、城乡、产业发展不协调是我国长期发展中面临的顽瘴痼疾。区域发展不协调主要体现在我国东部地区和中西部地区在发展基础、发展水平和发展潜力上存在差异，东

① 夏杰长，刘诚．数字经济赋能共同富裕：作用路径与政策设计［J］．经济与管理研究，2021，42（9）：3-13.

部地区凭借区位优势和政策优势成为改革开放的先行示范区，发展水平一直处于全国领先水平。从人均社会消费品零售总额看，中部地区占东部地区的67%，西部地区更少，仅占东部地区的58%，中西部地区的国土面积占全国的80%以上，但是GDP占全国GDP的一半还不到，并且中西部地区的人口还在不断向东部地区流入。城乡发展不均衡主要是由城乡产业结构差异造成的，导致城镇发展水平快于农村发展水平，城乡居民收入比也大于世界的平均水平。产业的不协调主要是指传统农业、制造业、服务业与先进的高新技术产业之间的差距。

面临这三大不协调的现实难题，中央经济工作会议指出，经济的发展必须坚持系统观念，统筹发展，避免顾此失彼，导致发展的失衡。共同富裕的实现也应坚持协调发展的方针。数字经济作为新时期经济发展的重要动力，是推动经济发展、促进共同富裕的有力举措。数字经济具有跨地域性、包容性等特点，能够带动不同区域、城乡的产业升级，促进产业的联合发展，产生更多的就业岗位，通过扩大就业促进共同富裕。具体而言，我国实施的东部地区对口支援中西部地区的战略面临着诸多困境，典型的就是东部地区和中西部地区的产业梯度差，导致东部地区的先进制造业和现代服务业难以在中西部地区植根。而数字经济具有的跨地域性特点为东部地区和中西部地区的发展提供了坚固的连接点。区域协调发展的思想就是各取所需，即东部地区的技术促进中西部地区的产业升级，中西部地区的特色产品进入东部地区的广阔市场。数字经济的发展能够降低地区间技术和产品的输送成本，加快中西部地区数字基础设施建设促进产业升级，同时实现中西部产品在东部地区的推广，达到增加销量、促进收入的目标。数字信息技术能不断挖掘农村资源，通过数据平台实现直播农业、线上农业、观光农业等，精准实现农产品的对接，促进农村居民收入的提高，缩小城乡发展差距。数字信息技术还可与传统产业相结合，促进传统产业的改造和升级，缩小产业间的发展差距。

三、历史逻辑

从历史上看，数字技术是人类社会发展过程中的一个既一般又特殊的技术进步阶段，数字经济与共同富裕的关系也可从一般性和特殊性两方面进行分析。从技术进步促进经济发展的一般性看，技术进步会促进整个社会劳动生产率的提高，整体上促进经济的发展。但是从技术进步对收入分配的影响看，技术进步往往会导致收入分配不均，造成社会的收入差距拉大。如第一次工业革命时期，由于先进的技术仅被少数人掌握，这部分少数人的财富迅速增加，而整个社会的收入差距却在不断拉大。皮凯蒂（Piketty，2014）通过对近两个世纪欧美国家的研究发现，两次工业革命都伴随着收入差距的扩大，说明科技进步加剧了收入不平等情况。从人类发展历史看，科勒（Kohler）等 18 位教授以住房面积为研究指标，考察了世界各大洲上万年的财富分配状况，发现原始社会、半农业社会、农耕社会时期房屋面积的基尼系数分别是 0.17、0.27 和 0.35。由此可见，人类社会生产技术的每一次进步都伴随着财富分配差距的扩大。从技术经济学角度看，获取利润是多数企业追逐的目标，技术创新是企业占据市场获取利润的重要行为，同时也是企业追求“垄断势力”的过程。政府为了激发企业进行创新活动的积极性，设立了专利保护制度，专利保护制度又会促进垄断的形成，虽然专利保护制度加入保护期限条款来平衡创新与垄断，但这仍然阻挡不了垄断企业势力的扩大。垄断企业通过对价格、产量等的控制，设置了较高的市场进入门槛，阻止竞争者的进入，以此获取更多的利润。因此，技术创新虽然能够推动经济社会进步，但是无法缩小收入分配差距。数字技术也不例外，从这个角度看，数字经济会引起收入分配差距的扩大。①

从其特殊性看，数字经济不同于以往的农业经济、工业经济，数字经济具有普惠性特征。数字经济的发展能够促进农业的数字化改造，使得农业发展由原来的供给、增产导向转变为需求、提质导向，促进农业生产方式的变革和生产智力的提升，增加农村居民收入。数字技术与实体经济的融合，能够提升经济社会的数字化、智能化水平，重构社会经济形态。数字经济普惠性特点缩小了各区域资源分配的差距，促进了区域间的协调发展。数字经济的发展还可助推产业升级、扩大内需，创造更多的社会财富，同时还可优化收入分配结构，促进财富分配扁平化的发展，推动共同富裕。②

四、国际逻辑

20 世纪 80 年代以来，中国在低成本劳动力优势的作用下，迅速融入全球

---

① 谭洪波．数字经济与共同富裕［N/OL］．（2022-02-15）［2022-09-06］．光明日报，https：//xw. qq. com/cmsid/20220215A01RNA00.

② 查建国，陈炼．数字经济赋能共同富裕［N］．中国社会科学报，2022-04-08（2）.

价值链分工，促进了进出口贸易的大幅增长、产业规模的扩张，取得了举世瞩目的经济成就。但在改革开放初期，中国面临资本要素供给不足、企业家才能短缺等困境，仍然只能以“低端嵌入”的方式参与世界经济发展。虽然也取得了一定的成就，但主要表现为量的扩张，经济发展的关键命脉仍被发达国家所掌握。进入21世纪后，世界经济进入深度调整时期，贸易保护主义抬头，供应链加速重组，逆全球化浪潮兴起，这些新变化、新问题是多种因素综合作用的结果，但最为关键的是科技和产业革命。以数字技术为代表的信息技术革命正在推动产业的变革和重组。联合国贸易和发展会议发布的《2021年数字经济报告——数据跨境流动和发展：数据为谁而流动》指出，在很多国家，数字经济已经成为驱动经济增长的重要引擎。过去的十年中，数字技术进步显著，数字产业发展迅速，并且数字技术在不断向其他领域渗透，同时也催生出许多新产业、新业态。特别是2020年，新冠肺炎疫情席卷全球，世界经济体系受到了巨大冲击，国际形势也发生了巨大的变化。世界经济目前下行压力较大，数字经济逐渐成为经济增长的新动能，成为促进世界经济复苏的重要驱动力。

从国际市场来看，数字经济可以通过扩大以下几种效应促进共同富裕。第一，成本下降效应。成本和收益是经济体考虑的最重要因素。在既定资源条件下，成本越低意味着企业有更多的资源用于其他经济活动，获得的收益和利润就会越多。总体来看，企业参与世界分工主要有搜寻成本、运输成本和验证成本。每种成本的变化都与数字信息技术有着密切关系。如数字信息化能降低物品、资源或交易对象的搜寻成本，同样，数字信息化也能降低信息技术的运输成本，以及维护经济主体的验证成本，成本的下降可以增加收益，从而达到提升收入实现共同富裕的目标。第二，价值创造效应。一般而言，出口品的附加价值越高，获利能力就越强，对应着越高的分工地位。数字经济的发展不仅使得作为生产要素的数据日益获得较高的创造价值，也使得数字技术不断渗透融入其他的生产环节和流程，改变传统的生产模式，如基于数字技术的自动化生产取代了低技能劳动力的生产，提升了生产的增加值。同时，数字信息技术的使用也能够提升全要素生产率，从而提升创造能力，进而推动全球价值链攀升，放大价值创造效应，创造社会财富。第三，贸易规则效应。现行的贸易规则主要针对欧美等发达国家的利益诉求，对发展中国家的利益关注不够。随着国际分工的深度演进，现行的贸易规则已不适应当今的世界经济格局，亟须调整完善。在数字经济发展的背景下，数字贸易规则已经成为未来主流的贸易规则。当前，以数字贸易规则为中心的国际贸易正影响着很多国家参与全球价值链的进程，更多国家积极参与数字贸易规则制定，希望在新一轮的价值链分工中赢得主动权。数字经济时代，不同广度、深度的数字贸易条款对价值链的攀升具有重要作用，对提升国家的收入水平具有积极意义。①

第二节　作用机理

厘清数字经济对共同富裕的作用机理，有助于加深对当前我国经济形势的理解，促进“公平和效率”的平衡。为更好地达到2035年基本实现社会主义现代化、共同富裕取得更为明显的实质性进展这一远景目标，本部分内容将从优化资源配置、推进科技创新、推动协调发展（城乡协调、区域协调、行业协调）三条路径进一步论证数字经济对共同富裕促进作用的传导机制。

一、优化资源配置

所谓资源配置，从微观经济学的角度去定义就是指相对稀缺的资源在有不同用处的地方加以比较而做出的选择，资源是指人力、物力、财力的加总，是实现社会经济发展的必要条件。相对于人们的需求而言，资源总是稀缺的，这就要求将有限的资源进行合理配置，实现用最少的消耗，生产出最有价值的商品和劳务，从而获得最高的收益。数字经济的发展可以通过各种不同资源的优化配置实现共同富裕。

（一）优化人力资源配置

人力资源通常是指处于劳动年龄、未到劳动年龄和超过劳动年龄但具有劳动能力的人的总和。同样也指劳动单位所拥有的劳动力在劳动时间内利用生产行为所带来的价值，包括但不限于教育、技能、体力、脑力、经验等。伴随着数字经济的蓬勃发展，人力资源的分配优化会对国家和企业的经济状况产生重大影响。

---

① 张二震，戴翔．数字赋能中国全球价值链攀升：何以可能与何以可为［J］．阅江学刊，2022，14（1）：109-118+174-175.

首先，从个体的就业需求来看，郭东杰等（2022）[①] 指出数字经济可以改善就业状况，提升总体就业质量，缓解部分企业人力资源短缺的现象，实现劳动力资源的供需平衡，进而促进社会实现共同富裕。数字经济的发展会造成技术物化的资本要素（如机器人、软件）对劳动力等非技术要素进行替代，短期内会带来部分岗位的消失，这是数字经济的替代效应。但是从长期来看，数字经济所带来的补偿机制可以弥补就业的替代效应，甚至改善和促进就业。一方面，数字经济背景下数字技术所带来的生产效率的提高，可以扩大生产规模，进一步增加就业岗位；另一方面，数字经济可以创造全新的工种和岗位，Acemoglu 和 Restrepo（2019）[②] 认为虽然简单重复劳动在不断地被工业机器人取代，但与此同时设计、编程等需要专业能力的岗位却不断增多，可以弥补就业岗位的减少，最终实现总体就业质量的提高，同时改善了社会的就业公平。

其次，从企业对人力资源的需求来看，数字技术和数字平台的发展，为企业的用工方式和需求提供了机遇。张岩（2021）[③] 指出数字平台的发展让居家办公成为一种全新的用工方式，而不局限于“企业+雇员”的模式，“共享员工”的出现，使企业可以更容易招到适合的劳动力，企业的用工方式趋于多样化。同时互联网应用已经突破了传统就业环境下的信息障碍，促进劳动力实现跨地区、跨部门流转。另外，中介平台的出现不仅提供了更多的就业渠道，还能够精准快速地匹配劳动供给和需求，提高人力资源市场的灵活度，从而提高人力资源利用效率和生产效率，创造出更多的社会财富和价值，最终实现数字经济背景下的经济发展成果惠及更多的企业和个人。

最后，从提高人力资源质量的角度来看，可以通过教育、技能培训等多项提升手段来促进就业，满足企业用工需求，同时促进人力资源精神上的共同富裕。纪雯雯和刘向兵（2021）[④] 认为数字经济的发展对人力资源市场提出了派生性需求，进而对教育的结构和规模提出匹配性要求，以便更好地适

---

① 郭东杰，周立宏，陈林．数字经济对产业升级与就业调整的影响［J］．中国人口科学，2022（3）：99-110+128.

② Acemoglu D，Restrepo P. Automation and New Tasks：How Technology Displaces and Reinstates Labor［J］. Journal of Economic Perspectives，2019，33（2）：3-30.

③ 张岩．数字经济给企业用工带来的机遇与挑战［J］．合作经济与科技，2021（15）：102-103.

④ 纪雯雯，刘向兵．数字经济发展对未来教育的影响与应对［J］．国家教育行政学院学报，2021（3）：58-66.

应当下社会对复合型人才的市场需求。而互联网教育的兴起，可以让更多的劳动者共享教育资源，共同提升知识水平，从而改善社会教育公平，实现精神上的共同富裕。

总之，数字经济可以提高人力资源供求双方的匹配效率，促进教育资源的共享，创造更多惠及全体人民的物质财富与精神财富。

（二）优化公共资源配置

公共服务，是由政府部门及相关单位履行法定职责，为公民提供帮助和办理有关事务的行为，包括但不限于完善城乡基础设施，促进公共教育，文化建设，科技、卫生与环境建设，体育与健康等公共事业的繁荣，为社会公民积极参与社会生活、享受公民权利提供必要的社会保障，体现了政府的服务性，以及服务的共享性。李实（2021）① 认为，公共服务可以体现出社会的物资富裕程度。2035 年要让共同富裕取得更为明显的实质性进展，就需要进一步提高基本公共服务水平，让公共服务水平与经济增长和居民收入实现同步提升，基本实现在不同城乡、地区的人群之间均等化。

长期以来，在非均衡增长的影响下，我国不同城乡、地区的不同收入群体所享受的公共服务水平具有很大的差距。这是我国实现共同富裕和城乡、区域、产业的经济均衡增长的主要障碍之一。而数字经济的发展可以大大改善这一局面。一方面，梁东亮和赖雄麟（2022）② 认为数字经济可以通过建设数字政府来满足公民对社会公共服务的需求，提高政府的社会公共服务供给能力，实现供需的精准对接；政府能够利用数字技术和互联网平台快速获取公众的服务需求和意见反馈，进而提高政务水平，提升人们对数字智能政府公共服务的满意度。另一方面，数字经济的进一步推进可以打破信息阻碍，使得先进行业（地区）和落后行业（地区）实现信息互通，让公共服务设施供给更好地匹配给最需要的行业（地区），发挥先进行业（地区）的先天优势和落后行业（地区）的后发优势；使“先富”带动“后富”，实现公共服务水平的均衡增长，进而在更广的范围内实现优质公共服务的共享，提高公共服务的质量。

---

① 李实．共同富裕的目标和实现路径选择［J］．经济研究，2021，56（11）：4-13.

② 梁东亮，赖雄麟．数字经济促进共同富裕研究——基于均衡增长视角［J］．理论探讨，2022（3）：57-62.

从提供的公共服务领域来看，唐斯斯和赵文景（2022）① 指出数字经济可以全面渗透更广泛的公共服务领域，从而提高社会服务均等化水平。在教育上，在线教育平台蓬勃发展，尤其是在疫情后，远程教育成为热门的教育模式，受教育者无论身份地位都能够在平台上获取优质的教育资源。在医疗健康上，数字技术使得传统线下医疗逐渐数字化和智能化，健康数据进一步实现共享可用、安全可信，健康治理体系和治理能力的现代化得到进一步推进。未来健康扶贫可借助数字经济和互联网赋能贫困落后地区的医疗健康服务，实现医疗健康服务的普惠性、可负担性、均等性，为我国健康脱贫事业提供强力的技术支撑。除此之外，智慧文旅、数字化养老、数字体育等数字化公共事业也在进一步大大改善人民生活。数字经济还将进一步渗透家政、托育、社区保障、结对帮扶等民生领域，让更多的群体能够享受到同等的民生服务。

由此可见，数字技术可以推进社会服务的数字化、公共服务的均等化，从而大大改善民生，促进共建共治共享共同富裕的民生发展格局的构建和深化。

（三）优化财政资源配置

财政是将社会一部分资源集中起来，形成政府的财政收入，之后通过财政支出和分配活动，引导社会资金流动，弥补市场经济的缺陷，最终优化全社会资源配置效率，促进社会公平，改善人民生活。财政的三个重要职能包括优化资源配置、促进收入分配公平、维护经济稳定和促进经济发展。邓力平等（2021）② 指出，财政被赋予了国家治理社会的基础和经济发展的重要支柱作用，财政资源合理分配在治国理政和服务社会方面展现了更大的作用。因此，优化财政资源配置对于实现社会公平正义、打赢脱贫攻坚战、实现共同富裕具有重要意义。

通过优化财政资源配置促进共同富裕，最直接的体现就是促进收入分配更加公平。数字经济可以参与收入的初次分配、再次分配、第三次分配的过程，促进分配过程公开透明，分配效率高效精准。

---

① 唐斯斯，赵文景．着力推动公共服务数字化 促进数字经济发展红利全民共享［J］．中国经贸导刊，2022（3）：26-28.

② 邓力平，王智烜，陈丽．对“加强财政资源统筹”重大决策的深层理解［J］．当代财经，2021（9）：29-37.

在初次分配上，数字经济的作用一方面是“做大蛋糕”，借助互联网、大数据等数字技术，辅助企业在生产、经营、内部运营管理等方面提高质量、增加效益、降低成本，最终实现企业效率的提高。同时，更多兼职者可以通过互联网平台获取兼职收入。严成樑（2012）[①] 运用我国各省份 2001—2010 年的相关数据，发现互联网使用频率每增加 1%，实际产出可以提升 0.074%。另一方面是“分好蛋糕”，刘诚（2022）[②] 认为产业互联网注重“供应、共建、共享”，借助数字平台，中小企业可以与大企业站在同一起跑线，更加深入融入全球产业链和价值链。

再次分配主要强调对贫富收入差距的调节功能。在再次分配上，转移支付是非常重要的环节，也是调节收入差距的主要手段。数字经济虽然不直接参与转移支付，但是数字经济的发展，促使许多全新数字产业和岗位以及工种纷纷出现，为税收的增加奠定了基础。政府可以从数字经济活动中征收更多的税款，并利用这些税款进行转移支付，对落后地区、农村地区、低收入群体、落后行业进行财政补贴。Zuo（2021）[③] 研究发现，美国通过互联网赋予低收入群体的补贴可以有效提高受补贴者求职成功的概率。同时，数字技术的发展为简化税收流程提供了便利，大数据的监督机制减少了偷税、漏税现象的发生，进一步完善了我国再分配格局。

第三次分配主要依靠慈善救助和捐赠，目前我国已形成良好的积极回馈社会的氛围。数字技术丰富了公益慈善的投资模式，拓展了捐赠的渠道，使获利群体参与社会慈善的积极性得到提高。例如“智慧慈善”就是在新形势下运用现代科技手段的全新探索，让数字赋能慈善，实现金融机构与公益事业跨界联动，助力共同富裕。同时，数字经济还能够不断参与救助、扶贫等社会公益事业，这一点尤其在抗击新冠肺炎疫情中有所体现，健康码、行程码的运用节约了防疫成本。除此之外，全球定位系统（Global Positioning System，GPS）、数字定位技术在抗洪抢险、地质灾害救援等活动中多次为保障广大人民生命财产安全提供了有效的帮助，这也是第三次分配的体现。

H_1：数字经济通过优化资源配置实现共同富裕。

---

① 严成樑．社会资本、创新与长期经济增长［J］．经济研究，2012，47（11）：48-60.

② 刘诚．数字经济与共同富裕：基于收入分配的理论分析［J］．财经问题研究，2022（4）：25-35.

③ Zuo G W. Wired and Hired：Employment Effects of Subsidized Broadband Internet for Low-Income Americans［J］．American Economic Journal：Economic Policy，2021，13（3）：447-482.

二、推进科技创新

“科学技术是第一生产力”是邓小平同志提出的重要论断，揭示了在新技术革命条件下，科学技术在生产力发展中的重要地位。生产力决定生产关系，经济基础决定上层建筑。科技创新不仅是实现经济高质量发展的根本要求和核心动力，也是社会财富的创造动力，还将对财富的公平分配产生重大影响。陈劲等（2022）[①] 认为，在当前共同富裕的视角下，科技创新的重要性不言而喻，数字经济不断深入生产领域，我国也有了新的战略地位、新的使命目标、新的引领范式，如何在数字经济的大背景下实现科技创新引领共同富裕以及建设社会主义现代化强国，成为新时代急需解决的重大议题。本部分内容将从实现共同富裕的两个主要方面“做大蛋糕”和“分好蛋糕”来论证数字经济如何通过科技创新实现共同富裕。

（一）“做大蛋糕”

“做大蛋糕”需要考虑的是数字经济时代如何利用科技进步提高经济发展水平和质量。

从经济发展的水平来看，共同富裕中的“富裕”指的是社会生产水平，尤其是人均生产水平达到一个理想的状态。不断提高劳动生产率是创造社会财富的根本保障。“现代经济学之父”亚当·斯密在古典经济增长理论框架内明确提出劳动分工可以通过提高劳动生产率增加国民财富，而提高劳动生产率的关键就在于科技创新。在过去的工业革命中，“蒸汽技术”和“电力技术”的使用和以此延伸出的创新发明提高了社会劳动生产率，促进社会生产关系的变革，进而促进国民经济增长。当今社会也在经历着以数字技术和人工智能为动力源的“信息革命”“智能革命”。技术进步和科技创新能够使经济结构发生根本性改变，这体现为创新生产力和生产方式促进新生产要素的“创造性重组”。在当下的“信息革命时代”，数字经济和数字技术本身作为技术创新，同时也会引发更多的科技产品创新，从而打破旧有的经济增长要素均衡模型，实现新的组合驱动经济发展。

---

① 陈劲，阳镇，张月遥．共同富裕视野下的中国科技创新：逻辑转向与范式创新［J］．改革，2022（1）：1-15.

从产业结构升级角度来看，产业的形成是社会劳动分工的结果。李春成（2021）[①] 认为数字经济带来的科技创新对构建现代产业体系具有引领支撑作用。实体经济是一国之根本，是国家财富之源，是国家强盛的重要支柱，是构建现代化经济体系的坚实基础。实体经济没有持续的创新，就难以引领产业高质量、可持续发展，难以创造更多的社会价值。无论是传统制造业还是新型服务业、新型工业、现代农业都离不开数字技术，离不开科技创新。科技的进步可以带来质量的提升、效益的增加、产业内部结构的进一步优化。邓宇（2022）[②] 指出，科技金融体系的建立可以有力支撑制造业的转型升级，塑造培养新的增长点，为制造业提供强大的动能，增强国际竞争力。李晓华（2021）[③] 发现，数字技术使得服务型制造业的服务增值，产业的链接、数据、算法等业务能力显著增强，服务型活动得以规模化提供，进而推动制造服务化迈向服务产品化，创造更多的企业财富，提高经济发展的水平。

从经济发展的质量来看，数字技术进步可以通过进一步推动供给侧结构性改革提高经济发展的质量。数字经济可以直接或间接利用数字技术推动经济领域的变革。马宇罡和苑楠（2021）[④] 通过数字技术与经济的融合，从科技分配角度，考察得出科普化的深入能够促进供给侧结构性改革的结论。数字科技可以推动供给侧结构性改革，进一步推动经济高质量发展。我国目前社会的主要矛盾是“人民日益增长的美好生活需要和不平衡不充分的发展之间的矛盾”，所以经济工作的着力点落在了以“质量”和“效益”为核心的轨道上。“质量”和“效益”就是激发建设现代经济体系的“内生动力”，即科技创新。我国社会的主要矛盾，实质上就是社会供需矛盾由总量性矛盾向结构性矛盾转变。我国经济已经度过了高速增长的阶段，正逐渐向可持续发展阶段转变，所以经济增长动力由土地、劳动力、资本等要素驱动转变为依靠数字技术的创新驱动。动力结构重塑、科技创新驱动依旧是破解当前经济发展困境、推动经济高质量发展的核心力量。全国政协副主席、科技部部长万钢在“展望十三五”系列报告会第十场报告会上指出，“十三五”期间，

① 李春成．科技创新助力共同富裕的路径［J］．中国科技论坛，2021（10）：3.

② 邓宇．科技金融驱动我国制造业竞争力提升的路径研究［J］．西南金融，2022（7）：56-66.

③ 李晓华．数字技术推动下的服务型制造创新发展［J］．改革，2021（10）：72-83.

④ 马宇罡，苑楠．科技资源科普化配置——科技经济融合的一种路径选择［J］．科技导报，2021，39（4）：36-43.

要发挥科技创新在供给侧结构性改革中的基础、关键和引领作用，塑造更多依靠创新驱动、更多发挥先发优势的引领型发展。陈长（2022）[①] 指出，数字化赋能金融供给侧，可以通过机器学习和大数据等数字技术和数字平台，以较低的成本实现信息共享和风险控制，凸显供给的重要性，降低交易成本，通过技术潜能将潜在的用户需求转化为有效需求，拓展产业生产的可能性边界，提高社会福利水平和产品供给质量。王冬和柴国俊（2021）[②] 通过实证分析认为农业信息共享能力的提升促进了农业供给侧结构性改革，进而提高了消费水平，优化了消费结构。

因此，数字科技和信息技术的广泛运用可以增加社会财富，提高经济发展的速度和质量，将蛋糕“做大”。

（二）“分好蛋糕”

“分好蛋糕”强调的是社会公平正义，社会财富要更多地惠及全体人民。数字经济带来了数字科技的创新和经济的飞速发展，同时也可以利用科技伦理使社会分配更加公平。科技是一把双刃剑，既是发展的利器，又可能成为风险的源头。要前瞻研判科技发展带来的规则冲突、社会风险、伦理挑战。党的十九届四中全会、五中全会做出了“健全科技伦理体系”“健全科技伦理治理体制”的决策部署。在数字经济时代，健全多方参与、协同共治的数字技术伦理治理体制机制，通过科技创新和科技伦理的良性互动，促进共同富裕，使得科技发展成果更好地与人民共享。

社会生活方式在数字经济的推动下，呈现全新的应用场景。网上购物、线上教学、远程医疗……这些场景便利了生活，也是科技向善、造福人民的体现。张颖熙和夏杰长（2022）[③] 认为，科技向善促进共同富裕，既是科技向善的内在要求，又是共同富裕的必经之路。科技向善不是市场和慈善的界限分明，而是相互融合，转化为更具有创新性的产品。无论是赋予科技理论附加值，还是利用法律法规来约束科技，数字科技向善在推进共同富裕进程

---

① 陈长．数字化赋能新时代金融供给侧结构性改革：逻辑、特征与路径［J］．西安财经大学学报，2022，35（2）：50-61.

② 王冬，柴国俊．农业供给侧结构性改革提振居民消费：影响效应和传导机制［J］．西南民族大学学报（人文社会科学版），2021，42（12）：109-120.

③ 张颖熙，夏杰长．科技向善赋能共同富裕：机理、模式与路径［J］．河北学刊，2022，42（3）：115-122.

中都已经取得了丰富的实践成果。

在科技应用向善方面，以数字互联网技术创新为代表的科技进步丰富了共同富裕的实践途径。依托数字网络，催生了大量的5G基站、高铁网络服务等，便利了广大人民群众的交通出行和交流。更多的群体能够接触到网络，获取外界信息。共享单车、共享充电宝的出现，是社会闲置资源整合的结果，把共享经济带入人们的日常生活，体现了共同富裕的共享原则。智慧听诊，是科技向善在保障人民生命财产安全上的体现，增强现实（Augmented Reality，AR）技术可以缩短手术时间，增强手术安全性和可操作性，并助力患者的康复和治疗。无人驾驶、自主贩卖机、人脸识别等数字技术取代了传统的社会关系，能够为人们生产和生活提供高质量、方便快捷的服务。尤其是在精准农业扶贫上，华坚和潘雪晴（2022）① 在“科技兴粮”的背景下指出，农业科技创新，比如GPS技术、卫星图像、生物技术的运用，能够实时监测农作物的长势，提高农业生产效率，促进粮食产业提质增效，缩小城乡收入差距，推进社会共同富裕。

在科技人才向善方面，数字经济催生了大量相关数字产业，同时培育了大量从事数字经济与数字科技相关的工作人员。其中，科技特派员制度是科技人才向善模式的集中体现。1999年，福建省南平市率先进行科技特派员试点，部分科技从业人员下乡，为农业科技领域提供帮助，帮助农民跨越“数字鸿沟”，传授科技知识，随后，此项政策迅速推广到了全国，使得更多的科技资源流向更多落后地区，帮助落后群体，带领后富人群依靠科技提高生产力，走向富裕的道路。同时，高校注重对相关数字专业人才的培养，在专业素养教育的基础上，注重德育和综合素质的提高，使科技人才适应数字经济环境下就业的考验，在积极参与科技研发和创新的同时，引导科技人才向善，让科技创新创造出有利于社会整体利益的价值。

在科技企业向善方面，数字企业作为数字科技成果的践行者和受益者，也在践行科技向善，推动共同富裕。例如，中关村产业园提出，要增强科学家的家国情怀，塑造科技向善的理念，推进产品成果走向全国各地，中关村产业园在扩大科研成果辐射范围方面发挥了巨大的作用。2021年6月，国内

---

① 华坚，潘雪晴．农业科技创新对粮食产业高质量发展的影响——基于30个省份面板数据分析［J］．华东经济管理，2022，36（7）：55-64.

数字互联网公司腾讯提出投入500亿元用于乡村振兴、保护环境、养老科技、数字慈善等民生领域。阿里巴巴随后启动“共同富裕”专项计划，致力于促进低收入人群提高收入水平、资助乡村教育、慈善公益等方面。[①] 我国数字企业积极带后富、帮后富，始终践行着科技向善的原则。

H_2：数字经济通过推进科技创新促进共同富裕。

三、推动协调发展

协调，在字面意义上就是协商、调和之意，指解决各方面的矛盾，使整体变得和谐一致。每一个个体都可以按照既定的目标努力，内外一致，相互配合。实现共同富裕的协调效应是通过“先富”的人群和地区与“后富”的人群和地区相互补充、相互促进，减少人力、物力、财力的消耗，从而提高整体发展效率、增加经济效益，增强全体人民的凝聚力，团结统一、齐心协力，调动全体人民建设社会主义现代化的积极性，促进2035年中等发达国家远景目标的实现。通过发展新的数字经济业态，推动社会经济协调发展，社会财富惠及全体人民，是实现社会主义现代化的必然要求。数字经济带来的协调效应主要包括区域协调、城乡协调、行业协调三个方面。本部分内容将从这三个方面论证数字经济如何推动协调发展促进共同富裕。

（一）区域协调效应

区域协调发展是区域间经济更加紧密，发展互相联动，正向促进区域差距逐渐缩小并处于持续发展的过程。数字经济作为当前我国经济发展最活跃的因素，引领数字技术革新和数字资源要素流动，是促进区域协调发展、缩小区域发展差距的核心动力。关于数字经济如何实现区域协调效应促进共同富裕，目前学术界的研究主要有以下两个方面：一方面是数字经济可以持续有效地缩小区域发展差距，促进共同富裕。任晓刚等（2022）[②] 指出数字经济发展有利于加快劳动力、资本、技术和数据要素的市场化，推进生产要素的跨区域自由流动，引起区域差距缩小，促进区域协调发展。孟添和张恒龙

---

① 张颖熙，夏杰长．科技向善赋能共同富裕：机理、模式与路径［J］．河北学刊，2022，42（3）：115-122.

② 任晓刚，李冠楠，王锐．数字经济发展、要素市场化与区域差距变化［J］．中国流通经济，2022，36（1）：55-70.

(2022)[①] 认为，数字金融能够更好地服务于实体经济，发挥普惠效应，降低准入门槛，在促进区域经济高质量发展的同时，促进区域协调发展。另一方面是数字经济对区域协调效应具有瓶颈效应，关系呈现U形和倒U形。黄金芳（2021）[②] 指出，数字经济在发展前期会由于中心区域集聚效应和信息资源非均衡分布，导致资本、技术、创新等数字要素向发达地区流动，欠发达地区劳动力等要素流失，抑制了欠发达地区的发展。但在数字经济发展后期，通过要素流动的扩散效应，互联网信息逐渐向落后地区普及，发达地区和欠发达地区实现信息互通后，会逐渐缩小区域发展差距，促进区域协调发展。也有学者如陈文和吴赢（2021）[③] 认为，数字经济可以在早期帮助地区企业进行扩张，但数字经济发展后期，数字鸿沟问题和“逆城市化”现象的出现会加剧区域差距。总的来说，数字经济可以促进区域协调效应的出现，而区域协调效应的出现，又可以缓解信息不对称，促进生产要素跨区域流动，扩大自主创业和灵活就业的劳动力规模和覆盖范围，同时与不同区域合作，提高欠发达地区的人均收入水平，促进所有地区的经济发展，构建共同富裕发展新格局。

（二）城乡协调效应

改革开放以来，第三次数字信息革命在中国蓬勃发展，但是城乡收入差距问题也随之而来。数字经济是农业农村的发展新动能，建设数字农业、发展普惠金融等成为加快农业农村发展、深化乡村振兴战略、促进城乡协调发展的重要途径。

城乡协调发展，是在城乡一体化的基础上进一步促进城乡要素资源的双向流动，而数字经济是实现城乡要素合理流动、资源有效配置的重要途径，数字经济推进城乡协调发展的内容可以从城乡人的协调、城乡地的协调和城乡资本的协调三个角度来考虑。

人的协调主要指的是城乡人力资源水平的协调情况。埃切瓦里亚

---

① 孟添，张恒龙．数字金融与区域经济高质量发展［J］．社会科学辑刊，2022（1）：139-148.

② 黄金芳．数字经济背景下互联网发展对区域经济差距的影响——基于劳动力要素配置视角［J］．商业经济研究，2021（21）：167-171.

③ 陈文，吴赢．数字经济发展、数字鸿沟与城乡居民收入差距［J］．南方经济，2021（11）：1-17.

(Echevarria，1997)[①] 认为剩余农村劳动力的转移可以实现城乡劳动生产率的趋同。数字经济拓展了信息获取的渠道，城乡居民都可以享受更便捷丰富的信息和教育资源，城乡居民储备的就业知识广度和深度有所提高，劳动力素质水平整体上升。虽然在数字经济发展的初级阶段，城市地区拥有政策倾斜和良好的基础设施的先天优势，农村的人力资本流向城市，但到数字经济发展进入成熟期，乡村数字建设会吸引人力资本回流到农村，农村的人力资本水平逐渐与城市人力资本水平达到平衡，可以提高乡村居民的个人收入，刺激乡村居民的消费水平，进而实现乡村振兴，缩小城乡发展差距。

地的协调主要是推动城镇化进程，是实现农村向城镇转化的过程，是城镇数量和规模扩大的过程，也是地域性质和景观转化的过程。城市有较强的集聚和辐射作用，能有效带动周围的乡镇发展，从而实现城乡协调发展。李豫新和李枝轩（2022)[②] 指出数字化时代为我国推动城镇化进程带来了重大机遇。徐维祥等（2021)[③] 通过实证分析得出数字经济的空间联系对城镇化高质量发展具有显著的赋能作用。数字经济可以通过数字信息技术带动中心城市辐射周边乡镇地区的经济质量，促进公共资源向乡镇地区分配，通过产业转移和产业结构升级来改善城乡生态环境，促进新型城镇化可持续推进。邱泽奇等（2016)[④] 认为互联网领域的“基础设施奇迹”带来了接入设施的广覆盖和使用设备的低门槛，城乡数字鸿沟缩小，进而缩小了城乡差距，发挥了城乡协调效应。

资本的协调主要是指城乡建设投资的协调情况。财政投资、商品物资、医疗教育、社会保障等都可以作为城乡资本进行融合。通过信息技术的红利优势，资本可以更容易进入落后乡镇地区，改善乡镇生产和生活环境。从资金投入来看，多样化的新型移动支付出现在城市与乡村的流通渠道，物流网络的城乡覆盖能够给偏远农村地区带来金融投资和资金支撑，发掘资金流通

① Echevarria C. Changes in Sectoral Composition Associated with Economic Growth [J]. International Economic Review, 1997, 38 (2): 431-452.

② 李豫新，李枝轩．乡村振兴背景下数字经济发展与城乡收入差距［J］．金融与经济，2022（6）：60-67+96.

③ 徐维祥，周建平，周梦瑶，等．数字经济空间联系演化与赋能城镇化高质量发展［J］．经济问题探索，2021（10）：141-151.

④ 邱泽奇，张樹沁，刘世定，等．从数字鸿沟到红利差异——互联网资本的视角［J］．中国社会科学，2016（10）：93-115+203-204.

的潜力，促进城乡资金流通效率的提高。数字化物流可以合理调配各类企业生产产品匹配市场需求，城乡产品运输和匹配效率得到了提高，城市高附加值产品可以借助数字物流输送到乡村地区，电子商务行业也能帮助扩大农产品的市场边际，实现城乡商品双向互动，促进城乡协调和产品的共享范围。

（三）行业协调效应

协调效应也包括行业的协调，最主要的是传统行业和数字化新兴行业的协调发展以及不同类型的行业协调发展。自“推进工业化和信息化融合发展”提出以来，互联网等新一代数字信息技术逐渐向各行各业的产品研发、生产制造、售后服务等环节渗透，对我国各行业向高端产业链延伸，促进协调发展产生积极影响。在当前社会主义现代化新阶段，产业结构调整、实现各行各业协调发展是共同富裕的必经之路。本部分内容将从传统行业和数字化新兴行业的协调效应、不同类型行业的协调效应这两个方面分析当前数字经济时代如何实现共同富裕和协调发展。

习近平总书记在党的十九大报告中强调，加快建设制造强国，加快发展先进制造业，推动互联网、大数据、人工智能和实体经济深度融合，在中高端消费、创新引领、绿色低碳、共享经济、现代供应链、人力资本服务等领域培育新增长点、形成新动能。战略性新兴行业多是在数字经济的背景下发展起来的，而传统产业面临着各种经营问题和效益问题。吴晓波和裴珍珍（2006）① 在探讨了传统行业和新兴行业的相互作用机制的基础上，认为协调两者的沟通媒介就是数字技术。丁强和张向群（2015）② 以生命周期理论为基础，建立了两类企业的耦合系统，得出数字化可以促进两者的耦合协调，并分析了具体的影响情况。传统行业和数字化新兴行业的协调发展可以通过数字产业化和产业数字化来解释。数字产业化，在宏观上是指数字技术整体形成新兴产业的过程，微观上是指一项或几项数字技术转化为商品，形成规模化生产，进而发展成为多个企业生产，形成完整的新兴数字技术行业，最后渗入其他行业的产业链之中。产业数字化，就是传统行业适应现实发展状况，与数字化生产结合形成新的规模化生产，传统产业的产品更新迭代，提

---

① 吴晓波，裴珍珍．高技术产业与传统产业协同发展的战略模式及其实现途径［J］．科技进步与对策，2006（1）：50-52.

② 丁强，张向群．区域经济转型升级：基于战略性新兴产业与传统产业耦合发展的推动［J］．科技与管理，2015，17（4）：72-77.

高产品附加值，完成对传统产业的改造。数字经济可以通过数字技术进行数字产品开发、规模生产，扩散形成数字化新兴行业；同时在传统行业应用数字技术，实现升级改造，适应数字化市场的需求，再优先发展这种数字技术，通过科研开发实现数字产业化，再以此为基础对传统行业进行改造，实现传统行业与数字化新兴行业的良性循环，进而促进协调发展，缩小行业差距。

在不同类型的行业中，数字经济也为其搭建了联通互动的桥梁。张虎等(2017)① 通过分析制造业和生产性服务业协同集聚的空间效应，发现数字技术创新和层级分工对制造业和生产性服务业具有正向的协调影响，而协同集聚跨行业合作能力和渗透力可以缓解行业差距。王维佳（2020)② 基于乡村振兴战略的视角和产业协调的理念，分析了传统农耕文化产业与乡村旅游产业能够利用 AR、虚拟现实（Virtual Reality，VR）以及传媒科技等数字技术，进行“现代”包装，优化乡村文化旅游效果，实现乡村文化产业和乡村旅游业的智慧化融合协调，促进乡村发展。植草益（2001)③ 注意到数字通信技术的革新对电信行业与传媒行业和邮政行业的融合和跨界合作起到了加速作用，促进了不同行业之间的相互认同感，缩小了行业差距。

综上所述，数字经济和数字技术可以产生协调效应，促进区域、城乡、行业的融合协调发展，通过良性互动、跨界联动，缩小不同主体和人群的收入差距，增强认同感，从而实现物质和精神上的共同富裕。

H_3：数字经济通过推动协调发展促进共同富裕。

第三节 本章小结

本章从理论上分析了数字经济促进共同富裕的机理。首先从理论逻辑、现实逻辑、历史逻辑和国际逻辑四个方面阐述数字经济促进共同富裕的内在逻辑，说明数字经济促进共同富裕的必要性和重要性。然后从优化资源配置、推进科技创新、推动协调发展三个方面论述数字经济促进共同富裕的作用机理，为下文的研究奠定理论基础。

① 张虎，韩爱华，杨青龙．中国制造业与生产性服务业协同集聚的空间效应分析［J］．数量经济技术经济研究，2017，34（2）：3-20.

② 王维佳．产业融合理念下传统农耕文化与乡村旅游协同发展研究［J］．农业经济，2020（12）：50-51.

③ 植草益．信息通讯业的产业融合［J］．中国工业经济，2001（2）：24-27.

第二部分

现状研究

第四章
数字经济发展现状研究

伴随着人工智能、云计算、大数据等科学技术的快速发展，数字经济已成为当下我国社会经济发展的主旋律，并成为当下把握新一轮科技革命和产业变革新机遇的战略选择。党的十九届五中全会提出，“加快数字化发展”“推动数字经济和实体经济深度融合”，数字产业化成为现代产业体系重要的组成部分，产业数字化则推动经济体系优化升级。“十四五”期间，要加快推动数字经济与实体经济融合发展。数字经济作为一种新型经济形态，与国家的发展大局息息相关，是未来全球发展的大势所趋。党的十八大以来，国家对于数字经济的发展给予了高度重视，并根据我国实际情况对数字经济的发展进行了全面的规划和部署。近年来，在国家和人民的不懈努力下，我国数字经济的发展成绩斐然。为了更好地把握我国数字经济发展状况，本部分内容将结合相关数据进行深入分析。

第一节　数字经济发展历程

我国数字经济发展历程可分为以下四个阶段。

一、数字经济的萌芽时期（1994—2002 年）

互联网是数字经济的源头，互联网的引入为我国经济的发展注入了强大的活力。1994 年，我国正式接入国际互联网，互联网行业崭露头角，从此，我国开始步入互联网时代，这标志着我国数字经济的萌芽。1997 年 10 月，我国网民数量为 62 万，截止到 2002 年底，我国网民数量增加到 5910 万，网民规模的快速增长为我国数字经济的发展提供了巨大的动力，网易、搜狐、腾讯、新浪、百度等大量互联网企业先后成立并呈现良好的发展态势。可以看出，当下发展较好的互联网企业几乎都是在这一阶段成立的，并以新闻、社交、搜索引擎等代表性业务为主要发展方向。数字经济作为能够给地区创新能力赋予活力的力量源泉，在提升国家竞争力上发挥了重要作用。[①] 但由于在互联网引入初期，我国对于相关技术创新并未给予足够重视，使自身落后于世界绝大多数发达国家。为了提高自身竞争力、实现更好的发展，这一时期的互联网企业更多地选择吸引用户流量，再加上人们具有一定的投机心理，导致股票市场出现了互联网泡沫。这对我国互联网产业的发展造成了一定的不利影响，出现了将近三年的低迷期。

二、数字经济的快速发展时期（2003—2013 年）

经历了互联网泡沫破灭后的短暂低迷期后，2003—2013 年，以电子商务的迅速发展为标志，再加上用户流量的快速增长，数字经济呈现高速发展的态势，自此步入新的发展阶段。

这一阶段，本土化商业模式的运作使我国互联网行业发展迅速，比如 2003 年，阿里巴巴推出淘宝网和支付宝业务，不仅实现了电子商务模式的本土化，也成为全球最大的个人对个人（Consumer to Consumer，C2C）电子商务平台，迫使外贸交易平台易贝（eBay）退出中国市场。为了提升我国数字经济的竞争力，国家先后出台了针对电子商务、大数据、云计算等板块的政策性支持文件，对我国数字化经济的发展起到了极大的推动作用。相关资料显示，2003 年，我国数字经济规模为 15179 亿元，2012 年达到 11 万亿元，首次突破 10 万亿元大关，但同时，网民规模的扩大态势有所减缓，数量增速下降至 9. 92%，意味着借助吸引网民流量而发展和实现盈利的企业将面临严峻挑战。第 32 次《中国互联网网络发展状况统计报告》显示，截止到 2013 年 6 月底，我国网民规模达到 5. 91 亿，较 2012 年底增加了 2%，其中，使用手机上网的比重高达 70%，超过使用台式电脑的人数，标志着我国数字经济发展再次步入新阶段，并成为我国重点发展的新兴产业。

三、数字经济的全面建设时期（2014—2019 年）

自将手机作为主要上网工具的网民规模开始增加以来，互联网行业迎来

---

① 韩璐，陈松，梁玲玲．数字经济、创新环境与城市创新能力［J］．科研管理，2021，42（4）：35-45.

新的时代，以数字中国建设和大数据战略、“互联网+”行动的实施为标志，我国数字经济的基本格局已经形成，并成为主要经济形态。

在这一阶段，我国数字经济呈现两大发展方向：一方面，传统行业向数字化方向转型，以网络零售为基础，几乎各种生活服务都实现了向线上转移，如餐饮可以借助美团或者饿了么等平台提供线上预订、外卖服务，出行可以借助高德地图等平台提供叫车服务等为消费者的生活提供更大的便利；另一方面，基于互联网的模式创新层出不穷，如以共享单车为代表的共享经济模式的迅速发展、以直播带货为代表的网络直播模式的上线等，为我国数字经济注入了新的活力，深刻改变了人们的生活方式。《中国数字经济发展与就业白皮书（2019 年）》指出，数字经济的实现可以分为数字产业化、产业数字化和数字化治理三大类。在此期间，我国实现了 6.4 万亿元的数字产业化，占 GDP 的 7.1%。同时，产业数字化规模超过 24.9 万亿元，占 GDP 的 27.6%。数字化治理逐渐形成多方共治格局，治理能力不断提升，形成了依法治理、鼓励创新的全方位发展环境，促进了我国就业机会的增加，为我国经济发展注入了极大动力，获得了数字经济规模居全球第二的成绩。

四、数字经济的日渐成熟时期（2020 年至今）

近年来，数字经济凭借其发展速度之快、辐射范围之广、影响程度之深而成为提升各国竞争力的关键力量。在国家政策的大力支持和庞大的消费者市场的支撑下，我国数字经济的规模不断扩大，逐步走向成熟。

当前，我国已经进入了数字化发展的新时代，在这一阶段，数字经济实现了平稳较快发展，正在向着纵深领域不断扩展，在国家的政策支持下，数字经济开始逐渐成熟。2020 年，党的十九届五中全会提出要加快数字化发展，标志着数字化发展成为我国重点发展方向，并将数字中国纳入党和国家的战略规划范围之中。2021 年，习近平总书记在中共中央政治局第三十四次集体学习时强调，发展数字经济是把握新一轮科技革命和产业变革新机遇的战略选择。“十四五”规划纲要指出，我国到 2025 年要实现数字经济核心产业增加值占 GDP 比重的进一步增加，由 2020 年的 7.8%提升至 10%，形成更具创新性的数字化产业体系。国家政策支持给予数字经济发展极大动力，与此同时，数字经济的发展不仅提升了我国经济发展质量，也为我国经济注入更大的活力。

2020年，受到新冠肺炎疫情的冲击，为了保障人民群众的生命安全，各行各业都不得不停产停业，尤其是传统产业受到了极大影响，给我国经济发展带来了很大的不确定性。疫情虽然让线下经济受到了严重冲击，但对线上经济的发展却起到了很大的促进作用，激起我国经济发展新的活力。习近平总书记指出，疫情对产业发展既是挑战也是机遇，要以此为契机，改造提升传统产业，培育壮大新兴产业。① 这次疫情将大数据、人工智能等数字技术与医疗行业、教育行业等进一步关联了起来，在线诊疗、远程办公、线上授课等线上新兴产业迅速发展，促使我国数字经济逐步走向成熟。

经过这些年的发展，我国数字经济已经取得了巨大成就，数字化技术与各种行业的深度融合促进了经济发展效率和发展质量的提升。在我国全面建设社会主义现代化国家新征程中，共同富裕的实现是一项重要任务，更加依靠更高的发展质量，在这一层面上，数字经济的发展与共同富裕的实现具有逻辑一致性。② 因此，我们要更加注重经济发展向数字化方向的转型，以更为成熟的数字经济助力推动实现共同富裕。

第二节　数字经济的概念和特征

一、数字经济的概念

数字经济在美国学者唐·泰普斯科特（Don Tapscott，1996）出版的《数字经济：网络智能时代的前景与风险》一书中首次出现，用来泛指于互联网技术出现之后的各种新型经济关系。1998年，美国商务部发布《崛起的数字经济》报告，数字经济这一概念正式成形；2002年美国学者金范秀（Beomsoo Kin）认为，数字经济是以信息化形式对商品和服务进行交易的一种新型经济形态。也就是说，数字经济的出现对传统经济发展形式而言是一轮新的变革，并将成为重要的经济增长点。基于不同的视角和关注点，学者们就数字经济的概念提出自己的观点，主要可以总结为以下三类：

---

① 新华社．化“危”为“机”念好“新”字诀——各地产业发展“新”动向扫描［EB/OL］.（2020-03-30）［2022-12-30］. http：//www. gov. cn/xinwen/2020-03/30/content_5497231. htm.

② 周泽红，郭劲廷．数字经济发展促进共同富裕的理路探析［J］. 上海经济研究，2022（6）：5-16.

第一类，从数字经济形成要素来看，数字经济的基础是数字化技术，进而将数字化平台作为主要媒介，以数字化赋能基础设施为重要支撑的一系列经济活动；① 也有学者认为，数字经济是将数字化信息作为其核心生产要素，以信息技术为支撑、以现代信息网络为主要载体、通过数字化技术提供产品或服务，是一种实现技术融合、产业融合、生产者与消费者融合的新型经济形态。② 第二类，从数字经济的内涵来看，数字经济包括数字产业化和产业数字化两部分。其中，数字产业化指数字技术带来的产品和服务，为产业数字化提供技术、方案等，如软件服务业、信息通信产业等在数字技术出现之后才逐渐发展起来的以数字技术为核心的产业。产业数字化则是在数字技术的支撑和引领下，以数据为关键要素，以价值释放为核心，以数据赋能为主线，对原有产业链的上下游进行改造和升级，促进产出的增长和效率的提升，是数字经济发展的主要阵地。③ 第三类，从数字经济的作用来看，中国信息通信研究院发布的《中国数字经济发展报告（2022 年）》指出，数字经济是以数字化知识和信息为关键生产要素，以数字技术为核心驱动力量，以现代信息网络为重要载体，通过促进数字技术与实体经济的深度融合，不断提升经济社会的数字化、网络化和智能化水平，从而加速重构经济发展与治理模式的新型经济形态，可以推动经济实现高质量发展，为人民生活带来更多的便利。

虽然目前学术界对于数字经济的定义并未达成共识，但都认同这样一个观点：在当今经济全球化的背景下，数字经济已经成为世界各国经济发展的必然方向。综合以上观点，笔者认为，数字经济是以提高经济发展质量和居民生活水平为目的，以数字化理论和技术为基础，以互联网基础设施为主要载体，对传统生产方式和交易方式进行数字化转型，提升经济发展质量的一种新型经济形态。

二、数字经济的特征

受 2020 年暴发的新冠肺炎疫情的冲击，各国经济都受到了不同程度的影

① 许宪春，张美慧．中国数字经济规模测算研究——基于国际比较的视角［J］．中国工业经济，2020（5）：23-41.

② 张亮亮，刘小凤，陈志．中国数字经济发展的战略思考［J］．现代管理科学，2018（5）：88-90.

③ 江小涓，靳景．中国数字经济发展的回顾与展望［J］．中共中央党校（国家行政学院）学报，2022，26（1）：69-77.

响，作为推动经济恢复活力的新引擎，数字经济已经成为各国重点关注和发展的板块。提升数字技术水平，促进数字经济与实体经济的融合，打造数字经济新形态，对于共同富裕的实现有着重要的推动作用。近年来，我国数字经济蓬勃发展，从其实现框架来看，呈现以下特征：

第一，数字产业化稳步发展。数字经济的本质在于信息化，信息技术在提升各个行业发展水平方面起到了重要的推动作用，并积累了大量的数据资源，促进了社会朝着数字化方向发展。一方面，我国当前已经建成了全球规模最大的光纤网络和 4G 网络，同时，新一代云计算平台设施也在加速构建中，网络和云计算将成为必要的信息基础设施，为数字经济的发展提供强大的支撑与保障；另一方面，数字化消费等新业态新模式越发成熟，并在抗击新冠肺炎疫情期间发挥了十分重要的作用，线上授课、线上办公、电子政务等各种线上服务在这一期间实现了爆发式增长，彰显了数字经济的重要地位与优势。[①] 从数字产业化发展效果来看，以 2021 年为例，数字产业化的各个领域均实现了稳步发展，互联网和相关服务业所实现的业务收入同比增长 21.2%，软件和信息技术服务业则实现同比 17.7%的增长，电信业和电子信息制造业也实现了不同程度的增长，有效推动了国民经济的发展。

第二，产业数字化进程提速。产业链上下游都在快速实现数字化升级、转型和再造。伴随着数据成为数字经济时代的生产要素，在驱动经济发展方面，数据也发挥了重要作用，美国政府将其比作“未来的新石油”，数据驱动型创新正在逐步实现向科技研发等领域的拓展，成为国家实施创新驱动发展战略的重要方向。近年来，我国借助对数字技术的创新促进产业转型升级，通过对大数据、云计算、人工智能等数字技术领域的深刻研究并取得重大进展，为我国数字经济的发展壮大奠定了坚实的基础。同时，各类平台通过数字技术进行大数据分析，为人们的日常生活带来了极大便利，促进了居民生活质量的提升。除此以外，我国越发重视对于数字经济与实体经济的融合，不仅要满足市场需求，也要实现成本的降低，提升运转效率。国家制定的《“十四五”数字经济发展规划》指出，“十四五”时期的数字经济发展要将主线放在促进数字技术与实体经济深度融合上，推动传统产业的转型升级。这不仅能够促进我国数字经济的 GDP 占比赶超世界先进水平，也可以使人民

① 李三希．我国数字经济发展的主要特点和突出优势［J］．国家治理，2021（18）：3-7.

共享国家发展成果，促进共同富裕的实现。

第三，数字化治理成效显著。数字化治理是每个国家、每座城市未来发展的方向，我国对于数字化治理给予了高度重视。我国当前正处于大数据时代，借助大数据、人工智能等提高社会治理的现代化水平，改善人民的生活质量，是当下重要的时代命题。作为一种新型城市治理模式，数字化治理提高了国家对于各项事务的管理效率，加速了社会治理的数字化转型。我国各地政府极力推进政务服务的线上化，国家政务服务平台、豫事办等一体化政务平台迅速上线，跨地区、跨层级、跨部门的数据实现互联互通，业务办理能力与快速响应能力也在不断增强，治理效率不断提升，为居民的生活带来了极大的便利。《2020 联合国电子政务调查报告（中文版）》显示，我国电子政务发展指数排名已经提升至全球第 45 名，在线服务指数提升至全球第 9 名，实现历史新高。截至 2020 年 12 月，我国互联网政务服务用户规模达到 8.43 亿，占我国网民整体数量的 85.3%，从侧面反映出数字化治理在更好服务经济社会发展上起到了重要作用，尤其在抗击新冠肺炎疫情期间显著体现出了政务服务数字化的优势。伴随着数字技术与传统公共服务的融合与应用，我国的国家治理体系也在向着数字化加速迈进，不仅使数字化公共服务水平显著提升，也给人民群众的生活带来了更大的便利。

第四，数据价值化加速实现。数据作为数字经济时代新的关键要素，在促进数字经济发展上发挥了重要作用。在促进传统产业升级、实现经济高质量发展方面，数字价值化发挥了重要作用，是促进数字经济发展的关键。2020 年，国家发布了《关于构建更加完善的要素市场化配置体制机制的意见》，指出要将数据纳入生产要素范围内，加快培育发展数据要素市场，发挥数据对其他生产要素效率的倍增作用，这为我国数字经济的快速发展奠定了坚实基础。从《2022 中国数字经济发展报告》中可以看出，数据价值化在促进国民经济增长方面起到了推动作用。一方面，数据产业链日渐完善，数据的采集、标注、分析和存储四个阶段都在向着数字化转型，激发了市场竞争活力，对数字企业生产力的发展和运转效率的提升均有显著推动作用，对于其垄断行为也起到了一定的抑制作用。[①] 另一方面，在国家政策的引导下，各

---

① 陈临奇．数字经济时代对“服务业之谜”的再解释［D］．北京：中国社会科学院研究生院，2020.

个地区也逐渐将重点放在促进大数据产业的发展上，推动当地的大数据交易平台建设，如贵州省设立的我国首家大数据交易所——贵阳大数据交易所、上海市建设的上海数据交易所等，促使数据实现了安全高效的流通，实现数据要素经济收益的共享，推动了我国数字经济的发展。

第三节　数字经济指标体系构建

一、指标体系构建

由于数字经济是一个比较宏观的概念，涉及的内容非常广泛，目前学术界并没有一个统一的指标体系去测度数字经济。而学术界关于数字经济测算的相关文献相对较少，并且主要以省级层面测算为主。整体上看，国内外学者对数字经济的测量主要是从数字产业化、产业数字化、数字经济基础设施、电子商务等方面进行指标体系构建。如刘军等（2020）① 从数字交易、互联网发展、信息化发展三个角度构建数字经济评价指标体系。李蕾（2022）② 从数字基础设施、数字产业发展、数字应用网络、数字科研支撑角度测算了黄河流域数字经济发展水平。黄群慧等（2019）③、赵涛等（2020）④、秦建群等（2022）⑤ 从互联网普及率、移动电话普及率，以及相关从业人员和产出情况指标，计算城市层面的数字经济发展水平。考虑到本部分内容研究的是地市层面的数字经济发展水平，在数据可获得性的基础上，借鉴相关学者的做法，本部分内容主要从互联网发展水平和数字普惠金融发展水平两大维度构建数字经济指标体系，其中互联网发展水平包括移动电话用户数、互联网宽带接入用户数、信息传输计算机服务和软件业人数、电信业务收入

---

① 刘军，杨渊鋆，张三峰．中国数字经济测度与驱动因素研究［J］．上海经济研究，2020（6）：81-96.

② 李蕾．黄河流域数字经济发展水平评价及耦合协调分析［J］．统计与决策，2022（9）：26-30.

③ 黄群慧，余泳泽，张松林．互联网发展与制造业生产率提升：内在机制与中国经验［J］．中国工业经济，2019（8）：5-23.

④ 赵涛，张智，梁上坤．数字经济、创业活跃度与高质量发展——来自中国城市的经验证据［J］．管理世界，2020，36（10）：65-76.

⑤ 秦建群，赵晶晶，王薇．数字经济对产业结构升级影响的中介效应与经验证据［J］．统计与决策，2022（11）：99-103.

四个方面，这些指标来源于《中国城市统计年鉴》。数字普惠金融指数则来源于北京大学数字金融研究中心，采用主成分分析法进行测度，数字经济指标体系见表4-1。

表4-1 数字经济指标体系

一级指标	二级指标	单位	属性
互联网发展水平	移动电话用户数	万户	正
	互联网宽带接入用户数	万户	正
	信息传输计算机服务和软件业人数	人	正
	电信业务收入	万元	正
数字普惠金融发展水平	数字普惠金融指数	—	正

资料来源：笔者参考赵涛等学者的研究绘制。

二、研究方法

在进行研究时，我们评估一个对象通常要搜集这个对象在不同方面的数据，而这么多的数据之间必然会存在信息重叠问题，并且我们也无法判定究竟哪个数据包含有用的信息更多，冗杂的数据令分析很难展开。而主成分分析法则采用降维的思想，将信息重叠的相关数据进行正交变换，组合成一组新的不相关变量，在降维的同时又能保留原有数据的大部分信息，数据精简且精度不变，增强了最终评估结果的可信性。本部分内容研究的数字经济包含诸多方面，采用主成分分析法可以实现在保证结果精确的同时实现数据处理的简便化。

主成分分析法的具体步骤如下：

（1）原始数据的标准化。对 p 维随机向量 $x=(x_1, x_2, \cdots, x_p)^T n$ 个样本构造样本矩阵 $x_i=(x_{i1}, x_{i2}, \cdots, x_{ip})^T$，$i=1, 2, \cdots, n$，$n>p$，对样本矩阵进行标准化变换：

$$Z_{ij}=\frac{x_{ij}-\bar{x}_j}{s_j} \tag{4-1}$$

其中，$i=1, 2, \cdots, n$；$j=1, 2, \cdots, p$。

$$\bar{x}_j=\frac{\sum_{i=1}^{n} x_{ij}}{n} \tag{4-2}$$

$$s_j^2 = \frac{\sum_{i=1}^{n}(x_{ij} - \bar{x}_j)^2}{n - 1} \tag{4-3}$$

得到标准化矩阵 Z。

（2）求相关系数矩阵。

$$R= \left[r_{ij} \right]_p xp \frac{Z^T Z}{n-1} \tag{4-4}$$

式（4-4）中，$r_{ij} = \frac{\sum z_{kj} \cdot z_{kj}}{n - 1}$，$i=1, 2, \cdots, n$；$j=1, 2, \cdots, p$。

（3）解相关矩阵 R 的特征方程 $| R-\lambda I_P | =0$ 得到 p 个特征根，确定主成分。

按照

$$\frac{\sum_{j=1}^{m}\lambda_j}{\sum_{j=1}^{p}\lambda_j} \geqslant 0.85 \tag{4-5}$$

确定 m 值，使信息的利用率达 85%以上，对每个 λ_j，$j=1, 2, \cdots, m$，解方程组 $Rb=\lambda_j b$ 得单位特征向量 b_j^o。

（4）将标准化后的指标变量转换成主成分：

$$U_{ij}=z_i^T b_j^o \ (j=1, 2, \cdots, m) \tag{4-6}$$

U_1 为第一主成分，U_2 为第二主成分，…，U_p 为第 p 主成分。

（5）对 m 个主成分进行加权求和，得到最终评价值，权重为每个主成分的方差贡献率。①

第四节　数字经济的区域差异及动态演进

一、数字经济水平时空格局

由上文主成分分析法得出了我国 2011—2019 年的 289 个城市数字经济综合水平，并将其划分为低水平区域、中低水平区域、中高水平区域和高水平

① 刘鹏飞．基于主成分分析与灰色预测的新型城镇化综合水平测度［D］．衡阳：南华大学，2021.

区域，表4-2刻画出2011年、2015年以及2019年三个自然年份数字经济综合水平的变化情况。

表4-2 2011年、2015年、2019年数字经济发展状况

年份	低水平	中低水平	中高水平	高水平
2011	承德、莆田、平顶山、白山、牡丹江、丽水、宜宾、玉溪、乐山、泸州、宝鸡、咸阳等（146个）	开封、邯郸、茂名、盐城、洛阳、邵阳、漳州、南阳、岳阳、赣州、包头等（82个）	长春、济南、衡阳、石家庄、潍坊、嘉兴、合肥、金华、厦门、太原、台州、保定（34个）	北京、上海、深圳、广州、杭州、重庆、苏州、天津、成都、东莞、西安、武汉等（27个）
2015	平凉、蚌埠、三明、焦作、佳木斯、日照、鄂尔多斯、四平、张家界、黄石、韶关、衢州等（104个）	安阳、周口、沧州、济宁、泸州、漳州、遵义、乐山、宝鸡、商丘、泰州、咸阳等（100个）	洛阳、茂名、嘉兴、邵阳、烟台、珠海、太原、保定、开封、曲靖、台州、岳阳等（49个）	北京、上海、成都、深圳、广州、重庆、天津、杭州、南京、苏州、郑州、西安等（36个）
2019	鄂尔多斯、河源、内江、马鞍山、丽水、潮州、朝阳、安康、宣城、汕尾、钦州、榆林等（86个）	遂宁、赤峰、白银、漳州、菏泽、宿州、岳阳、芜湖、淄博、宿迁、宜昌、常德等（98个）	金华、青岛、云浮、临汾、南通、江门、保定、乌鲁木齐、常州、眉山、徐州、台州等（62个）	北京、上海、深圳、广州、成都、杭州、天津、厦门、南京、武汉、重庆、苏州等（43个）

资料来源：笔者根据统计年鉴数据计算并利用Excel软件绘制。

2011年，四个等级城市数量占比分别为50.5%、28.4%、11.8%和8.3%，数字经济发展水平主要集中在低水平区域及中低水平区域，整体发展水平较低，数字经济综合水平指数超过35000的仅有北京、上海、杭州、深圳以及广州5个城市；省际分布不均，高值区主要集中在山东、广东以及江浙沪等部分沿海地区；数字经济发展水平差异较大，我国数字经济平均指数为7100，而最高值区北京则为165690，表明我国各地区数字经济发展存在数字鸿沟。

2015年，我国数字经济平均指数上升至10021，与2011年相比提高了41.4%，发展速度较快，但中高水平区域及高水平区域依然较少，四个等级城市的数量占比分别为36.0%、34.6%、17.0%以及12.5%，整体发展分布格局依然是沿海地区优于内陆地区，但内陆地区发展速度较快，如四川省的乐山、泸州，陕西省的宝鸡、咸阳等地由低水平区域向中低水平区域过渡，河南省的开封、洛阳，湖南省的邵阳、岳阳等地由中低水平区域向中高水平区域过渡，虽然此时中西部地区发展速度较快，但仍然与东部沿海地区有较大差距，可借鉴东部地区先进经验，增加数字经济相关产业研发投入，深度融

合数字技术与实体经济，扩大数字经济产业规模。

2019 年，我国数字经济进一步发展，中高水平城市数量进一步增多，但仍然以中低水平为主，表明我国数字经济仍然有较大发展空间。各地区数字经济发展水平差距较大，最高值区北京综合水平达 180328，而东北地区及西部地区部分城市由于基础设施薄弱、产业转型困难等，数字经济发展水平不足 2000，在空间上数字经济发展极不平衡，空间分布格局呈现由沿海向内陆递减态势。

整体来看，我国大部分城市的数字经济发展水平呈上升趋势，总体综合指数呈现东部>中部>西部特征，数字经济的平均发展综合指数从 2011 年的 7100 提高至 2019 年的 12985，提高了 82.88%，巨大成就的背后离不开我国数字经济发展环境的改善及应用规模的扩大，数字经济发展水平格局未发生明显变化，中高区域依然与经济发达地区重合，表明经济因素对于数字经济具有显著促进作用，分析其原因可能是经济发达地区人才、资金、技术等资源较为雄厚、市场需求较为庞大以及数字经济技术设施较为完善。

二、数字经济水平动态演进

（一）核密度估计

为进一步了解各区域数字经济水平的动态演化分布，可借助核密度估计法对全国及各区域数字经济水平进行全面深入的分析。本书运用 Kernel 核密度估计出 2011 年、2015 年和 2019 年的核密度曲线，如图 4-1 所示。从图 4-1 中可发现以下特征：

第一，样本时期内，全国、东部地区、中部地区和西部地区的数字经济水平曲线分布中心逐渐向右转移，表明其数字经济水平不断上升。而东北地区的数字经济水平曲线分布中心呈现右移—左移—右移特征，表明其数字经济水平呈现升中有降的状态。

第二，样本时期内，全国、西部地区和东北地区的数字经济水平分布曲线的主峰宽度在不断增大，说明其数字经济水平的绝对差异在扩大。东部和中部地区的数字经济水平分布曲线的主峰宽度先扩大，后减小，表明其数字经济水平的绝对差异是先扩大，后不断缩小。

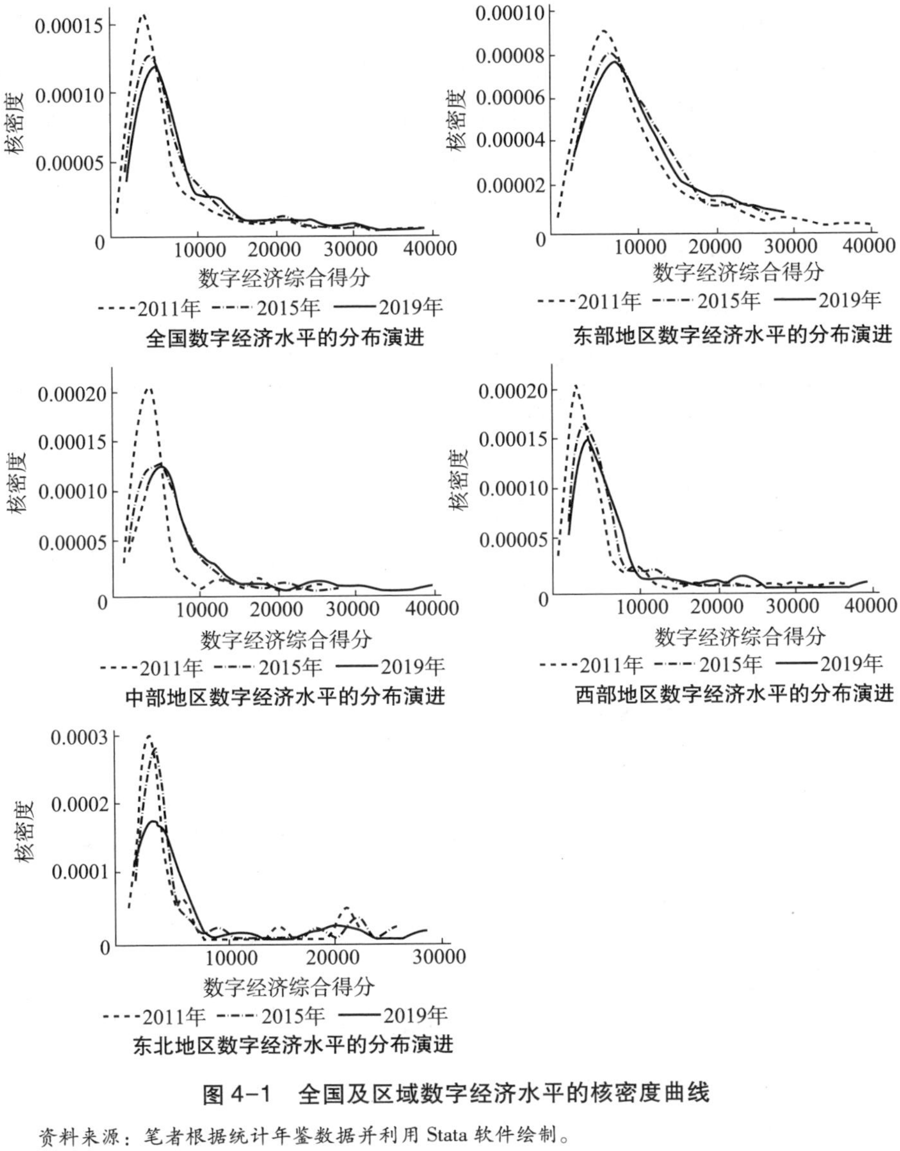

图 4-1　全国及区域数字经济水平的核密度曲线

资料来源：笔者根据统计年鉴数据并利用 Stata 软件绘制。

第三，样本时期内，全国、东部地区、中部地区和西部地区的数字经济水平向右拖尾的现象较为明显，并且具有分布拓宽的趋势，意味着这些地区中存在数字经济水平较高的城市，这些城市的数字经济水平不断上升，并与地区内其他城市的差异逐渐拉大。而东北地区则不存在明显的拖尾现象。

第四，样本时期内，全国数字经济水平呈现一个主峰和两个侧峰，并且两个侧峰值较低，意味着全国数字经济水平一直会有弱多极化现象，存在梯度差异。中部地区、西部地区和东北地区主要表现出一个主峰和两个侧峰，并且主峰值相对较高，表明这些区域的数字经济水平存在梯度差异，经济的发展虽然会弱化这种差异，但未能全部消除，这也是中部地区、西部地区和东北地区数字经济发展面临的困境。东部地区一直呈现一个主峰和一个侧峰，同样是主峰值高于侧峰值，表明东部地区数字经济具有一定的梯度差异，而且最终也未能得到有效控制。

全国及区域数字经济核密度估计特征如表 4-3 所示。

表 4-3　全国及区域数字经济核密度估计特征

地区	数字经济水平	数字经济绝对差异	拖尾现象	极化特征
全国	上升	扩大	向右拖尾	弱多极化
东部地区	上升	先扩大，后缩小	向右拖尾	弱多极化
中部地区	上升	扩大	向右拖尾	弱多极化
西部地区	上升	先扩大，后缩小	向右拖尾	弱多极化
东北地区	上升	扩大	不存在明显拖尾现象	弱多极化

资料来源：笔者根据统计年鉴数据计算整理。

（二）马尔可夫链分析

接下来利用马尔可夫（Markov）链分析数字经济发展不平衡的动态转移特征。将数字经济水平进行等级划分，低于数字经济年均水平的 50%为数字经济低水平城市，在数字经济年均水平 50%～100%的划分为数字经济中低水平城市，在数字经济年均水平 100%～150%的划分为数字经济中高水平城市，高于数字经济年均水平 150%的为数字经济高水平城市，现对城市数字经济发展不平衡时空转移特征进行分析。

1. 时间特征

为考察全国数字经济水平的转移规律，本部分内容基于全国数字经济水平的样本数据，运用传统马尔可夫链分析法分别计算 2011—2019 年、2011—2015 年、2016—2019 年数字经济转移概率矩阵，结果如表 4-4 所示。由表 4-4可以看出数字经济水平转移存在以下四方面规律：

表 4-4　传统马尔可夫链转移概率矩阵

期间	t/t+1	Ⅰ	Ⅱ	Ⅲ	Ⅳ
2011—2019 年	Ⅰ	0. 877	0. 06	0. 02	0. 043
	Ⅱ	0. 032	0. 546	0. 322	0. 1
	Ⅲ	0	0. 12	0. 502	0. 498
	Ⅳ	0	0. 015	0. 009	0. 976
2011—2015 年	Ⅰ	0. 879	0. 052	0. 021	0. 048
	Ⅱ	0	0. 578	0. 344	0. 078
	Ⅲ	0	0. 047	0. 388	0. 565
	Ⅳ	0	0. 005	0. 015	0. 98
2016—2019 年	Ⅰ	0. 866	0. 065	0. 021	0. 048
	Ⅱ	0. 069	0. 712	0. 188	0. 031
	Ⅲ	0	0. 036	0. 608	0. 356
	Ⅳ	0	0	0. 136	0. 864

注：Ⅰ、Ⅱ、Ⅲ、Ⅳ分别代表数字经济低水平、中低水平、中高水平、高水平城市。

资料来源：笔者根据统计年鉴数据计算整理。

第一，样本期间内，对角线上的概率大于非对角线上的概率，表明各城市数字经济水平不容易发生变化，城市数字经济水平具有一定的路径依赖性。其中，数字经济高水平城市维持平稳的概率为 0. 976，其次是数字经济低水平城市，概率为 0. 877，数字经济中低水平和数字经济中高水平城市维持平稳的概率最小，分别为 0. 546 和 0. 502。

第二，样本期间内，城市数字经济水平存在明显的“俱乐部趋同”特征。如数字经济高水平地区保持不变的概率为 0. 976，而转移的概率为 0. 024，说明数字经济高水平城市的发展是一种良性循环，数字经济低水平城市保持平稳的概率为 0. 877，发生转移的概率为 0. 123，意味着数字经济低水平城市容易陷入恶性循环，数字经济高低水平城市的发展差异会导致数字经济发展的马太效应更加明显。分时期看，2016—2019 年数字经济水平要比 2011—2015 年数字经济水平分布更为均衡，可见，随着时间的推移，数字经济城市间的发展差异会不断缩小。

第三，样本期间内，非对角线上的概率不全为零，而且邻近两期内，数字经济水平更可能向邻近层次转移，跨层次转移的概率比较小。如数字经济水平为中低水平的城市，向中高水平转移的概率为 0. 322，向高水平转移的概率为 0. 1，这是因为中低水平城市经过前期的发展，积累了一定的数字基础资源，容易向邻近中高水平层次转移，而积累的资源又十分有限，直接跨向高水平层次的阻力较大，因而向高水平城市转移的概率较小。

第四，不同时期数字经济水平转移存在显著差异。2011—2015 年，数字经济水平为低水平、中低水平、中高水平、高水平的城市维持稳定状态的概率分别为 0. 879、0. 578、0. 388、0. 980，而且数字经济中低水平和中高水平城市向上转移的概率更大，分别为 0. 344 和 0. 565，主要是因为国家政策的支持，使得这两类城市的数字经济水平得到明显提升。2016—2019 年，数字经济水平为低水平、中低水平、中高水平、高水平的城市维持稳定状态的概率分别为 0. 866、0. 712、0. 608、0. 864，数字经济初始状态为中低水平和中高水平的城市向上转移的概率为 0. 188 和 0. 356，表明随着经济社会的进一步发展，数字经济水平受到政策影响呈现边际递减规律，导致向上转移概率下降。

2. 空间动态演进

考虑到传统的马尔可夫链仅研究数字经济水平的转移概率，并未将城市间的空间因素融入进去，因而有必要引入地理空间格局考察空间邻接下城市数字经济水平分布的空间演进。基于此，本部分内容进一步构建空间马尔可夫链转移概率矩阵，探究邻域数字经济水平对城市数字经济水平转移特征的影响，如表 4-5 和表 4-6 所示。根据空间马尔可夫链转移概率矩阵，不难发现以下规律：

表 4-5　空间马尔可夫链转移概率矩阵

空间滞后	$t/t+1$	Ⅰ	Ⅱ	Ⅲ	Ⅳ
Ⅰ	Ⅰ	0. 883	0. 061	0. 01	0. 046
	Ⅱ	0. 258	0. 602	0. 08	0. 06
	Ⅲ	0	0. 078	0. 376	0. 546
	Ⅳ	0	0. 053	0. 002	0. 945
Ⅱ	Ⅰ	0. 921	0. 048	0. 031	0
	Ⅱ	0. 019	0. 764	0. 165	0. 052
	Ⅲ	0	0	0. 388	0. 612
	Ⅳ	0	0	0. 020	0. 98

续表

空间滞后	t/t+1	Ⅰ	Ⅱ	Ⅲ	Ⅳ
Ⅲ	Ⅰ	0.903	0.061	0.036	0
	Ⅱ	0.016	0.722	0.182	0.08
	Ⅲ	0	0.029	0.654	0.317
	Ⅳ	0	0	0	1
Ⅳ	Ⅰ	0.878	0.121	0.001	0
	Ⅱ	0	0.532	0.356	0.112
	Ⅲ	0	0	0.5	0.5
	Ⅳ	0	0	0	1

注：Ⅰ、Ⅱ、Ⅲ、Ⅳ分别代表数字经济低水平、中低水平、中高水平、高水平城市。

资料来源：笔者根据统计年鉴数据计算整理。

表 4-6　分时期空间马尔可夫链转移概率矩阵

空间滞后	t/t+1	2011—2015 年				2016—2019 年			
		Ⅰ	Ⅱ	Ⅲ	Ⅳ	Ⅰ	Ⅱ	Ⅲ	Ⅳ
Ⅰ	Ⅰ	0.895	0.062	0.024	0.019	0.899	0.072	0.017	0.012
	Ⅱ	0	0.562	0.424	0.014	0	0.765	0.218	0.017
	Ⅲ	0	0.067	0.587	0.346	0	0.121	0.564	0.315
	Ⅳ	0	0	0.082	0.918	0	0	0	1
Ⅱ	Ⅰ	0.921	0.063	0.016	0	0.932	0.068	0	0
	Ⅱ	0	0.584	0.402	0.014	0.012	0.665	0.323	0
	Ⅲ	0	0	0.373	0.627	0	0	0.6	0.4
	Ⅳ	0	0	0	1	0	0	0.029	0.971
Ⅲ	Ⅰ	0.932	0.052	0.016	0	0.942	0.058	0	0
	Ⅱ	0	0.6	0.4	0	0.101	0.656	0.186	0.057
	Ⅲ	0	0	0.5	0.5	0	0.055	0.723	0.222
	Ⅳ	0	0	0	1	0	0	0	1
Ⅳ	Ⅰ	0	0	0	0	1	0	0	0
	Ⅱ	0	0	0	0	0	0.642	0.358	0
	Ⅲ	0	0	0	0	0	0	0.5	0.5
	Ⅳ	0	0	0	0	0	0	0	1

注：Ⅰ、Ⅱ、Ⅲ、Ⅳ分别代表数字经济低水平、中低水平、中高水平、高水平城市。

资料来源：笔者根据统计年鉴数据计算整理。

第一，在空间因素作用下，城市数字经济水平的转移呈现一定的空间依赖性特征。表 4-5 显示，邻域城市数字经济水平不同，导致数字经济水平转移的概率存在差异。邻域城市数字经济水平较低的城市向下转移的概率相对较大，如邻域城市为数字经济低水平城市的中高水平城市向下转移的概率为 0. 078，而邻域城市为数字经济高水平城市的中高水平城市向下转移的概率为 0，低于邻域城市为数字经济低水平的城市。邻域城市为数字经济中低水平城市的中低水平城市向上转移的概率要低于邻域城市为数字经济中高水平的中低水平城市。因而，邻域城市为数字经济较高水平城市有助于城市数字经济水平的提升，原因在于当邻域城市数字经济水平较高时，能够促进数字技术等创新资源的流动，推动周边城市数字经济水平的提升。而当邻域城市数字经济水平较低时，则会对周边城市数字经济水平的提升具有消极影响。

第二，邻域城市数字经济水平差异大小也会导致城市数字经济水平向上向下转移概率的不对称。如果某城市与数字经济高水平城市相邻，则其向上转移的概率增加幅度要大于向下转移概率减少的幅度。如一数字经济中低水平城市与高水平城市相邻，其向中高水平转移的概率为 0. 356，比平均概率高 0. 034，而其向低水平转移的概率为 0，比平均概率低 0. 032。反之，如果某城市与数字经济低水平城市相邻，其向上转移的概率减幅大于向下转移的概率增幅，如一数字经济中低水平城市与低水平城市相邻，其向中高水平转移的概率为 0. 08，比平均概率低 0. 242，其向低水平转移的概率为 0. 258，比平均概率高 0. 226。

第三，邻域城市数字经济水平的差异导致数字经济水平向上向下转移的概率呈不同比例。如邻域城市的数字经济水平分别为中低水平和中高水平时，数字经济低水平城市向中低水平转移的概率分别为 0. 048 和 0. 061，向高水平转移的概率均为 0。原因在于当城市间数字经济水平差异较小时，数字经济发展的溢出效应较强，而当差异较大时，会导致数字经济低水平城市因发展基础差、数字基础设施薄弱、数字技术要素匮乏难以获得高水平城市的辐射带动作用，甚至会产生虹吸效应，导致不同城市间数字经济水平的差异进一步加剧。

第四，不同发展阶段，邻域城市数字经济水平对本城市数字经济水平产生的影响不同。2011—2015 年，当邻域城市为数字经济低水平城市时，中低水平城市维持不变的概率为 0. 562，小于同时期不考虑空间因素的概率 0. 578，2016—2019 年，当邻域城市为数字经济低水平城市时，数字经济初始状态为中低水平的城市维持平稳的概率为 0. 765，大于不考虑空间因素的概率 0. 712。

说明当城市数字经济水平提升后，数字基础设施建设得到巩固，稳定性增加，使其受到低水平城市的影响减弱。此外，2011—2015年，邻域城市数字经济在相对较低的水平集中，而随着城市数字经济水平的不断提升，2016—2019年，邻域城市数字经济在相对较高水平集中，形成了高水平的数字经济城市。

第五节 数字经济发展成就

一、数字经济持续蓬勃发展

自党的十八大以来，国家对于数字经济的发展给予了高度重视，并将其纳入了我国未来发展规划与战略，在党中央的坚强领导下，围绕着数字中国建设，国家制定了一系列战略规划，有效促进了各项政策的落实，推进了我国数字经济的发展。如图4-2所示，近年来，我国数字经济实现了平稳发展，尤其在2020年新冠肺炎疫情对我国经济造成巨大冲击的背景下，数字经济仍然保持着蓬勃发展的势头，在“十四五”开局之年，数字经济规模就达到了45.5万亿元的规模，是“十三五”初期所达到规模的约2倍，取得了高于同期名义GDP增速3.4%、占GDP比重39.8%的成绩。由此可见，数字经济的

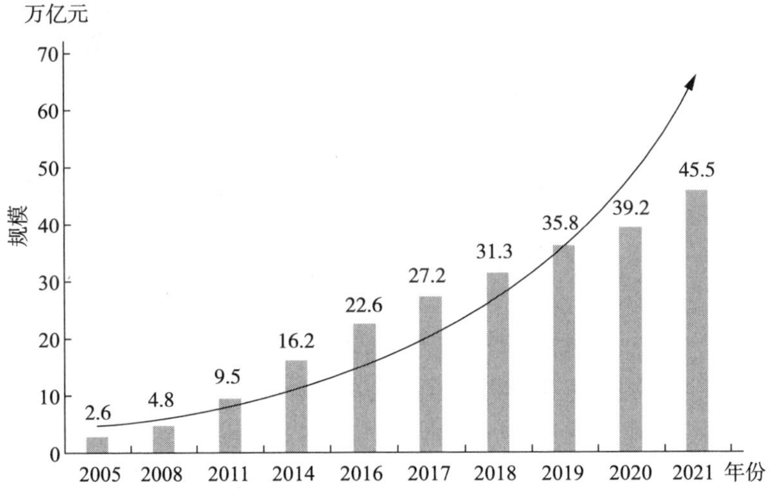

图4-2 2005—2021年数字经济发展规模

资料来源：《中国数字经济发展白皮书》。

发展在缓解新冠肺炎疫情冲击下经济下行压力和促进我国国民经济的稳步发展中发挥了重要作用。

二、产业数字化持续增长

作为我国数字经济的两大内部结构，数字产业化和产业数字化是促进数字经济发展的重要动力。由图 4-3 可知，从数字产业化和产业数字化的规模变化中可以看出，二者都呈现递增的趋势，但产业数字化规模扩大的速度快于数字产业化，从其在数字经济规模中的比重变化趋势可以看出，我国的数字经济主引擎为产业数字化，通过互联网、人工智能等数字技术与实体经济深度融合来发展数字经济。2021 年，我国数字产业化规模达到 8.4 万亿元，占 GDP 的 7.3%，而且在这一年，我国建成了全球规模最大的光纤网络和移动宽带网络，以 5G 为代表的网络通信领域实现了技术、产业、应用的全面领先。同时，产业数字化快速发展，规模达到 37.2 万亿元，占 GDP 的 32.5%，随着互联网、大数据等数字技术与实体经济的不断融合，产业数字化规模维持着增长态势，并始终保持促进数字经济发展主要力量的重要地位。

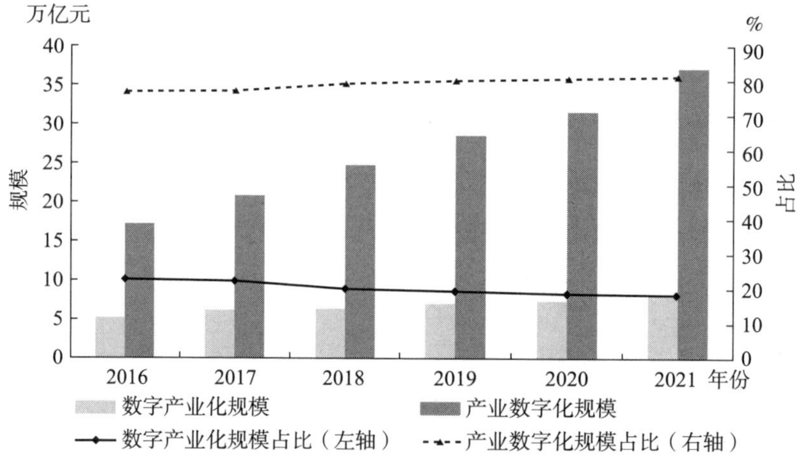

图 4-3　2016—2021 年数字经济内部结构

资料来源：《中国数字经济发展白皮书》。

三、数字技术与实体经济深度融合

与此同时，随着现代化水平的提升，国家、地方政府在治理建设和经济发展的过程中更加注重借助人工智能、大数据、区块链等数字技术来提升各方面发展的精准化和高效化，促进数字技术与实体经济融合。我国政府进行数字化建设的成果显著，一方面，我国政府正在由单向信息服务向一体化政府服务转变，以一个数据库、一个云平台作为支撑，居民可以通过政务平台了解医保信息、查验健康码等，让数据多跑路、居民少跑或不跑路。[①] 2021 年，全国一体化政务服务平台实名用户超过 10 亿人，其中国家政务服务平台注册用户超过 4 亿人，体现出政府的数字化建设为居民生活带来了极大的便利，促进了居民幸福感的提升。另一方面，大数据、云计算、人工智能等数字技术融入数字化政府建设，推动政府的办事效率不断提高，促进了城市向数字化方向发展。

四、各地竞相推进数字经济发展

随着对数字经济发展重视程度的不断提升，各地区纷纷响应，在推进数字经济的发展上也制定了符合当地实际情况的目标与任务，促进了当地数字经济的平稳发展。总体来看，我国在 2021 年已经有 16 个省市数字规模突破 1 万亿元，北京、上海、天津等地的数字经济已经成为促进地区数字经济的主要力量。如图 4-4 所示，当前，我国数字经济园区多集中于东部地区，东北地区较少，说明我国数字经济在东部地区发展较好。数字经济园区的分布不均也体现了我国数字经济存在地区发展不平衡的问题。

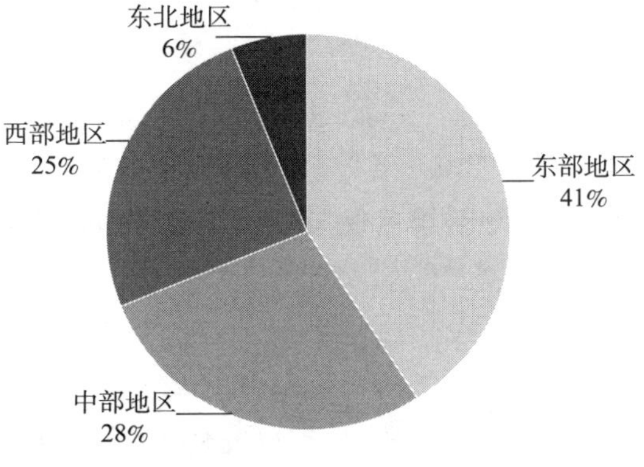

图 4-4 2021 年数字经济的区域分布

资料来源：《中国数字经济发展白皮书》。

① 王俊．从电子政务、智慧城市到智慧社会——智慧宜昌一体化建设实践探析［J］．电子政务，2018（5）：52-63.

为了更为准确地分析我国各地区数字经济发展水平，本部分内容将我国城市分为东、中、西、东北四个地区，结合相关指标进行分析，具体如图 4-5 所示。由图 4-5 可知，各个地区在推进数字经济的发展上都取得了一定成绩，其中，东部地区的发展效果最为明显。《中国数字经济发展报告（2022 年）》显示，经济越发达的地区工业数字化投入越高。凭借着其发达的工业企业优势，东部地区大力推进工业互联网企业建设，其数字经济发展水平已经高于全国平均发展水平。2021 年，我国有 11 个省区市的工业企业数字化投入显著高于全国平均水平，其中，东部地区的省区市占比 63.6%。相比东部地区，其余三个地区数字经济发展效果也有一定提升，这些地区具有一个共同特征——重视服务业的数字化投入，在 2021 年有 14 个省区市服务业数字化转型超过了全国平均水平，这三个地区的省区市占比达到 64.3%。

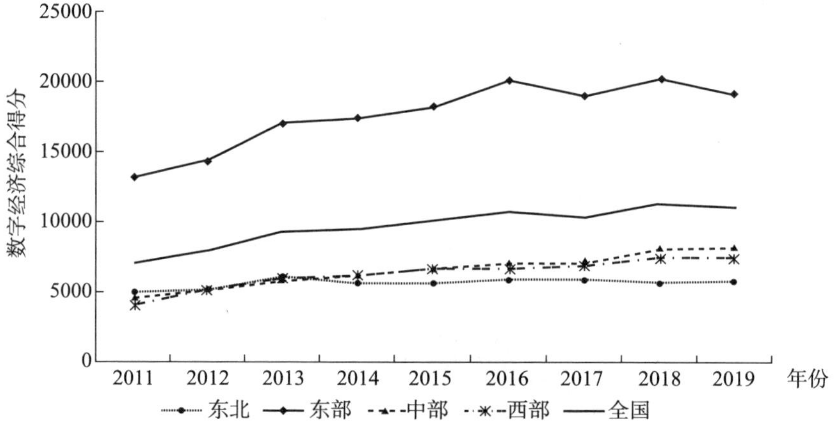

图 4-5 2011—2019 年各地区及全国数字经济发展水平

资料来源：笔者根据统计年鉴数据并利用 Excel 软件绘制。

第六节 数字经济发展困境

近年来，我国数字经济在促进我国经济发展和居民生活水平提高上取得了重大进展，但仍有一些问题的存在对提升我国发展质量和实现共同富裕造成阻碍，本节将结合具体指标对我国数字经济发展中存在的问题和挑战进行分析。

一、数据安全性较低

随着数字技术的不断发展，数据和信息等产品拥有了新的特性，如信息产品的非竞争性、信息的边际成本趋于零、数据成为关键生产要素等，使数字经济的发展具有显著的正外部性。在这些特性下，越来越多的数字化企业在发展中开始以差别化定价、自我优待、拒绝交易等行为对数字技术进行滥用①，抑制其他竞争者的进入和发展，影响市场的公平竞争，进而形成市场垄断。与此同时，在市场交易中，企业凭借着自身所掌握的信息和数字技术，可能会加剧与消费者之间的信息不对称问题。当前，企业进行数字化转型是数字经济发展的一大趋势，在转型过程中，企业为了牟取更多利润，也继承了原有的传统经营模式，形成线上线下的同时运营②，在这种情况下，极易产生信息不对称问题，如“同物不同价”，使消费者的合法权益受到损害。与此同时，随着数据在经济发展中的作用日益显现，在交换流动中能够实现更大价值的数据已经成为各行各业最为重视的要素。随着越来越多的人偏好于享受线上服务带来的便利，数据信息泄露的消息也随之而来。据研究机构统计，仅 2020 年全球发生的相关事件的数量已经超过过去 15 年的总和③，互联网信息泄露高达 360 亿条，给人民的财产安全带来了极大损害。当下，信息和数据是国家基础性战略资源，数据和信息安全已经成为事关国家和社会发展的重要议题，没有数据安全就无法实现国家安全。因此，如何实现对数据和信息更为有效的保护、减少市场失灵现象的产生是促进数字经济发展过程中需要关注和解决的问题。

二、“数字鸿沟”显现

数字经济的发展为我们带来了很大的便利，居民生活水平得到了不断的提升，但与此同时，也给老年人、贫困地区的贫困人口等一些群体带来了很多不便。一方面，人口老龄化和数字经济的融合发展给老年群体融入数字经

① 张文魁．数字经济的内生特性与产业组织［J］．管理世界，2022，38（7）：79-90.

② 黄逾白．新媒体时代农业跨境电商的信息不对称问题及优化策略［J］．农业经济，2021（10）：126-128.

③ 任保平，张陈璇．中国数字经济发展的安全风险预警与防范机制构建［J］．贵州财经大学学报，2022（2）：1-13.

济时代的生活带来了很大挑战①。截至 2021 年 12 月，我国老年网民达到 1.19 亿，其互联网普及率仅为 43.2%，人脸识别、电子支付、健康码等的普及使用，给绝大部分老年人的日常生活带来了很多不便，也使其相对剥夺感不断增强，给和谐社会的发展带来了一些不稳定因素。② 而且在我国四川山区、贵州山区等贫困地区，由于经济发展水平相对落后，信息基础设施建设不完善，且智能设备在这些地区仍属于奢侈品，这些地区的贫困群众“有网不想用、有网不敢用、有网不会用”的数字鸿沟进一步扩大。另一方面，数字技术的发展提供了很多新的就业机遇，但也给传统产业带来了失业风险。数字技术在提高生产率的同时，在一定程度上也会降低对劳动力的需求，信息技术、人工智能等对就业的冲击具有行业或岗位的差异③，一些中小企业更倾向于引入数字化设备和人才来提升自己的竞争力，结构性失业由此产生，一些企业由于未完成数字化转型，发展正面临巨大挑战。尤其是处于数字经济发展劣势的贫困居民，面临更为严峻的失业问题，进而导致这些居民由于数字经济的发展和受教育水平较低而更加贫困，数字经济成为促进当地经济发展的绊脚石。

同时，在国家大力推进乡村振兴以缓解相对贫困问题的过程中，通过数字技术助推乡村发展，离不开数字普惠金融的支持与保障。而数字普惠金融虽然在降低贫困发生率上起到了一定的促进作用，但整体而言对城市居民的缓解效应要强于农村居民。④ 尤其在当下数字经济快速发展的今天，高收入人群越来越多，这对缩小我国收入差距造成了很大阻碍。

三、区域发展不均衡

由图 4-6 可知，我国数字经济呈现地区发展不均衡的特点，具体表现在以下几点：

首先，虽然我国四个地区的数字经济平均发展水平均呈现上升的趋势，但东部地区数字经济的平均发展水平显著高于其他地区，并且高于全国的平

---

① 陆杰华，韦晓丹．老年数字鸿沟治理的分析框架、理念及其路径选择——基于数字鸿沟与知沟理论视角［J］．人口研究，2021，45（3）：17-30.

② 孔文豪，吴佳宜，黄思颖．数字鸿沟与相对剥夺感：微观证据与影响机制［J］．电子政务，2021（1）：110-124.

③ 黄浩．数字经济带来的就业挑战与应对措施［J］．人民论坛，2021（1）：16-18.

④ 刘魏，张应良，王燕．数字普惠金融发展缓解了相对贫困吗？［J］．经济管理，2021，43（7）：44-60.

均水平，而中部、西部和东北三个地区的数字经济发展水平显然低于全国平均水平，造成以上现象的原因，可能有以下两点：第一，东部地区是各个领域进行改革的试验田和示范区，国家和地方都制定了促进数字经济发展的支持性政策，在“十四五”规划纲要中提出，鼓励东部地区加快推进现代化建设，发挥创新要素集聚优势，促进经济发展，从而使东部地区较其他地区具有更大的政策优势，成为带动国家经济发展的主要力量，使其在数字经济的发展上不仅具有良好的政治环境，也为沿海地区发展数字经济提供了一定的先发优势；第二，人才引进对于提升地区发展竞争力十分重要，东部地区人口密集，经济发达，具有比中部和西部地区更具优势的发展基础，如深圳、广州、杭州等地制定人才引进政策，积极招揽、引进人才，为促进地区发展、增强创新能力提供了重要来源，再加上数字经济本身具有一定的高创新性和广覆盖性，使数字经济人才成为促进各个产业实现数字化转型的核心驱动力，促使东部地区具有很大的数字经济发展潜能。

其次，从东北地区的数字经济发展情况可以看出，东北地区数字经济发展成效并不理想，如图 4-6 所示，其数字经济发展水平增长率较其他三个地区较低，甚至为负。东北地区数字经济的发展情况与其自身的发展基础有着很大关系。东北地区作为我国经济起步较早的地区，在 20 世纪 30 年代建成了较为完整的工业体系，在数字经济的发展上已经具备了一定的基础，是我国重要的经济区之一，具有传统产业占比较大，新经济占比较小的特点。传统产业作为经济发展的主力军使当地整体产业发展的动力、活力和竞争力严重不足，再加上人口流失对经济的发展所造成的不利影响，对实体经济的激发作用不够，进而不利于数字经济与实体经济的融合发展。①

最后，由图 4-6 可以看出，中部地区的数字经济发展水平与发展相对滞后的西部地区相差无几，但中部和西部地区数字经济综合发展得分增长率几乎均为正，甚至出现高于东部地区的现象。在促进区域经济的发展上，中、西部地区都存在着人力成本低、自然资源丰富等优势，具有较大的发展潜力，但数字经济发展的优劣并不完全由各区域本身的综合发展水平来衡量，更多的还是由当地的数字产业基础、数字技术、创新能力等来决定。从数字经济发展的条件来看，中西部地区的整体产业基础还存在较大的发展空间。西部

① 董静媚．加快数字东北建设　更好助力振兴发展［J］．中国物价，2019（12）：31-34.

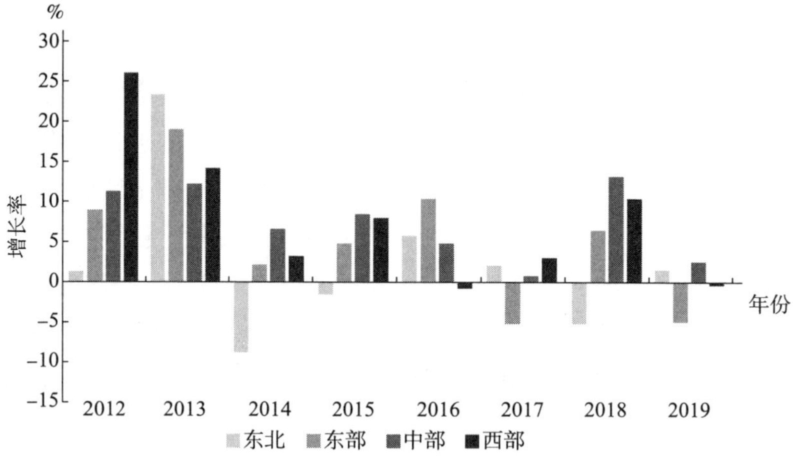

图 4-6　2012—2019 年各地区数字经济发展水平增长率

资料来源：笔者根据统计年鉴数据并利用 Excel 软件绘制。

地区数字基础设施还需进一步完善，数字技术应用和创新水平相对滞后，中部地区在数字经济发展条件方面略优于西部地区，但在数字经济的发展上，有些省份如河南、安徽、甘肃等地的数字经济尚处于起步阶段，再加上资源分布不均、各地对于经济发展的侧重点不同，使中西部地区数字经济的整体发展水平几乎不具有太大差异。

第七节　本章小结

本章首先梳理了数字经济的发展历程，即数字经济的发展经历了萌芽时期、快速发展时期、全面建设时期和日渐成熟时期四个阶段，在总结国内外学者关于数字经济概念的基础上，提出了本书的数字经济概念，并对数字经济的特征进行总结，即数字产业化稳步发展、产业数字化进程提速、数字化治理成效显著、数据价值化加速实现。其次基于数字经济的概念，根据数据的可获得性，从互联网发展水平和数字普惠金融两个方面构建城市层面的数字经济指标体系，并对全国数字经济发展水平进行分析。再次从全国及区域层面总结了数字经济发展取得的成就。最后对我国存在的数据安全性低、数字鸿沟显现、区域发展不平衡等问题进行说明。

第五章
共同富裕发展现状研究

中国共产党自成立以来，始终将推进人民群众的共同富裕作为自己的工作重点。共同富裕的实现不仅是中国共产党的奋斗目标，也是社会主义的本质要求。党在领导人民进行革命、建设和改革的过程中，围绕着为人民谋幸福、为民族谋复兴的初心与使命，从理论与实践两个方面对实现共同富裕进行探索，走出了一条具有中国特色的实现共同富裕的道路。本章将从共同富裕的历史演进、基本内容、取得成就及发展困境等方面对共同富裕的现状进行分析。

第一节　共同富裕的历史演进

本部分内容将共同富裕这一思想的历史演进大致分为以下四个阶段：

一、共同富裕思想的萌芽时期（1921—1949 年）

1921—1949 年的中国处于新民主主义革命时期，承受着来自帝国主义、封建主义和官僚资本主义“三座大山”的压迫与剥削。从这一时期党领导人民所进行的救亡图存运动看，我们党对共产主义的设想，为共同富裕思想的萌芽奠定了基础。

面对着当时积贫积弱的中国，党的早期领导人李大钊同志在构想我国未来社会主义时表示，社会主义“是要富的，不是要穷的”，并期待能够实现“人人均能享受平均的供给，得最大的幸福”的理想社会。而根据此时中国的国情，农民占据了全国绝大部分人口，如何让广大农民摆脱贫困、解决温饱问题成为当时的迫切任务。① 信仰马克思主义的中国先进分子在对资本主义的批判和对社会主义的分析与研究中催生了共同富裕这一思想的萌芽。1921 年，中国共产党一经成立，就致力于消除社会阶级区分、实现社会公有，并将自己的初心与使命定义为“为中国人民谋幸福、为中华民族谋复兴”。为了这一初心与使命，我们党在新民主主义革命时期团结带领广大农民，先后提出“耕地农有”“地主减租减息，农民交租交息”等土地政策，其根本目的在于建立农民个体土地所有制，保护农民的根本利益。毛泽东同志根据当时的形势提出了未来社会走集体化道路的设想，实现由穷苦向富裕的转变。为了尽早实现这一设想，以毛泽东同志为代表的中国共产党团结一致带领人民推翻了压在中国人民头上的“三座大山”，实现了人民当家作主，为摆脱贫穷落后、实现共同富裕创造了根本政治条件。

二、共同富裕思想的初步探索时期（1949—1978 年）

1949—1978 年我国对共同富裕思想进行了初步探索，在这一时期我国确立了社会主义基本制度，推进社会主义建设，为共同富裕的实现铺平了道路。

中华人民共和国成立之初，国家制定了“公私兼顾、劳资两利、城乡互助、内外交流”的新民主主义政策，国营经济、合作社经济、农民和手工业者经济等各个经济成分实现了分工合作，促进了整个社会经济的发展。1953 年，毛泽东同志首次提出了共同富裕这一概念，在这一年，土地改革基本完成，恢复国民经济的任务顺利实现，并开始实行“一化三改”的过渡时期总路线。毛泽东同志强调，要实现共同富裕，除了社会主义再无别的出路，同时他在《关于农业合作化问题》一文中表明，为了摆脱贫困，改善生活，为了抵御灾荒，全国大多数农民只有联合起来，向社会主义大道前进，才能达到目的。1956 年，三大改造的基本完成，标志着我国完成了把生产资料私有制转变为社会主义公有制的任务，极大地促进了国民经济的发展，标志着社会主义公有制在国民经济中占据主导地位。但由于我们党当时经验不足，强调均等富裕和近乎完全的社会主义公有制，并未有效激发农民的积极性。在这一时期，我们党对如何实现共同富裕进行了初步探索，同时深刻认识到了社会主义建设对实现共同富裕的重要性，推动了社会主义建设，为实

① 韩振峰．中国共产党探索共同富裕的历程及经验启示［J］．党课参考，2022（7）：98-104.

现全体人民共同富裕奠定了坚实的制度基础。

三、共同富裕思想的日渐成熟时期（1978—2012 年）

1978—2012 年，共同富裕思想实现了质的升华，党的主要任务是继续探索我国进行社会主义建设的正确道路，促进国民经济的尽快发展，使全体人民脱离贫困，为实现共同富裕提供更为完善的体制和物质条件。

在 1978 年实行改革开放后，以邓小平同志为主要代表的中国共产党人对如何实现共同富裕进行了理论和实践两方面的探索。1985 年，邓小平同志在全国科技工作会议上提出，共同富裕是社会主义的本质内容，实行改革必须坚持两条根本原则——社会主义公有制经济为主体和共同富裕。1992 年邓小平同志指出，走社会主义道路，就是要逐步实现共同富裕，而且可以让一部分地区、一部分人先富起来，先富带动后富，进而实现共同富裕。而后，我们党继续围绕着共同富裕这一问题进行了探索，促进了共同富裕时代内涵的丰富和发展。1989 年，党的十三届四中全会提出效率与公平兼顾的原则，为实现共同富裕提供了制度保障，同时强调必须以共同富裕为目标，扩大中等收入者的占比，提高低收入者的收入水平。2002 年，党的十六大进一步提出要注重初次分配与再分配之间的关系，将着重点放在保障和改善民生上，促进社会公平正义，强调必须把提高效率同促进社会公平结合起来，把维护社会公平放到更加突出的位置，让全体人民都能够共享改革和发展的果实，促使全体人民以稳健的步伐向着共同富裕方向前进。在这一阶段，我们党带领人民深刻总结我国社会主义建设正反两方面经验，明确表示要走自己的路，通过实行改革开放发展生产力，为实现共同富裕提供更为完善的物质条件和经济环境。

四、共同富裕思想的初步实现时期（2012 年至今）

2012 年至今，共同富裕思想得到了初步实现。党的十八大以来，国家对共同富裕的实现有了更为深刻且全面的认识，实现共同富裕不仅是经济问题，而且是关系我们党执政基础的重大问题。2020 年，我国打赢了脱贫攻坚战，实现了全面建成小康社会的历史目标，不仅代表着人民生活状况实现改善，而且意味着共同富裕的思想得到了初步践行并取得了良好的效果。

习近平总书记指出，社会主义的本质就在于实现全体人民的共同富裕，让改革发展成果更多更公平地惠及全体人民，让他们过上美好而幸福的生活。2012年，我国进入全面建成小康社会时期，将打赢脱贫攻坚战作为核心工作要点，脱贫攻坚战略作为实现全面建成小康社会过程中的一项重要举措，表面看来是解决农村贫困人口脱贫的问题，但其实质上是中国特色社会主义制度下为实现共同富裕而采取行动的重要起点和伟大尝试。2014年，习近平总书记针对扶贫工作指出，社会主义的本质要求是消除贫困、改善民生，逐步实现全体人民共同富裕。2015年，习近平总书记又提出人民群众要共享改革发展成果，“共享”作为习近平总书记发展观的核心理念，与实现共同富裕高度契合。2017年，习近平总书记在党的十九大报告中指出，要坚持精准扶贫。这意味着国家将针对不同贫困区域环境、不同贫困农户状况，进行精确识别、精确帮扶、精确管理，减小地区之间收入分配不平衡，助推实现共同富裕。2021年，习近平总书记在脱贫攻坚总结表彰大会上提出，我国脱贫攻坚战取得了全面胜利，现行标准下9899万农村贫困人口全部脱贫，832个贫困县全部摘帽，12.8万个贫困村全部出列①，这标志着我国不仅完成了消除绝对贫困的艰巨任务，减小了地区收入差距，还促进了我国发展成果更多更公平地普及全体人民，显著改善了人民的生活水平，激励着全体人民朝着共同富裕的方向不断迈进。党的十九大报告指出，当前我国经济发展取得了很大成绩，但仍存在着地区发展不平衡的问题。要实现共同富裕，必须坚持贯彻新发展理念，坚持高质量发展成果由全体人民共享。② 可以说，分配问题关系着人民福祉和国家发展的稳定性，解决好分配问题对于实现共同富裕而言十分重要。党的十九届五中全会指出，要改善收入和财富的分配格局，注重第三次分配的作用，发展慈善事业。

经过一百余年的发展完善，共同富裕思想所覆盖的领域越来越广，内涵也在不断丰富，而且每一阶段都有结合当时实际情况所制定的目标和关注的侧重点，并且愈加严格和细致。共同富裕思想自萌芽到初步实现，每一阶段都坚持马克思主义思想，结合我国在每一时期的实际国情和社会发展规律，实事求是，不断创新，丰富和完善了共同富裕的思想内涵。

① 习近平．在全国脱贫攻坚总结表彰大会上的讲话［N］．人民日报，2021-02-26（2）．

② 陈甬军，余雯雯．发展共享经济是实现共同富裕的重要路径［J］．理论导报，2021（11）：53-55．

第二节　共同富裕的基本内容

邓小平同志在建设中国特色社会主义理论体系时，将共同富裕作为其中一项重要内容，其本质在于消除社会的两极分化，彻底消灭剥削与压迫，实现全人类的解放和人的自由而全面的发展。人们对于共同富裕的理解经历了一个发展的过程：在改革开放之前，人们将共同富裕简单理解为同步富裕、同等富裕、平均富裕等较为浅层的意思；后来，随着人们对共同富裕研究的逐步深入，对这一概念的领会更加趋于理性，将其定义为普遍富裕基础上的差别富裕，是共同和富裕两者的有机统一。简单而言，共同富裕包括四方面内容：共建共享、逐步共富、全民共富与全面富裕①，具体如下：

第一，共同富裕是全体人民实现共建共享。全体人民通过辛勤劳动和互相帮助，共同建设美好家园，共同分享美好生活。共同富裕的基础是不断发展的生产力、不断增强的综合国力。在这一层面上，共同富裕不仅仅要完成做大“经济蛋糕”的任务，也要解决分好“经济蛋糕”的问题。② 生产决定分配、生产资料所有制关系决定收入分配关系，我们国家之所以选择发展社会主义制度，正是因为社会主义制度下的生产资料所有制为公有制，这更符合我国工人阶级为我国主要阶级的国情。要让国家朝着共同富裕的方向发展，社会主义基本经济制度与社会主义的分配制度我们都要充分落实。

第二，共同富裕是全体人民实现逐步共富。共同富裕的实现是一项艰巨的任务，需要经历一个漫长的过程，不仅要遵循规律、积极行动，也要脚踏实地、切合实际。共同富裕有两个关键词——富裕和共享，只有在富裕的基础上实现共享才是共同富裕。因此，共同富裕的实现要逐步推进，一方面要继续保持高质量发展，促进国民经济稳步提升，提高人民的收入水平，另一方面则要通过收入分配制度改革，实现更大程度的共享。从中华人民共和国

---

① 刘培林，钱滔，黄先海，等．共同富裕的内涵、实现路径与测度方法［J］．管理世界，2021，37（8）：117-129.

② 苏畅．马克思主义共同富裕思想与我国的实践路径研究［D］．北京：中共中央党校，2018.

成立之初选择走社会主义道路到改革开放提出让一部分人先富起来，先富带动后富，最终实现共同富裕，再到当下在高质量发展中促进共同富裕，解决发展不平衡、不充分的问题，让人们共享发展成果，我们党对于共同富裕的实现根据我国的实际不断调整着战略。遵循经济和社会发展的基本规律，在现实基础上分步推进，最终实现共同富裕的目标。

第三，共同富裕是全体人民实现全民共富。全体人民共享发展成果，过上幸福美好的生活。全民共富并非意味着实现全体人民的均等富裕，而是都能达到富裕生活水平，只是其富裕程度存在一定的合理差异。但在富裕社会中，只要存在分工差异、能力差别、生产资料的占有差异等问题，分配差异就必然会存在，人们相互之间的富裕程度便会存在差别，而共同富裕的内在要求包括消除两极分化、缩小地区间差距等，从而控制贫富差距于一定的合理区间。国家竭力推进共同富裕，目的在于将发展成果更多、更公平地惠及大多数人，从而减小由于发展基础不同而带来的社会福利差距。

第四，共同富裕是国家实现全面富裕。换句话说，通过实现物质富裕与精神富裕的统一，实现人的全面发展和社会的文明进步。当前，国家已经不再将经济发展的重心仅仅放在发展结果和速度上，而是更多地关注如何实现高质量发展，国家一直强调要在高质量发展中促进共同富裕，其中，衡量发展质量优劣的标准则是经济发展是否能够满足人民日益增长的美好生活需要。① 根据马克思的观点，全体人民能够实现思想道德修养的升华、精神与物质上的富足，此时，社会便达到了共同富裕。在这一层面上，促进共同富裕与实现人的全面发展是高度统一的，② 在新发展阶段更加注重对个人综合素质的全方位发展，从而实现人的物质与精神两方面的富足。

第三节　共同富裕指标体系构建

一、构建原则

客观性原则。因为不同地区之间的经济、社会、科技、文化等发展水平

① 陈雪娟，胡怀国．共同富裕、人的全面发展与协调配套的基本分配制度体系——基于马克思需要理论的考察［J］．改革与战略，2022，38（2）：1-10.

② 张建华，孙熠譞．从全面小康到共同富裕［J］．学习与实践，2022（2）：14-23+2.

存在较大差异，在进行指标体系构建时，所选择的指标要尽可能地反映出其综合性，不仅要体现出发展水平，又要客观公正地对其进行评价。

科学性原则。指标体系构建应具备科学性原则。指标的选用要立足地区的实际情况，以科学的技术方法和严谨的逻辑思维作为重要指导，用严谨的态度、科学的角度、理论知识与社会实践相结合的方法来工作，力求对不同地区能有一个科学、真实的评价。

全面性原则。构建系统的指标评价体系是一项复杂、烦琐的工程，不同区域之间的共同富裕和数字经济都是复杂系统因素相互作用而成的。因此，在构建指标体系时，要从整体角度出发，从整体到局部，从静态到动态，并要充分考虑其全面性和系统性，以获得整体、全面可靠的评价效果。

可比较性原则。由于不同地区间的社会、人文、科技、文化、经济等呈现较大的差异，指标体系构建要符合可比较性原则。所选指标要既能反映各地区共同富裕和数字经济的发展水平，又能针对不同区域的实际情况呈现相对差异性，可以将各区域之间的不同情况进行比较，有利于获得较为全面的结果。

二、指标体系

共同富裕包括“共同”和“富裕”两个方面，“共同”强调共享性，即发展成果的广覆盖性，发展成果并非由少数人享有，而是由全体社会人民共同享有，促进区域、城乡、群体间的协调发展。“富裕”包含物质生活富裕和精神文化富足。社会主义的目的就是要消灭贫穷，通过发展来提高社会生产力。富裕的实现是一个动态过程，是从低级到高级，从先富到后富再到共富的动态过程，体现出发展性特征。可见，发展性和共享性是共同富裕最主要的特征。同时，共同富裕的实现需要兼顾公平与效率的关系，在高质量发展中实现全体居民的富裕，不仅要“做大蛋糕”，同时还要“分好蛋糕”。本部分内容借鉴刘培林等（2021）①、邓石军和陈晓霞（2022）② 的做法，从发展性和共享性两个维度构建共同富裕指标体系，如表 5-1 所示，同时采用熵值法进行共同富裕指数测算。

---

① 刘培林，钱滔，黄先海，等．共同富裕的内涵、实现路径与测度方法［J］．管理世界，2021，37（8）：117-129.

② 邓石军，陈晓霞．数字经济促进了共同富裕吗［J］．统计理论与实践，2022（3）：19-25.

表 5-1　共同富裕指标体系

一级指标	二级指标	三级指标	单位	指标属性
发展性	发展潜力	全社会劳动生产率	元/人·年	正
		人均可支配收入	元	正
		人均消费支出	元	正
		失业率	%	负
	发展动力	科学技术支出占财政支出比重	%	正
		人均用电量	千瓦时	正
		贷款余额占 GDP 比重	%	正
	发展环境	建成区绿化覆盖率	%	正
		工业二氧化硫排放量	吨	负
		工业废水排放量	吨	负
		固体废弃物综合利用率	%	正
共享性	城乡差距	城乡居民收入比	%	负
		城乡居民消费比	%	负
	文化教育	人均图书馆藏书量	册	正
		教育支出占财政支出比重	%	正
	医疗健康	每万人医疗机构床位数	张	正
		每万人拥有执业医师数	人	正
	基础设施	每万人拥有公共汽电车数	辆	正
		人均铺装道路面积	平方米	正
	社会保障	养老保险参保人数	人	正
		基本医疗保险参保人数	人	正

三、评价方法

从已有研究来看，对综合指标进行衡量的方法主要有主观评价法和客观评价法。一般而言，常用的主观评价法有专家打分法、德尔菲法，常用的客观评价法有熵值法、因子分析法、层次分析法等。考虑到各种评价方法的利弊，结合本部分的研究内容，本章采用熵值法测算共同富裕。

熵值法是指用来判断某个指标离散程度的数学方法，其根据各项指标观测值所提供的信息熵大小来确定指标权重，某一项指标的信息熵越小，指标的权重值就越大；反之，某一项指标的信息熵越大，则该项指标的权重值就越小。熵值法可以有效避免主观赋权的随意性，且对数据的精确性和完整性有着较高的要求，故本部分内容所采用数据的精确性、科学性和完整性需符合熵值法对数据的全面要求。

假设有 α 个年份，n 个区域，m 项指标，则 $X_{\beta ij}$ 代表 β 年份区域 i 的第 j 项指标值，熵值法计算的具体步骤如下：

（一）数据的标准化处理

为消除不同指标的量纲影响，对数据进行标准化处理：

（1）正向指标标准化。

$$X'_{\beta ij}=\frac{X_{\beta ij}}{X_{\max}}\quad(i=1,\ 2,\ \cdots,\ m;\ \beta=1,\ 2,\ \cdots,\ \alpha) \tag{5-1}$$

（2）逆向指标标准化。

$$X'_{\beta ij}=\frac{X_{\min}}{X_{\beta ij}}\quad(i=1,\ 2,\ \cdots,\ n;\ j=1,\ 2,\ \cdots,\ m;\ \beta=1,\ 2,\ 3,\ \cdots,\ \alpha) \tag{5-2}$$

（3）正向指标非负数化及标准化处理。

$$X'_{\beta ij}=\frac{X_{\beta ij}-X_{\min}}{X_{\max}-X_{\min}}+d\quad(i=1,\ 2,\ \cdots,\ n;\ j=1,\ 2,\ \cdots,\ m;\ \beta=1,\ 2,\ 3,\ \cdots,\ \alpha;\ d=1) \tag{5-3}$$

（4）逆向指标非负数化及标准化处理。

$$X'_{\beta ij}=\frac{X_{\max}-X_{\beta ij}}{X_{\max}-X_{\min}}+d\quad(i=1,\ 2,\ \cdots,\ n;\ j=1,\ 2,\ \cdots,\ m;\ \beta=1,\ 2,\ 3,\ \cdots,\ \alpha;\ d=1) \tag{5-4}$$

如果原始指标值中无负数或零值，为消除指标之间的量纲影响，可用正向指标标准化公式（5-1）和逆向指标标准化公式（5-2）处理；如果在原始数据中出现零值或者负数，为消除量纲影响，同时又能够保证对数运算有实际意义，则可以使用正向指标非负数化及标准化处理公式（5-3）和逆向指标非负数化及标准化处理公式（5-4），来对数据进行标准化和非负数化运算。标准化处理后，若遇到零值，通常用一个微大于零的常数代替，这样可以使后面的对数运算有实际意义。

（二）求比重

求 β 年份区域 i 的第 j 项指标的比重，运算公式如下：

$$P_{\beta ij}=\frac{X'_{\beta ij}}{\sum_{i=1}^{n}X'_{\beta ij}}(j=1,\ 2,\ \cdots,\ m) \tag{5-5}$$

（三）求第 j 项指标的熵值

求 β 年份区域 i 的第 j 项指标的熵值，运算公式如下：

$$e\beta_{ij}=-k\sum_{i=1}^{n}P_{\beta ij}\ln(P_{\beta ij})k=1/\ln y,\ y=an,\ 0\leqslant e_j\leqslant 1 \tag{5-6}$$

（四）求第 j 项指标的差异系数

运算公式如下：

$$g_{\beta ij}=1-e_{\beta ij} \tag{5-7}$$

（五）求第 j 项指标的权重

运算公式如下：

$$W_{\beta ij}=\frac{g_{\beta ij}}{\sum_{j=1}^{m}g_{\beta ij}}(j=1,\ 2,\ \cdots,\ m) \tag{5-8}$$

（六）计算各评价对象的综合分数

通过各项指标的熵权（权重）对所有的值进行加权，得到综合评价值，运算公式如下：

$$S_i=\sum_{j=1}^{m}W_j\cdot P_{\beta ij}(i=1,\ 2,\ \cdots,\ n) \tag{5-9}$$

从公式（5-6）至公式（5-9）中可以得知，熵值越小，权重值就越大，在综合评价中的作用就越高，反之熵值越大，在综合评价中的作用就越低。

第四节　共同富裕的区域差异及动态演进

一、共同富裕水平的时空格局

根据熵值协调函数拟合结果，多维判断 2011—2019 年各样本地区共同富裕综合水平时空演变特征，并将我国 289 个城市依据共同富裕综合水平划分为低水平区域、中低水平区域、中高水平区域以及高水平区域 4 个区域等级，如表 5-2 所示。2011 年，我国城市整体共同富裕水平较低且差距较小，共同富裕综合指数介于 0. 0290 和 0. 2676 之间，等级差异尚不明显，四个等级的数量占比分别为 61. 2%、20. 4%、14. 2%和 3. 8%。等级分布主要集中在低水平区域，而中高水平区域及高水平区域主要集中在省会城市如江西省的南昌、浙江省的杭州以及辽宁省的沈阳等地。

表 5-2 2011 年、2015 年、2019 年共同富裕发展状况

年份	低水平	中低水平	中高水平	高水平
2011	泰安、金昌、阳泉、邯郸、聊城、清远、淮安、柳州、鸡西、桂林、酒泉、德阳、秦皇岛、信阳等（177 个）	镇江、金华、哈尔滨、石家庄、合肥、呼和浩特、临沂、宜春、台州、兰州、三亚、南通、福州等（60 个）	宁波、佛山、成都、南京、克拉玛依、沈阳、无锡、大连、重庆、西安、淄博、潍坊、乌鲁木齐等（41 个）	北京、深圳、上海、广州、武汉、杭州、青岛、厦门、天津、东莞、苏州（11 个）
2015	齐齐哈尔、漯河、郴州、淮北、遂宁、鸡西、晋中、鹰潭、阜新、茂名、九江、南充、松原等（119 个）	秦皇岛、攀枝花、株洲、南宁、营口、新余、汕头、本溪、抚顺、徐州、济宁、三明、盘锦等（93 个）	青岛、沈阳、乌海、大连、济南、长沙、乌鲁木齐、眉山、西安、绍兴、嘉兴、常州、郑州等（58 个）	深圳、北京、上海、东莞、广州、杭州、苏州、天津、珠海、佛山、南京等（19 个）
2019	武威、揭阳、丽江、白城、铁岭、运城、巴中、佳木斯、朝阳、信阳、伊春、思茅、平凉、汉中等（30 个）	新乡、襄阳、滁州、郴州、莆田、保定、宜宾、吉安、德州、桂林、抚州、梅州、南平、北海等（119 个）	台州、三亚、太原、包头、福州、贵阳、银川、烟台、镇江、威海、南通、莱芜、东营等（102 个）	深圳、北京、上海、广州、东莞、苏州、杭州、嘉峪关、成都、天津、宁波、克拉玛依、南京等（38 个）

资料来源：笔者根据统计年鉴数据计算并利用 Excel 软件绘制。

2015 年，共同富裕整体发展水平提高，但发展速度较低，发展格局趋于稳定，未发生阶跃变化，共同富裕综合指数介于 0. 0291 和 0. 4182 之间，四个等级的数量占比分别为 41. 2%、32. 2%、20. 1%和 6. 6%，仍然以低水平区域为主。整体上城市之间分布不均且区域差异较大，浙江省的温州、嘉兴、湖州等地以及江苏省的南通、扬州和镇江等沿海地区共同富裕综合指数显著提升，而山西省的大同、阳泉、长治以及河南省的平顶山、安阳和鹤壁等中西部地区由于遵循先富带动后富的政策方针，而政策偏向于沿海地区，因此该地整体共同富裕指数仍然较低，以低水平区域为主。共同富裕水平的空间分布格局主要表现为沿海地区优于内陆地区，高值区在空间上则集中在沿海地带，呈狭长分布特征。

2019年，共同富裕综合指数介于0.0448和0.4260之间，整体上共同富裕发展水平进一步提高且水平跨度较大，中高水平区域及高水平区域城市占比高达56%，高值区的范围进一步扩大，城市数量增多，中西部地区共同富裕水平呈现加速赶超态势，共同富裕水平进入新的发展阶段，以中高水平区域为主，高值区的分布依然是沿海地区领先于内陆地区。各地区的发展进程不一，省际分布差距较大，浙江、山东、江苏等地城市与同期其他省份相比优势日益凸显，尤其是浙江省，整体发展水平最高，这也为2021年浙江省的28个城市成为我国首批共同富裕试点城市奠定了现实基础。而受沿海地区的辐射带动影响，高值区逐渐向内陆地区延伸。在高质量发展的过程中逐步协调处理好效率与公平的关系，沿海地区各城市积极响应先富带动后富的号召，提供资金技术支持帮助中西部地区，区域内部共同富裕水平较往年相比，差距在缩小。

整体来看，虽然东中西部地区共同富裕水平的发展基础不同，发展速度有差异，但东部地区优于中西部地区的整体格局未发生根本改变，共同富裕平均发展综合指数从2011年的0.064提高至2019年的0.095，提高了48.44%。整体发展速度稳中有进，这样的成果离不开我国为推动共同富裕而实行的一系列政策“组合拳”，例如改革我国的收入分配制度，在再次分配、第三次分配的过程中加大对弱势低收入和没有劳动能力的群体的分配倾斜力度；实施城乡一体化战略及跨区域合作战略，缩小城乡及区域差距；扶持中小企业发展，在发展经济的同时提供更多的就业机会，为共同富裕创造良好的条件。

二、共同富裕水平的动态演进

（一）核密度估计

为进一步了解共同富裕水平差异的动态演化分布，可借助核密度估计方法对中国不同区域共同富裕水平的分布态势、位置、极化趋势等进行全面深入的分析。本部分内容以2011年、2015年、2019年为测算时间点，运用Kernel核密度估计出共同富裕水平的核密度曲线，考察全国以及各地区共同富裕水平的动态演进，具体如图5-1所示。根据图5-1可以得到以下几点特征：

第一，在样本期间内，全国、东部地区、中部地区、西部地区和东北地区的共同富裕水平曲线分布中心逐渐向右转移，表明其共同富裕水平处于不断上升态势。

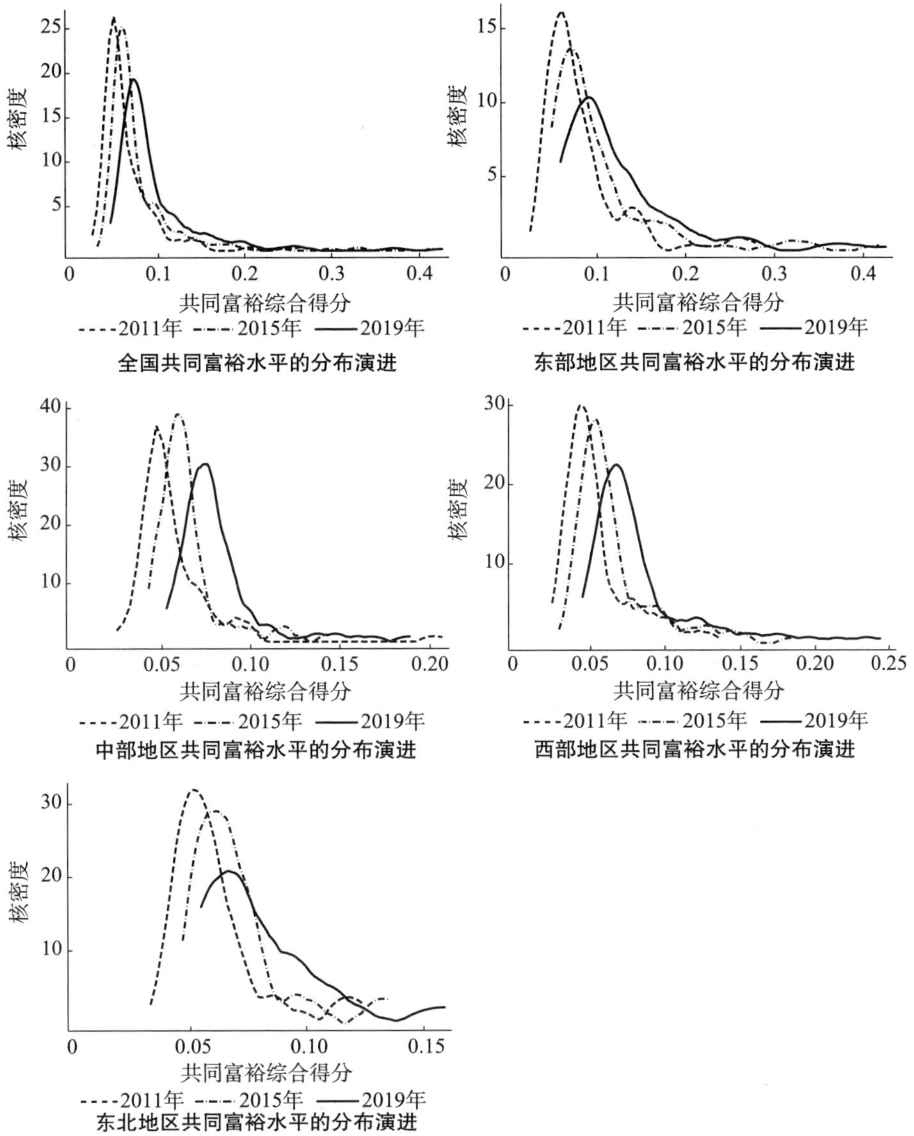

图 5-1　全国及各区域共同富裕水平的核密度曲线

资料来源：笔者根据统计年鉴数据并利用 Stata 软件绘制。

第二，在样本期间内，全国、东部地区、西部地区、东北地区的共同富裕水平分布曲线的主峰峰值在不断下降，主峰宽度在不断增大，说明其共同富裕水平的绝对差异在不断增加。中部地区共同富裕水平的分布曲线主峰宽度先减小，后增加，表明其共同富裕水平的绝对差异是先缩小，后不断扩大。

第三，在样本期间内，全国、东部地区、中部地区、西部地区的共同富裕水平曲线存在向右拖尾的明显特征，且有分布拓宽的延展性趋势，这些地区都存在共同富裕水平较高的城市，如长三角城市群中的上海、杭州、南京，京津冀城市群中的北京、天津，长江中游城市群中的武汉、长沙，成渝城市群中的重庆、成都等，这些地区共同富裕水平不断上升，并与区域内其他城市的差异逐渐拉大。而东北地区的共同富裕水平不存在明显的拖尾现象。

第四，在样本期间内，全国共同富裕水平具有单极化特征，并且主峰峰值不断下降，这意味着全国共同富裕水平随着经济社会的发展并未出现明显的两极分化现象。东部地区和东北地区一直呈现一个主峰和两个侧峰，并且主峰值要高于两个侧峰值，表明东部地区内部共同富裕水平具有一定的梯度差异，虽然随着共同富裕水平的提升，这种梯度差异会减少，多极分化的现象能够减缓，但并未被有效控制，这也是东部地区和东北地区共同富裕水平提升面临的困境。中部地区和西部地区一直呈现一个主峰和一个侧峰，同样是主峰值要高于侧峰值，表明这两个区域的共同富裕水平也具有一定的梯度差异，而且最终也未能得到有效控制。

全国及四大区域共同富裕核密度估计特征如表 5-3 所示。

表 5-3　全国及四大区域共同富裕核密度估计特征

地区	共同富裕水平	共同富裕绝对差异	拖尾现象	极化特征
全国	上升	扩大	向右拖尾	单极化
东部地区	上升	扩大	向右拖尾	弱多极化
中部地区	上升	先缩小，后扩大	向右拖尾	弱多极化
西部地区	上升	扩大	向右拖尾	弱多极化
东北地区	上升	扩大	不存在明显拖尾现象	弱多极化

资料来源：笔者根据统计年鉴数据计算整理。

（二）马尔可夫链分析

本部分内容将所研究地级市的共同富裕得分按照大小排序，并划分为四个水平：前 25%为高水平、前 26%到前 50%为中高水平、前 51%到前 75%为中低水平、后 25%为低水平。从而计算得出 2011—2015 年、2016—2019 年及

2011—2019 年三个时期的城市共同富裕程度状态转移的传统马尔可夫转移概率矩阵与空间马尔可夫转移概率矩阵（见表 5-4 至表 5-6）。

1. 时间演变特征

为了分析样本地级市共同富裕程度在时间上的演变规律，本部分内容利用了传统马尔可夫链分析法，计算结果如表 5-4 所示。根据测算得到的转移概率矩阵可以看出共同富裕程度的变化具有以下四个特征：

第一，研究期间内，对角线上的转移概率都大于其他的转移概率值，并且距离对角线越远的位置转移概率值越小，说明地级市共同富裕程度不容易发生变化，发展的动力较弱，各地级市不容易实现共同富裕程度的等级跃迁，跨等级的变化难于相邻等级间的变化。因为研究样本量足够大，马尔可夫转移概率矩阵内没有 0 值，说明研究期间内，各个共同富裕程度间的变化都有可能发生。

第二，研究期间内，城市共同富裕程度具有较强趋同发展特征。2011—2019 年转移概率矩阵中，高水平共同富裕保持原状的概率是 0. 932，其次为中高水平共同富裕维持原状概率为 0. 726，低水平和中低水平维持原状概率最低，为 0. 689 和 0. 510。说明高水平共同富裕城市发展具有更高的稳定性，而中低水平共同富裕城市具有更大的共同富裕程度变化概率。对角线右上方的概率值显著大于左下角的转移概率值。例如：低水平共同富裕城市向更高程度变化的概率为 0. 311，中低水平共同富裕城市向更高程度变化的概率为 0. 41，中高水平共同富裕城市向上变化的概率为 0. 156，都显著高于高水平、中高水平共同富裕城市向下降级的变化概率。说明研究样本整体呈现积极的正向发展。

第三，三个转移概率矩阵内，维持稳定概率最大的都是高水平共同富裕城市，维持稳定概率最小的都是中低水平共同富裕城市，低水平共同富裕城市维持稳定的概率总是大于中低水平共同富裕城市，说明地级市共同富裕程度在低水平阶段会有一定程度的发展困局，向上发展比较困难，而当地级市共同富裕处于中低水平阶段时，已经具有了很好的发展基础，有较强的发展动力，之后随着共同富裕程度的提升发展趋势变缓。

第四，研究期间内不同时期的共同富裕程度转移概率具有明显差异。2016—2019 年，共同富裕程度为低水平、中低水平、中高水平、高水平的城市维持稳定的概率分别为 0. 625、0. 44、0. 681、0. 933。相比于 2011—2015

年四种水平城市维持稳定的概率（0.726、0.559、0.726、0.925），低水平阶段城市维持稳定的概率更小，中低、中高水平共同富裕城市向上转移的概率更大，说明后一时期内各城市共同富裕的发展动力得到了很大程度的提升，共同富裕程度提升的冲劲更足，2016—2019年处于我国全面建成小康社会的决胜期，这一转移概率的变化与国家政策支持力度的增加息息相关。

表5-4　传统马尔可夫转移概率矩阵

年份	类别	Ⅰ	Ⅱ	Ⅲ	Ⅳ
2011—2019年	Ⅰ	0.689	0.222	0.075	0.014
	Ⅱ	0.080	0.510	0.384	0.026
	Ⅲ	0.030	0.089	0.726	0.156
	Ⅳ	0.009	0.007	0.052	0.932
2011—2015年	Ⅰ	0.726	0.222	0.049	0.003
	Ⅱ	0.045	0.559	0.368	0.028
	Ⅲ	0.017	0.104	0.726	0.153
	Ⅳ	0.004	0.007	0.064	0.925
2016—2019年	Ⅰ	0.625	0.213	0.134	0.028
	Ⅱ	0.139	0.440	0.389	0.032
	Ⅲ	0.056	0.083	0.681	0.181
	Ⅳ	0.019	0.010	0.038	0.933

注：Ⅰ、Ⅱ、Ⅲ、Ⅳ分别代表低水平、中低水平、中高水平、高水平共同富裕城市。

资料来源：笔者根据统计年鉴数据计算整理。

2. 空间转移特征

传统的马尔可夫链分析基于无后效性假设的条件，研究离散时间与空间的随机转移问题，而忽略了空间地理因素对转移概率的影响。空间马尔可夫链分析则可以有效地弥补这一不足，通过利用城市之间的空间距离矩阵，研究不同空间滞后类型下城市共同富裕程度的演变规律。

空间地理因素对城市共同富裕程度发展的影响是否显著可以由卡方检验进行测度。从检验结果可知，在城市共同富裕程度的发展过程中存在有显著的空间效应，即某一城市共同富裕程度的转移会受到周围其他城市共同富裕程度的影响。为了将这种空间影响进一步量化，本部分内容测算得出不同时期的空间马尔可夫转移概率矩阵，结果如表5-5、表5-6所示，分析表中的测算结果可以得出以下结论：

第一，在空间因素影响下，低水平、中低水平共同富裕城市容易受到其邻域城市发展的影响。表 5-5 中，低水平共同富裕城市在其邻域城市也为低水平时向上转移的概率为 0.533，当邻域共同富裕程度提升时，其向上转移的概率反而下降，当邻域城市为高水平共同富裕城市时其向上转移概率为 0.263。中低水平共同富裕城市在其邻域城市为低水平、中低水平、中高水平、高水平时其向上转移的概率分别为 0.525、0.424、0.357、0.38。这说明低水平、中低水平共同富裕城市在发展过程需要与周围城市争夺一些必要的发展资源，在与较大城市的争夺中缺乏优势，且容易受到其虹吸效应影响。

第二，中高水平共同富裕城市，在发展过程中既容易对较低水平共同富裕城市产生虹吸效应，又会受到高水平共同富裕城市的正向影响，从而促进自身的快速发展。中高水平共同富裕城市在其邻域城市为低水平、中低水平、中高水平、高水平时向上转移的概率分别为 0.201、0.141、0.109、0.157，呈现先下降再上升的规律，转移概率最低点为邻域城市发展水平与自己相同时。前半部分转移概率下降的原因是随着邻域城市共同富裕水平的提升，其产生的虹吸效应越来越弱，发展趋势变缓。而当邻域城市为高水平共同富裕城市时，中高水平共同富裕城市又可以借助自身积累的发展优势承接高水平共同富裕城市的产业链转移、为其做配套服务，享受高水平共同富裕邻域城市发展的溢出效应。

第三，高水平共同富裕城市受到邻域城市的影响较为微弱。高水平共同富裕城市在其邻域城市为低水平、中低水平、中高水平、高水平时向下转移的概率分别为 0.068、0.078、0.066、0.054，呈现平缓的下降趋势，说明高水平共同富裕城市发展具有很强的稳定性，并且有明显的高水平共同富裕城市趋同发展特征。对于处在任何共同富裕发展水平的城市而言，高水平共同富裕的邻域城市都要比中高水平的邻域城市带来更高的向上转移概率。这是因为高水平共同富裕城市处在共同富裕发展的成熟期，对周围地市的虹吸效应的负面影响更小，发展带来的正向溢出效应更大。

第四，不同时期，空间地理因素对城市共同富裕发展产生的影响也有所不同。2011—2015 年，低水平共同富裕城市在邻域城市为低水平、中低水平、中高水平、高水平时向上转移的概率分别为 0.588、0.268、0.34、0.17，符合上述规律，且整体上升概率要低于2016—2019年的数值。同样，整体来看，共同富裕中低水平城市、中高水平城市、高水平城市向上转移的概率也是2016—2019年普遍大于2011—2015年。这说明在不同的时期内城市共同富裕发展的空间地理因素影响的方向是相同的，但影响力的大小不同，2016—2019年邻域城市正向影响力度更大。

表5-5 空间马尔可夫链转移概率矩阵

空间滞后	$t/t+1$	Ⅰ	Ⅱ	Ⅲ	Ⅳ
Ⅰ	Ⅰ	0.467	0.300	0.233	0
	Ⅱ	0.058	0.417	0.447	0.078
	Ⅲ	0.006	0.112	0.682	0.201
	Ⅳ	0.004	0.004	0.061	0.932
Ⅱ	Ⅰ	0.678	0.254	0.059	0.008
	Ⅱ	0.063	0.514	0.403	0.021
	Ⅲ	0.015	0.035	0.808	0.141
	Ⅳ	0.017	0.017	0.043	0.922
Ⅲ	Ⅰ	0.676	0.221	0.088	0.015
	Ⅱ	0.123	0.520	0.345	0.012
	Ⅲ	0.082	0.118	0.691	0.109
	Ⅳ	0	0.011	0.055	0.934
Ⅳ	Ⅰ	0.737	0.196	0.049	0.018
	Ⅱ	0.063	0.557	0.367	0.013
	Ⅲ	0.045	0.124	0.674	0.157
	Ⅳ	0.022	0	0.034	0.944

注：Ⅰ、Ⅱ、Ⅲ、Ⅳ分别代表低水平、中低水平、中高水平、高水平共同富裕城市。

资料来源：笔者根据统计年鉴数据计算整理。

表5-6 分时期空间马尔可夫链转移概率矩阵

空间滞后	$t/t+1$	2011—2015年				2016—2019年			
		Ⅰ	Ⅱ	Ⅲ	Ⅳ	Ⅰ	Ⅱ	Ⅲ	Ⅳ
Ⅰ	Ⅰ	0.412	0.412	0.176	0	0.500	0.100	0.400	0
	Ⅱ	0.036	0.482	0.429	0.054	0.097	0.355	0.387	0.161
	Ⅲ	0	0.143	0.667	0.190	0.014	0.110	0.685	0.192
	Ⅳ	0.008	0	0.061	0.931	0	0.010	0.059	0.931

续表

空间滞后	t/t+1	2011—2015年				2016—2019年			
		Ⅰ	Ⅱ	Ⅲ	Ⅳ	Ⅰ	Ⅱ	Ⅲ	Ⅳ
Ⅱ	Ⅰ	0.732	0.232	0.036	0	0.630	0.239	0.109	0.022
	Ⅱ	0.063	0.519	0.405	0.013	0.078	0.490	0.392	0.039
	Ⅲ	0	0.032	0.842	0.126	0.039	0.039	0.711	0.211
	Ⅳ	0	0.017	0.069	0.914	0.047	0.023	0.023	0.907
Ⅲ	Ⅰ	0.660	0.282	0.058	0	0.645	0.158	0.158	0.039
	Ⅱ	0.053	0.573	0.347	0.027	0.216	0.432	0.351	0
	Ⅲ	0.036	0.143	0.714	0.107	0.175	0.100	0.600	0.125
	Ⅳ	0	0.019	0.074	0.907	0	0	0.038	0.962
Ⅳ	Ⅰ	0.830	0.134	0.027	0.009	0.619	0.262	0.095	0.024
	Ⅱ	0.026	0.641	0.308	0.026	0.117	0.450	0.433	0
	Ⅲ	0.057	0.132	0.623	0.189	0.037	0.111	0.704	0.148
	Ⅳ	0	0	0.054	0.946	0.051	0	0	0.949

注：Ⅰ、Ⅱ、Ⅲ、Ⅳ分别代表低水平、中低水平、中高水平、高水平共同富裕城市。

资料来源：笔者根据统计年鉴数据计算整理。

第五节　共同富裕取得的成就

习近平总书记曾说："治国之道，富民为始。"党的十八大以来，党中央把逐步实现全体人民共同富裕摆在更重要的位置，以更为有力的措施来保障和改善民生。当前，我们已经完成了两大历史任务：脱贫攻坚战和全面建成小康社会，为共同富裕的实现创造了良好条件。为了深入了解我国共同富裕发展情况，本部分内容将结合相关数据进行分析。

一、国民收入实现新突破，产业结构不断调整

自1978年实行改革开放以来，国民经济稳步推进。一是国内经济整体向好，即使受到新冠肺炎疫情冲击，2020年我国也实现了国民生产总值101.60万亿元，首次突破100万亿元大关，呈现2.3%的正向增长趋势；分季度来看，除了第一季度GDP受疫情影响较大，出现6.8%的负增长外，第二、第三、第四季度分别实现3.2%、4.9%和6.5%的正向增长，这归功于我国在疫

情出现之后采取了严格的管控措施，有效控制住了疫情对人民群众生命安全的危害，为疫情防控常态化时期经济复苏奠定了坚实基础。二是我国的国际影响力不断提升为国民经济的发展提供了良好的发展环境，2020 年，我国对外贸易进出口总额 322215.2 亿元，同比增长 2.1%，作为世界第二大经济体，我国对世界经济发展的贡献也在不断提升，自国际金融危机后，我国经济的国际影响力正在持续扩大，已经成为促进全球经济增长的第一引擎。

我国国民收入不断实现新的突破，其原因也囊括了我国产业结构的不断调整，如图 5-2 所示。自改革开放以来，为适应我国经济发展需要，我国产业结构不断调整，产业结构呈现第三产业总产值占 GDP 的比重不断增加、第一产业总产值比重减小的趋势，第二产业和第三产业已经成为我国国民经济的主导产业。当下，我国正处在由制造业大国向制造业强国的历史性转变时期，经济实力不断提升，在 500 种主要工业产品中，我国有超过四成的产品产量居世界第一，自 2010 年以来，我国连续 11 年成为世界上最大的制造业国家。近年来，我国助力推进创新能力的提升，一方面，促进传统产业的数字化转型升级，形成绿色制造体系；另一方面，战略性新兴产业发展迅速，不断取得新的突破。而且随着第三产业的迅速发展，经济总值比重由 1978 年

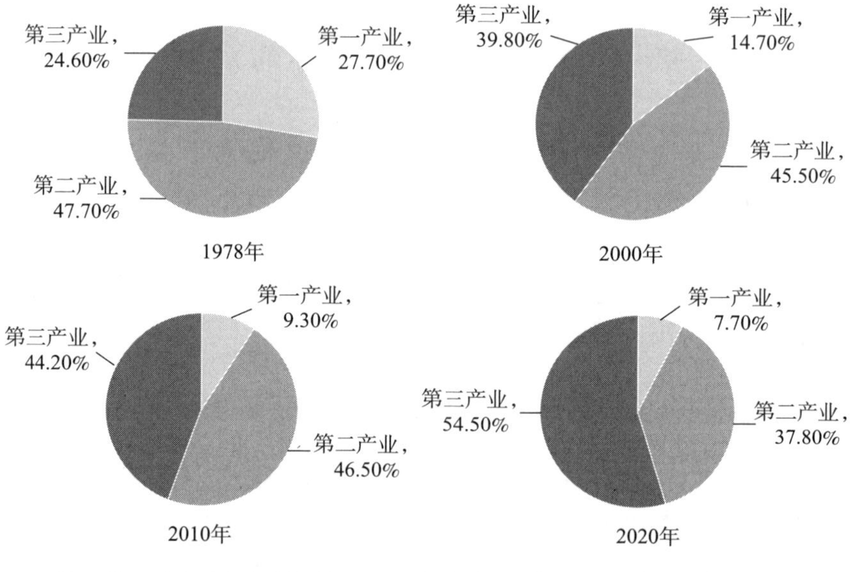

图 5-2　1978 年、2000 年、2010 年和 2020 年中国产业结构分布状况

资料来源：笔者根据统计年鉴数据并利用 Excel 软件绘制。

的 24. 6%提高到 2020 年的 54. 5%，对于提升我国的经济发展质量、改善生态环境有极大好处。

二、居民生活水平不断提升，基础产业发展迅速

我国人民群众的生活水平在不断提升，如图 5-3 所示，我国恩格尔系数呈现递减的趋势，居民的生活质量在不断改善。党的十八大以来，党中央立足于我国经济发展的实际情况，通过采取各种惠民措施，来提高居民的收入水平。党的十九大报告指出，将提高人民收入水平作为逐步实现全体人民共同富裕时代目标的一个重要组成部分。以 2014—2020 年的数据为例，如图 5-4 所示，我国居民收入水平总体呈现稳步增长的态势，2020 年，我国人民人均可支配收入达到 32188. 8 元，较 2019 年增长了 4. 7%。我国作为世界第一人口大国，国计民生始终是国家的发展重点，完善社会保障制度有助于协调公平与效率的关系，促进社会和谐，对共同富裕具有保障作用。随着国民收入的不断增长，财政收入持续稳定增加，社会保障支出也逐步增长，2020 年，国家的社会保障支出为 32568. 51 亿元，占公共预算总支出的 13. 27%，其支出比重较 2019 年增长了 1. 4%，为居民的生活提供了更多的保障。同时，各项社会事业也在稳步推进，本部分内容将以教育和卫生事业为例进行简述。

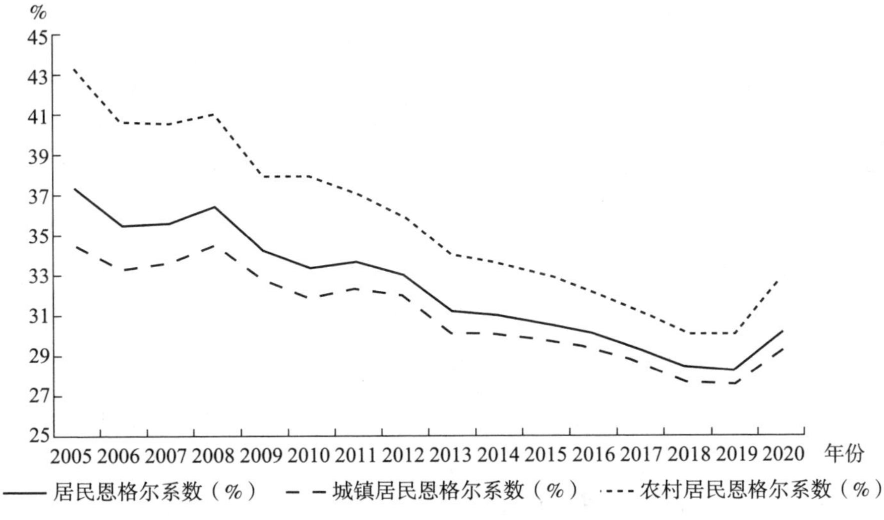

图 5-3　2000—2020 年恩格尔系数变化状况

资料来源：笔者根据统计年鉴数据并利用 Excel 软件绘制。

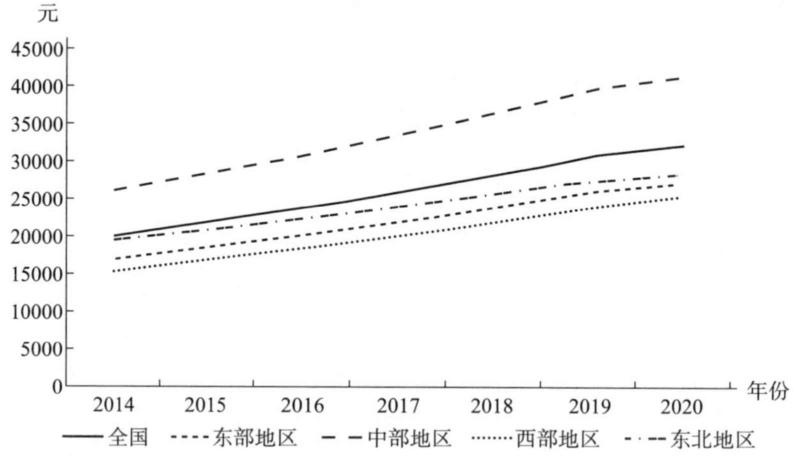

图 5-4　2014—2020 年国家及各地区人均可支配收入状况

资料来源：笔者根据统计年鉴数据并利用 Excel 软件绘制。

百年大计，教育为本，一个国家的发展潜力取决于教育水平的高低。如图 5-5 所示，1978—2020 年，我国中等职业学校和普通本专科学校毕业生人数每年整体呈现增加的趋势，其中，普通本专科和普通高中毕业生人数均在不断增长。2020 年，我国普通本专科毕业生高达 797.2 万人，较 1978 年增长了 780.7 万人；普通高中毕业生达到 786.5 万人，较 1978 年增长了 103.8 万人；中等职业教育毕业生由 1978 年的 40.3 万人增长到了 2020 年的 484.9 万人。同时，国家统计局统计的我国各级各类学校情况显示，2020 年，我国普通高等学校达到 2738 所，较 1978 年增长了 3 倍之多，其中，具有研究生培养资格的学校有 827 所，普通高中 14235 所，中等职业教育学校 9896 所。无论是每年毕业生人数的增长还是学校数量的增加，都是我国对教育事业重视的成果，而且我国对于义务教育十分重视，为适龄儿童提供了更为公平的受教育权，促进了我国教育事业的发展，切实保障了人民群众的合法权益。

健康是民族昌盛和国家富强的重要标志，也是广大人民群众的共同追求。近年来，面临新冠疫情、甲型 H1N1 流感等公共卫生问题，我国临危不惧、积极应对，取得了重大成效。党的十八大以来，国家围绕着以人民健康为中心，围绕解决看病难、看病贵两个重点难点问题，推动医疗卫生体制改革，并取得显著成效。如图 5-6 所示，我国医疗卫生机构数量和医疗卫生人员数

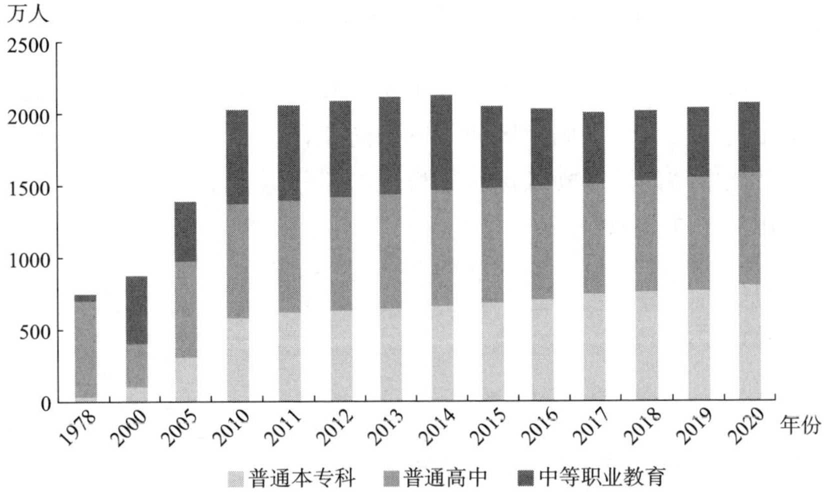

图 5-5　1978—2020 年我国各级各类学校毕业生情况

资料来源：笔者根据统计年鉴数据并利用 Excel 软件绘制。

量呈现增长的趋势，从 2000 年到 2020 年，我国医疗卫生人员增长了 85995 人。同时，截至 2020 年，我国医疗卫生机构已经达到 1022922 个，其中，社区卫生服务站点达到 35365 个，乡镇卫生院达到 35762 个。这在一定程度上彰显了我国医疗水平的提高，为人民群众的生命安全带来了更大的保障。

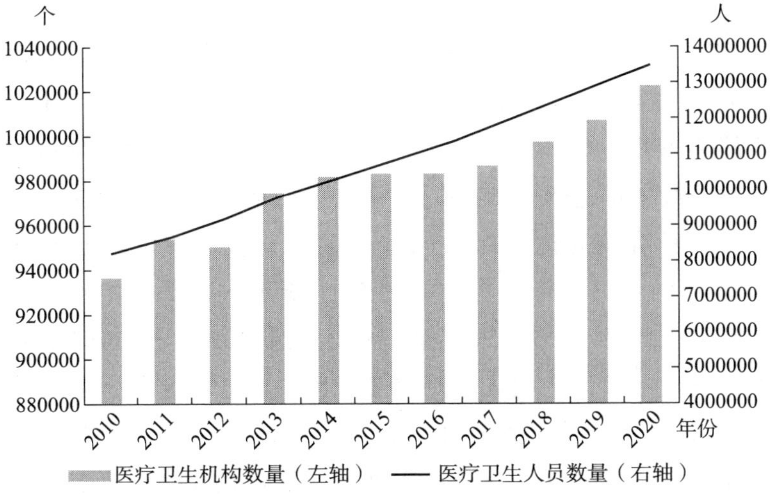

图 5-6　2010—2020 年医疗卫生发展情况

资料来源：笔者根据统计年鉴数据并利用 Excel 软件绘制。

三、各地区共同富裕发展成果各不相同

由前文可知，当前我国已经初步实现了共同富裕，各地纷纷采取措施促进共同富裕的实现，但不同地区间的发展尚存在一些差距。为了更准确地对不同地区共同富裕的发展现状进行分析，本部分内容将我国各地区共同富裕发展情况用图 5-7 表示。

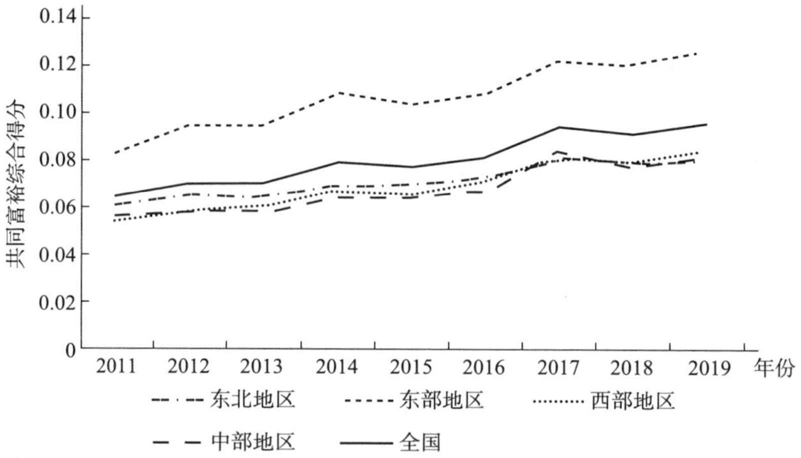

图 5-7　2011—2019 年各地区及全国共同富裕发展情况

资料来源：笔者根据统计年鉴数据并利用 Excel 软件绘制。

由图 5-7 可知，各地区共同富裕发展水平不断提升，但存在明显差异。东部地区作为改革创新试验田和领头羊，其共同富裕建设水平要优于中部、西部和东北三个地区，且高于全国平均水平，而东北地区作为我国现代工业发展最早的地区，其共同富裕水平低于全国平均水平。从居民收入层面来看，经济发展优劣对共同富裕存在着很大影响。本部分内容对 2014—2020 年的数据进行分析，如图 5-4 所示，东部、中部、西部和东北四个地区的人均可支配收入都呈现递增的趋势，但地区间绝对差距较大，其中，仅东部地区的收入水平优于全国平均收入水平，收入水平相对较低的为西部地区。《中国统计年鉴》显示，2020 年，西部地区居民的人均可支配收入为 25416 元，远低于东部地区居民的 41240 元；从经济发展层面来看，如图 5-8 所示，经济最为发达的东部地区的地区生产总值为 525733. 03 亿元，已经超过了全国经济总量的 50%，而东北地区的地区生

产总值为 51124.82 亿元，二者相差了 10 倍，体现出地区间发展横向差距较大的现象。

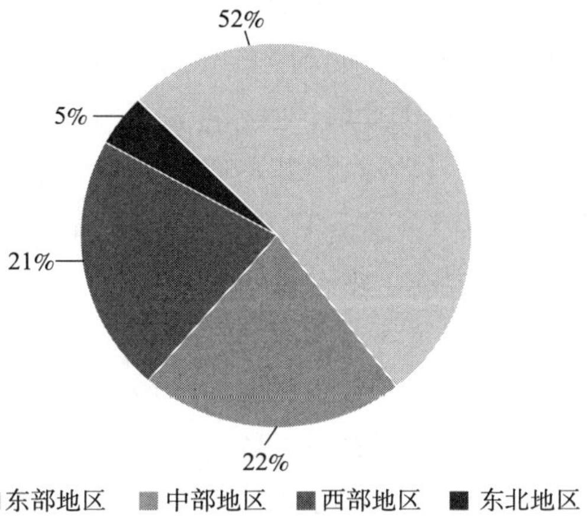

图 5-8　2020 年各地区经济总量情况

资料来源：笔者根据统计年鉴数据并利用 Excel 软件绘制。

第六节　共同富裕发展的困境

共同富裕是我国发展进步的伟大愿景，促进共同富裕的实现是当下需要完成的任务。作为人类文明发展中的一大难题，我国在推进共同富裕的过程中取得了一个个伟大成就，同时也面临着问题与挑战，具体如下：

一、共享发展成果任务仍然艰巨

共享发展是我国助力推进实现共同富裕的先导和根本途径，要实现共享发展，不仅要保证收入分配的合理、公正，还要以良好的制度使全民共享发展成果。①

习近平总书记多次强调，我们要在高质量发展中促进共同富裕，要始终坚持以人民为中心的发展思想。图 5-9 为 2011—2019 年中国共同富裕发展情况。从发展性维度看，共同富裕的综合得分在不断提升，表明我国仍存在着

① 王立胜．以共享发展促共同富裕：理念、挑战与路径［J］．当代世界与社会主义，2021（6）：61-67.

很大的动力去推进共同富裕的实现；但从共享性维度看，共同富裕的综合得分基本持平，说明我国促进全体人民共享改革发展成果的效果并不显著。根据国家统计局对我国农村居民收入的统计，2020 年，我国 20%的低收入组家庭人均可支配收入为 4681.5 元，而 20%的高收入组家庭人均可支配收入达到 38520.3 元，是低收入组家庭的 8 倍，收入差距极大。共同富裕是全体人民的富裕，共享改革发展成果，其特点是差别有序，允许存在合理的收入分配差距，但不宜过大。虽然 2020 年我国已经实现了全面建成小康社会的历史目标，打赢了脱贫攻坚战，消除了绝对贫困，人民都能够维持基本的生存，而且在发展环境层面，国家立足于高质量发展推进东西部实现绿色产业协作，通过实现资源共享、优势互补，带动贫困地区增收，从而缩小地区间发展差距，达到经济共赢的目的，但随着当下数字经济的快速发展，自动化、人工智能发展水平的不断提升更易带来就业总量的减少，导致就业问题较为严峻，更容易造成收入差距进一步加大，对于实现居民共享成果较为不利。

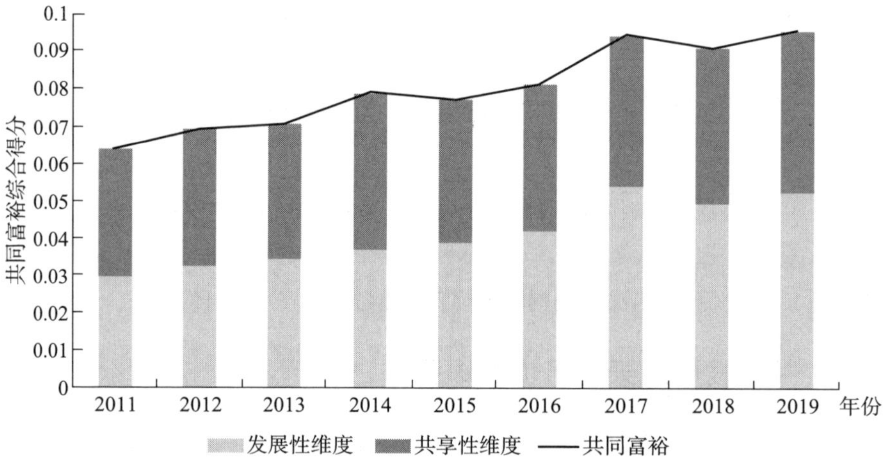

图 5-9　2011—2019 年共同富裕发展情况

资料来源：笔者根据统计年鉴数据并利用 Excel 软件绘制。

二、区域发展不协调的问题依然存在

共同富裕作为一种文明全面提升的社会形态，致力于促进全体人民的物质生活与精神生活都能够实现富裕。但根据前文的分析可以得出，我国共同富裕的发展存在不平衡的问题。区域发展不协调是我国经济社会发展中长期存在的难题和矛盾，也是国家必须重点解决的战略问题。[①] 为进一步分析我国区域发展不协调的原因，本部分内容将对四个地区的共同富裕发展情况进行分别分析，具体如图 5-10 所示。由图 5-10 可知，我国区域之间共同富裕的发展存在一定差异。

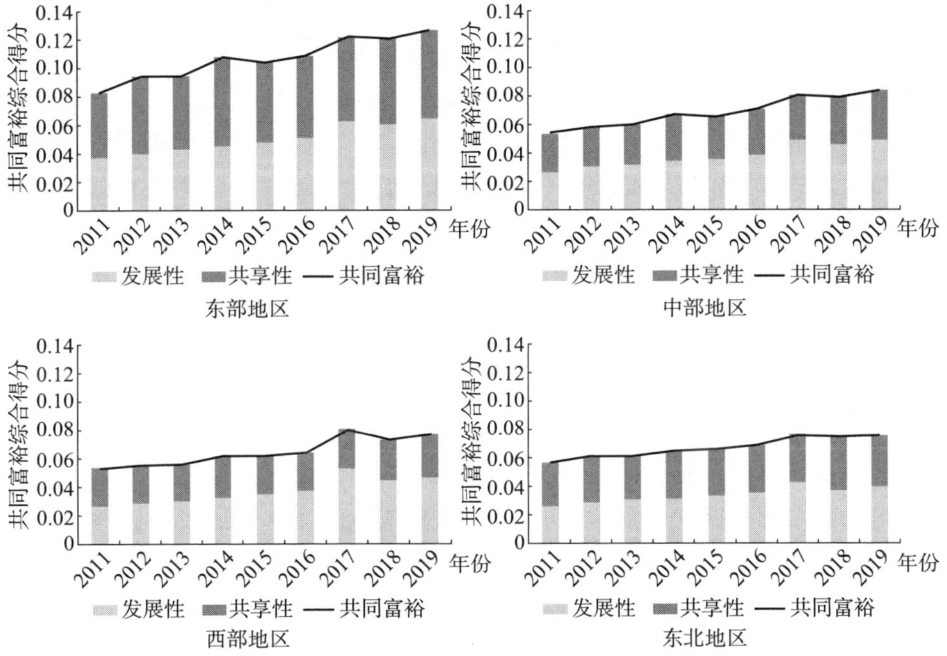

图 5-10　2011—2019 年我国各地区共同富裕发展情况

资料来源：笔者根据统计年鉴数据并利用 Excel 软件绘制。

一方面，从发展性维度看，东部地区在推进共同富裕方面无论从发展环境、发展潜力还是发展动力上来讲，都有着略优于其他地区的条件，在其地理位置条件和国家政策支持上也有着比其他地区更为明显的优势，在这一因素下，东部地区有着更多的发展机遇，对实现共同富裕有着很大的推动作用；其次是中部地区和西部地区，中、西部地区贫困人口居多，问题较复杂，不发达农村与城市协同发展能力较差[②]，乡村振兴作为促进农村共同富裕的基本措施和路径，国家和地方应进一步加大扶持力度和政策支持力度，以激发共

---

① 于德. 习近平精准扶贫思想研究［D］. 北京：中共中央党校，2019.

② 王思斌. 乡村振兴中韧性发展的经济—社会政策与共同富裕效应［J］. 探索与争鸣，2022（1）：110-118+179.

同富裕的发展潜力；而东北地区作为我国最早的工业基地，传统产业占比较大、缺少外来投资与经济交流为当地发展带来机遇是东北地区在经济发展中最大的不足，这也意味着东北地区应加大力度推进改革，提升创新水平，为经济增长提供新的动力。

另一方面，从共享性维度看，除了东部地区共享性得分较高外，其他三个地区在促进共享发展上还存在很大的发展空间：其中，中部地区的开放型经济水平还略有不足，在实现经济发展成果由人民共享的理念上未完全达成共识；西部地区共享理念尚处于初级阶段，且在科技创新、互联网领域等方面还较为落后①；而东北地区由于传统产业占比较大，在进行产业更新方面尚有很大的发展空间，因此，在实现共享上，中部、西部和东北这三大地区的发展效果并不明显。综合以上两点，为推动共同富裕的全面实现，我国各地区之间发展的协调性和平衡性仍需被重点关注。

三、收入差距较大

区域发展不协调是我国实现共同富裕过程中最显著的问题，从前文的分析中可知，东部地区的发展成果远远优于其他地区，这造成了我国居民间收入差距较大的问题。如图 5-11 所示，近年来，我国基尼系数相对稳定，在 0.46 和 0.48 之间波动，表明我国收入差距过大，因此，我国必须进一步推进收入分配制度的改革，采取更大力度的收入分配和再分配政策，否则随着我国经济发展水平的不断提升，我国居民间的收入差距将会进一步增大，甚至会出现两极分化②，这对我国共同富裕的实现是极其不利的。共同富裕实现的关键是“提低”，即提高低收入群体的收入，克服相对贫困。从共同富裕的基本内容上看，共同富裕是全民共富，而非少数人的富裕；是物质和精神的双富裕，并不是仅仅在物质上实现富裕；是具有一定合理差距的富裕，而非平等富裕。当前，我国已经打赢了脱贫攻坚战，实现了全面建成小康社会的伟大目标，在这一背景下，我国要进一步促进经济发展质量的提升，实现共同富裕，不仅要把蛋糕做大，也要把蛋糕分好，缩小收入分配差距，防止出现两极分化。

---

① 贺正楚，张蜜，潘红玉．基于新发展理念的共享经济溢出效应评价［J］．统计与决策，2021，37（17）：131-134.

② 李实，朱梦冰．推进收入分配制度改革　促进共同富裕实现［J］．管理世界，2022，38（1）：52-61+76+62.

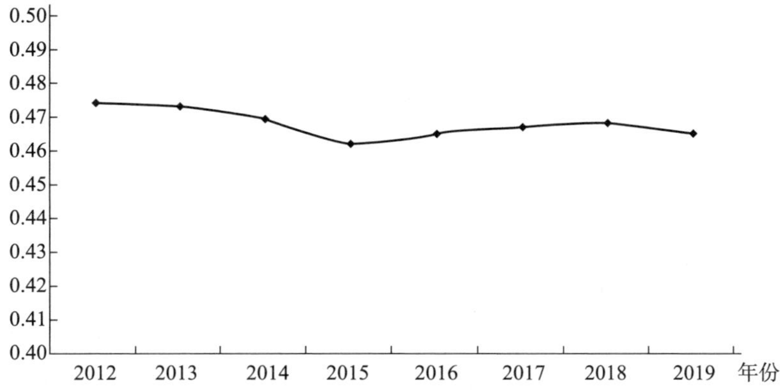

图 5-11　2012—2019 年居民收入差距变化情况

资料来源：笔者根据统计年鉴数据并利用 Excel 软件绘制。

四、效率与公平较难兼顾

效率强调生产和财富的增加，也就是“做大蛋糕”；公平则是在产品的分配和使用方面，要求“分好蛋糕”。国家极力推进共同富裕，其关键就是处理好效率和公平的关系，这就要求我们不仅要继续完善改革开放以来形成的促进效率的分配体制，也要进一步提升共享发展成果的分配力度。① 根据前文的分析可知，我国当前已经突破 100 万亿元国民生产总值的大关，是世界第二大经济体，但人均 GDP 与高收入国家相比仍存在较大差距，尤其在我国中西部农村地区，集中了我国绝大部分的低收入群体，低收入群体的存在影响了社会总需求，这对我国的经济发展形成了负面效应，不利于生产力的发展。实质上，效率与公平的实现并不矛盾，一方面，效率是公平的基础，我们允许一部分地区和一部分人先富起来，先富带动后富，最终实现共同富裕；另一方面，公平是效率的保证，在反对平均主义的同时，又要防止收入差距悬殊。我们要实现的共同富裕，首先应是在实现富裕基础上的共同，它不等同于平等，而是至少包含了机会公平、过程公平和结果公平三个层面，结果公平的实现应以机会公平和过程公平为前提。当前，我国处于中等收入国家行列，随着政府决策者越来越偏好公平，效用低的个体在决策时反而更有话语权，使政府在进行决策时呈现个体间资源配置结果均等的倾向，但企业在进

① 洪银兴．以包容效率与公平的改革促进共同富裕［J］．经济学家，2022（2）：5-15.

行决策时更偏向于提升效率，优先保障高价值个体间的公平、牺牲低价值个体的利益①，即政府更希望能够保证公平，企业更希望能够提升效率，这一差异使得我国在实现效率和公平的兼顾上存在较大挑战。

第七节　本章小结

本章首先梳理了共同富裕思想发展经历的萌芽时期、初步探索时期、日渐成熟时期和初步实现时期，在相关理论基础上对共同富裕的基本内容共建共享、逐步富裕、全民富裕、全面富裕进行详细阐述。其次在总结国内外学者关于共同富裕概念的基础上，根据数据的可获得性，从共享性和发展性两个维度构建城市层面的共同富裕指标体系，并对全国共同富裕发展水平的时空特征进行分析，最后从全国及区域层面总结了共同富裕的发展取得的成就，并对目前存在的共同富裕实现任务艰巨、区域发展不平衡、收入差距较大等发展困境进行分析。

① 曾倩，韩珣，方新．效率与公平视角下企业及政府的资源配置决策［J］．中国管理科学，2020，28（10）：88-97.

第六章
数字经济与共同富裕的耦合协调研究

发展数字经济、实现共同富裕是目前我国面临的两大重要任务。统计数据显示，我国的数字经济规模在不断扩大，人民的生活水平也在不断提升，那么数字经济与共同富裕的耦合协调性是怎样的，其中的作用机理又如何?为回答这个问题，本章首先从理论上分析了数字经济与共同富裕的耦合作用机理，然后基于耦合度模型、耦合协调度模型和相对发展模型对两者的耦合关系、耦合协调关系、耦合协调类型进行详细分析。

第一节　耦合作用机理

一、数字经济助推共同富裕

数字经济可以促进我国整体经济增长。数字经济具有的高创新、强渗透及广覆盖等特点既是经济提质增效的新变量，也是经济转型的新蓝海。数据显示，我国 2020 年的数字经济规模较 2005 年扩大了 15 倍，占 GDP 的比重也提高至 38.6%，在创造社会财富的同时降低了生产成本，拉动了我国宏观经济整体增长。数字经济通过对企业生产效率、运营方式、组织管理等方面的变革，促进产业链的延伸，实现高附加值生产，促进数字化管理，提高企业整体的经济效益和管理效率。消费者可以以更低的价格购买到物美价廉的高附加值商品，改善消费体验，促进消费质量的提高和消费升级，实现消费内需拉动经济增长。此外，数字投资增加、数字经济带来的高效益促使投资者扩大投资规模，增加社会资金流动，实现我国经济可持续发展。

数字经济带动就业。随着数字经济的发展，涌现出一批新兴岗位和工种，重塑就业结构，例如数字技术研发等高端就业岗位，外卖员、快递员等低门槛就业岗位，以及需求较大的普通就业岗位，让全社会各层次、各种学历的人共同就业，灵活就业，平等就业。通过拉动就业，提高我国人均可支配收入，促进我国共同富裕。数字平台让居家办公成为一种新的就业模式，企业用工模式趋于多样化，同时数字经济可以打破就业信息障碍，突破区域、城乡的界限，实现劳动力的跨区域、跨行业流动。数字经济促进数字中介平台的兴起，中介平台可以利用数字技术科学匹配劳动力的供需要求，提高劳动者的就业效率及就业灵活度。

数字经济促进城乡区域均衡发展。数字经济的发展能够推进农村网络基础设施建设，促进阿里巴巴等数字平台下沉，发展农村电商，推动农产品外销，提高农民收入，打破城乡区域发展束缚。农村劳动力外流现象若得到遏制，数字经济可以促进劳动力回流。在数字化时代，我国新型城镇化建设迎来机遇，数字经济加强了空间联系，对新型城镇化建设具有重要的推动作用。数字经济可以利用数字技术促使中心城市的辐射能力增强，更好地带动周边乡镇发展，促进公共服务资源向乡镇地区流动，促进乡镇企业转型升级，缩小城乡差距，促进城乡均衡发展。

数字经济推动我国基本公共服务均等化。政府加大投入力度，特别是乡村数字化基础设施建设，利用数字经济进行智能化乡村治理，推进乡村地区经济发展，缩小区域差距，实现共同富裕。数字经济促进线上教育平台的发展，不同地区和身份的人可以通过线上平台获取教育资源，提高自身文化素质，促进社会教育的均等化；线上远程医疗也成为医疗的重要形式，国民健康治理体系进一步完善，健康数据共享可用，我国健康脱贫事业得到进一步发展；数字化养老安全可靠；智慧文旅、数字家政等数字化服务，正在不断地公共化和便捷化，公共服务类型多种多样且不断向民生领域倾斜。

二、共同富裕为数字经济发展提供基础

共同富裕为数字经济提供经济基础。数字经济的发展离不开大量前期资本的投入，而共同富裕能够提高我国的经济总量，能为数字经济发展提供资金支持。共同富裕可以在消费、投资、进出口等方面提质增效，从而增加我国国民生产总值和人均国民生产总值。共同富裕对居民消费具有重要的促进作用，共同富裕提高了整体居民的消费水平，改善传统的消费观念，促进市

场上的货币流通。同时共同富裕促进投资能够更多地流向数字技术等关键领域，从而为数字经济发展提供资金支持。

共同富裕为数字经济提供技术支持。共同富裕有利于提高我国全体人民的生活水平，使人们能够主动了解数字经济产业发展，提高数字意识及数字技能，为我国数字经济发展提供人才支持。共同富裕促进教育水平的提高，有利于提高国民的文化素养和科学潜质，加大高校对数字技术人才的培养力度，改善就业观念，促进人才流向数字技术领域。同时，共同富裕有利于构建和谐开放的国际环境，促进国外投资建设，让更多的人才和技术“引进来”和“走出去”，为我国数字经济发展突破关键瓶颈提供国际援助和启示经验。

共同富裕为数字经济发展创造需求。共同富裕有利于提高人民的消费能力，通过网络购物、网络娱乐等推动数字化平台的发展，倒逼数字经济改革升级。共同富裕能够为内需和外需拉动提质增效，促进国民消费能力的提高，为我国数字经济企业提供更好的经济支撑，从而扩大企业效益，使得数字经济进一步得到发展，形成良性循环。移动支付等第三方支付平台为数字经济发展提供保障。

第二节　研究方法

一、耦合度

耦合最初是物理学上对两个及以上的系统间相互作用、相互影响现象的表述，后来被广泛运用到经济学和社会学的研究中。基于容量耦合概念并借鉴耦合系数模型，多系统的耦合度模型计算公式如下：

$$C=\sqrt[n]{\frac{u_1\cdot u_2\cdot\cdots\cdot u_n}{\prod(u_i+u_j)}} \tag{6-1}$$

式中：C 为耦合度，u_1，u_2，…，u_n 为各系统的综合作用指数，直接影响耦合度的大小。n 为耦合度模型子系统个数。耦合度 C 的值为［0，1］，耦合度值越大，说明耦合强度越高。

本部分内容研究的是数字经济与共同富裕两系统的耦合度，因此计算公式为：

$$C=2\times[(u_1u_2/(u_1+u_2)^2]^{\frac{1}{2}} \tag{6-2}$$

二、耦合协调度

耦合度 C 的值虽然能够反映数字经济和共同富裕两个系统间的耦合强度，但在解释两个系统发展协调度上还存在一定的局限性。如当数字经济和共同富裕综合指数都比较低时，耦合度值会比较高，但是两者发展不协调。为更好地反映数字经济和共同富裕发展的协调度，本章引入了耦合协调度指数来评价数字经济和共同富裕的耦合协调程度。耦合协调度的计算公式如下：

$$D=\sqrt{CT} \tag{6-3}$$

$$T=\alpha u_1+\beta u_2 \tag{6-4}$$

待定系数 α 和 β 根据子系统 u_1 与 u_2 的重要程度取值，T 为数字经济和共同富裕的综合指数，D 代表耦合协调度，C 代表耦合度。从实际操作性上考虑，T 取值一般被控制在（0，1），所以耦合协调度 D 值也在（0，1）。

三、相对发展度

数字经济与共同富裕的耦合协调程度受到数字经济水平和共同富裕水平两方面的影响，因此即使是耦合协调程度相同的城市，两个子系统的发展水平与发展方向仍有可能不同。所以为了进一步探究两个子系统的耦合特征，本部分内容利用相对发展模型构建耦合协调度的不同类型。

计算出共同富裕水平 T 与数字经济水平 C 的比值 K：

$$K=T/C \tag{6-5}$$

若 $K\geqslant 12$，则是数字经济滞后型，若 $K\leqslant 4$，则为共同富裕滞后型，其余的为协调发展型。

第三节　数字经济与共同富裕耦合度时空演变格局

本部分内容的耦合度指的是数字经济与共同富裕两系统的相互影响程度，耦合度越大表明两系统的相互影响程度越深，结合上文计算结果得出 2011 年、2015 年及 2019 年三个自然年份的耦合度，并参考前人划分标准将其划分为低水平耦合阶段、拮抗阶段、磨合阶段及高水平耦合阶段四个水平区域，如表 6-1 所示。各城市的数字经济与共同富裕的耦合度如表 6-2 所示。整体而言，大多数城市的耦合度水平一直稳定在 0.7 以上，处于磨合阶段及高水平耦合阶段，表明对于大多数城市而言，数字经济与共同富裕之间存在紧密的相互依赖、相互作用关系。耦合度平均水平呈现先增加后降低的趋势，具体来看，从 2011 年到 2015 年，耦合度平均水平由 0.713 增加到 0.741，到 2019 年降低至 0.718。该现象出现的可能原因是，2011 年我国居民收入差距较大，数字经济发展刚刚起步，数字经济水平和共同富裕水平均较低，二者相互影响程度较低；数字经济在促进企业发展的同时带动了就业，提高了居民收入水平，对共同富裕具有积极助推作用，二者相互影响程度加深，二者耦合度提高。但随着我国把逐步实现共同富裕摆在更加重要的位置，采取一系列措施推进共同富裕，影响共同富裕水平因素增加，数字经济对于共同富裕的影响相对减弱，二者耦合度降低。高值区主要分布在我国经济发达地区，表明了经济越发达，数字经济与共同富裕相互作用程度越深。经济发达地区为数字经济的发展提供经济基础，通过影响就业等方式能够对共同富裕产生更大的效用。如表 6-2 所示，2011 年处于低水平耦合阶段地区有 5 个，处于拮抗阶段地区有 62 个，主要位于我国西部地区，处于磨合阶段地区有 129 个，处于高水平阶段地区有 93 个，主要位于我国中东部地区；2015 年和 2019 年处于低水平耦合、拮抗、磨合及高水平耦合阶段的城市分别有 6 个、46 个、117 个、120 个和 4 个、61 个、131 个、93 个。在这三个年份中不同耦合阶段城市数量变化不显著，整体分布格局较为稳定。

表 6-1 耦合度水平划分标准

低水平耦合阶段	拮抗阶段	磨合阶段	高水平耦合阶段
0~0.3	0.3~0.6	0.6~0.8	0.8~1

表 6-2 2011 年、2015 年、2019 年数字经济与共同富裕的耦合度

城市	2011 年	2015 年	2019 年	城市	2011 年	2015 年	2019 年
北京	0.966	0.917	0.991	郑州	0.959	1.000	0.955
天津	0.964	0.994	0.995	开封	0.691	0.926	0.745
石家庄	0.933	0.959	0.956	洛阳	0.749	0.842	0.868
唐山	0.870	0.835	0.773	平顶山	0.590	0.742	0.698

续表

城市	2011年	2015年	2019年	城市	2011年	2015年	2019年
秦皇岛	0. 764	0. 707	0. 651	安阳	0. 729	0. 872	0. 760
邯郸	0. 862	0. 864	0. 826	鹤壁	0. 466	0. 476	0. 471
邢台	0. 827	0. 842	0. 799	新乡	0. 752	0. 925	0. 875
保定	0. 961	0. 952	0. 930	焦作	0. 696	0. 678	0. 663
张家口	0. 857	0. 794	0. 731	濮阳	0. 689	0. 865	0. 765
承德	0. 793	0. 780	0. 728	许昌	0. 688	0. 730	0. 729
沧州	0. 881	0. 858	0. 819	漯河	0. 613	0. 323	0. 316
廊坊	0. 849	0. 890	0. 949	三门峡	0. 622	0. 781	0. 571
衡水	0. 751	0. 753	0. 665	南阳	0. 806	0. 949	0. 980
太原	0. 862	0. 851	0. 806	商丘	0. 780	0. 893	0. 898
大同	0. 749	0. 724	0. 702	信阳	0. 759	0. 871	0. 898
阳泉	0. 515	0. 664	0. 797	周口	0. 840	0. 916	0. 912
长治	0. 750	0. 720	0. 786	驻马店	0. 696	0. 852	0. 888
晋城	0. 670	0. 727	0. 895	武汉	0. 867	0. 960	0. 985
朔州	0. 582	0. 508	0. 548	黄石	0. 685	0. 645	0. 739
晋中	0. 746	0. 738	0. 663	十堰	0. 749	0. 810	0. 725
运城	0. 816	0. 949	0. 964	宜昌	0. 782	0. 786	0. 756
忻州	0. 748	0. 724	0. 766	襄阳	0. 652	0. 677	0. 668
临汾	0. 868	0. 928	0. 969	鄂州	0. 451	0. 456	0. 482
吕梁	0. 835	0. 919	0. 997	荆门	0. 712	0. 697	0. 690
呼和浩特	0. 819	0. 874	0. 910	孝感	0. 754	0. 782	0. 755
包头	0. 725	0. 636	0. 565	荆州	0. 795	0. 821	0. 790
乌海	0. 319	0. 294	0. 285	黄冈	0. 692	0. 815	0. 806
赤峰	0. 828	0. 824	0. 833	咸宁	0. 604	0. 667	0. 656
通辽	0. 944	0. 754	0. 658	随州	0. 517	0. 540	0. 529
鄂尔多斯	0. 628	0. 588	0. 488	长沙	0. 943	0. 929	0. 903
呼伦贝尔	0. 928	0. 728	0. 699	株洲	0. 732	0. 802	0. 681
巴彦淖尔	0. 797	0. 596	0. 559	湘潭	0. 935	0. 798	0. 644
乌兰察布	0. 726	0. 829	0. 609	衡阳	0. 975	0. 919	0. 893

续表

城市	2011 年	2015 年	2019 年	城市	2011 年	2015 年	2019 年
沈阳	0.942	0.919	0.888	邵阳	0.779	0.957	0.928
大连	0.937	0.954	0.939	岳阳	0.743	0.926	0.786
鞍山	0.781	0.722	0.700	常德	0.680	0.805	0.767
抚顺	0.606	0.567	0.572	张家界	0.686	0.744	0.574
本溪	0.538	0.543	0.469	益阳	0.763	0.727	0.712
丹东	0.716	0.633	0.626	郴州	0.805	0.881	0.652
锦州	0.686	0.696	0.579	永州	0.640	0.737	0.706
营口	0.663	0.644	0.616	怀化	0.604	0.952	0.788
阜新	0.585	0.614	0.621	娄底	0.806	0.752	0.695
辽阳	0.554	0.560	0.461	广州	0.993	0.995	0.999
盘锦	0.541	0.527	0.552	韶关	0.754	0.665	0.642
铁岭	0.660	0.668	0.663	深圳	0.978	0.953	0.989
朝阳	0.746	0.713	0.700	珠海	0.836	0.753	0.914
葫芦岛	0.670	0.666	0.748	汕头	0.797	0.861	0.829
长春	0.913	0.949	0.957	佛山	0.930	0.931	0.892
吉林	0.762	0.754	0.724	江门	0.815	0.951	0.873
四平	0.678	0.705	0.651	湛江	1.000	0.998	0.897
辽源	0.441	0.426	0.428	茂名	0.888	0.977	0.729
通化	0.612	0.593	0.587	肇庆	0.800	0.917	0.756
白山	0.773	0.495	0.481	惠州	0.832	0.829	0.826
松原	0.640	0.621	0.613	梅州	0.715	0.716	0.961
白城	0.587	0.610	0.590	汕尾	0.765	0.863	0.662
哈尔滨	0.985	0.964	0.909	河源	0.805	0.744	0.670
齐齐哈尔	0.832	0.901	0.913	阳江	0.729	0.669	0.645
鸡西	0.582	0.657	0.748	清远	0.732	0.751	0.687
鹤岗	0.532	0.426	0.367	东莞	0.947	0.793	0.872
双鸭山	0.519	0.515	0.407	中山	0.834	0.912	0.662
大庆	0.751	0.744	0.704	潮州	0.755	0.703	0.617
伊春	0.467	0.479	0.553	揭阳	0.780	0.932	0.997

续表

城市	2011 年	2015 年	2019 年	城市	2011 年	2015 年	2019 年
佳木斯	0. 701	0. 730	0. 840	云浮	0. 699	0. 851	0. 965
七台河	0. 445	0. 388	0. 356	南宁	0. 914	0. 953	0. 956
牡丹江	0. 694	0. 638	0. 707	柳州	0. 792	0. 742	0. 751
黑河	0. 598	0. 681	0. 401	桂林	0. 833	0. 790	0. 780
绥化	0. 615	0. 734	0. 401	梧州	0. 601	0. 637	0. 608
上海	1. 000	0. 996	0. 998	北海	0. 624	0. 606	0. 683
南京	0. 930	0. 994	0. 993	防城港	0. 459	0. 460	0. 413
无锡	0. 893	0. 902	0. 881	钦州	0. 555	0. 628	0. 672
徐州	0. 895	0. 902	0. 869	贵港	0. 637	0. 691	0. 751
常州	0. 813	0. 801	0. 786	玉林	0. 820	0. 796	0. 804
苏州	0. 966	0. 966	0. 933	百色	0. 803	0. 741	0. 747
南通	0. 891	0. 876	0. 847	贺州	0. 500	0. 540	0. 639
连云港	0. 804	0. 771	0. 747	河池	0. 746	0. 754	0. 742
淮安	0. 747	0. 773	0. 755	来宾	0. 526	0. 581	0. 577
盐城	0. 846	0. 837	0. 848	崇左	0. 604	0. 620	0. 640
扬州	0. 819	0. 822	0. 777	海口	0. 844	0. 820	0. 768
镇江	0. 668	0. 680	0. 635	三亚	0. 480	0. 458	0. 511
泰州	0. 814	0. 783	0. 770	重庆	0. 996	0. 994	0. 983
宿迁	0. 726	0. 797	0. 787	成都	0. 972	0. 955	0. 996
杭州	0. 983	0. 984	0. 988	自贡	0. 380	0. 442	0. 538
宁波	0. 904	0. 897	0. 852	攀枝花	0. 452	0. 488	0. 478
温州	0. 966	0. 941	0. 894	泸州	0. 706	0. 733	0. 729
嘉兴	0. 886	0. 850	0. 751	德阳	0. 690	0. 718	0. 733
湖州	0. 698	0. 679	0. 629	绵阳	0. 774	0. 800	0. 781
绍兴	0. 830	0. 759	0. 703	广元	0. 702	0. 674	0. 638
金华	0. 909	0. 887	0. 829	遂宁	0. 543	0. 589	0. 834
衢州	0. 800	0. 602	0. 521	内江	0. 597	0. 644	0. 673
舟山	0. 529	0. 581	0. 444	乐山	0. 712	0. 721	0. 647
台州	0. 909	0. 858	0. 794	南充	0. 764	0. 819	0. 813

续表

城市	2011 年	2015 年	2019 年	城市	2011 年	2015 年	2019 年
丽水	0.689	0.599	0.553	眉山	0.634	0.477	0.937
合肥	0.920	0.959	0.942	宜宾	0.735	0.739	0.718
芜湖	0.673	0.735	0.714	广安	0.599	0.691	0.453
蚌埠	0.548	0.659	0.660	达州	0.767	0.775	0.790
淮南	0.585	0.611	0.704	雅安	0.539	0.530	0.764
马鞍山	0.535	0.287	0.560	巴中	0.587	0.870	0.811
淮北	0.515	0.579	0.558	资阳	0.580	0.660	0.535
铜陵	0.328	0.346	0.440	贵阳	0.861	0.859	0.864
安庆	0.768	0.828	0.728	六盘水	0.722	0.857	0.630
黄山	0.706	0.493	0.472	遵义	0.840	0.881	0.841
滁州	0.742	0.829	0.969	安顺	0.583	0.627	0.642
阜阳	0.865	0.692	0.826	毕节	0.643	0.667	0.625
宿州	0.847	0.916	0.859	铜仁	0.620	0.647	0.652
六安	0.834	0.881	0.857	昆明	0.954	0.969	0.957
亳州	0.837	0.870	0.861	曲靖	0.739	0.981	0.571
池州	0.478	0.494	0.540	玉溪	0.745	0.831	0.527
宣城	0.681	0.645	0.573	保山	0.449	0.458	0.683
福州	0.977	0.976	0.974	昭通	0.392	0.818	0.813
厦门	0.772	0.938	0.998	丽江	0.208	0.513	0.537
莆田	0.735	0.791	0.775	思茅	0.350	0.806	0.784
三明	0.711	0.644	0.639	临沧	0.619	0.691	0.713
泉州	0.983	0.963	0.923	拉萨	0.603	0.779	0.473
漳州	0.885	0.829	0.785	西安	0.982	0.995	0.987
南平	0.725	0.878	0.664	铜川	0.203	0.205	0.356
龙岩	0.731	0.838	0.876	宝鸡	0.715	0.748	0.655
宁德	0.787	0.789	0.769	咸阳	0.776	0.799	0.775
南昌	0.839	0.943	0.968	渭南	0.811	0.842	0.803
景德镇	0.583	0.530	0.344	延安	0.420	0.803	0.775
萍乡	0.513	0.520	0.507	汉中	0.766	0.778	0.845

续表

城市	2011 年	2015 年	2019 年	城市	2011 年	2015 年	2019 年
九江	0.789	0.794	0.724	榆林	0.784	0.788	0.655
新余	0.344	0.580	0.797	安康	0.640	0.695	0.711
鹰潭	0.378	0.440	0.406	商洛	0.632	0.631	0.967
赣州	0.912	0.900	0.862	兰州	0.781	0.848	0.826
吉安	0.738	0.701	0.712	嘉峪关	0.128	0.225	0.113
宜春	0.564	0.718	0.723	金昌	0.231	0.380	0.371
抚州	0.662	0.672	0.640	白银	0.516	0.616	0.843
上饶	0.837	0.849	0.743	天水	0.666	0.730	0.713
济南	0.909	0.967	0.946	武威	0.427	0.615	0.564
青岛	0.830	0.892	0.785	张掖	0.402	0.478	0.449
淄博	0.671	0.825	0.706	平凉	0.514	0.767	0.836
枣庄	0.951	0.906	0.270	酒泉	0.454	0.319	0.450
东营	0.760	0.603	0.543	庆阳	0.636	0.532	0.601
烟台	0.816	0.881	0.795	定西	0.495	0.632	0.647
潍坊	0.873	0.888	0.824	陇南	0.496	0.834	0.635
济宁	0.776	0.826	0.786	西宁	0.694	0.814	0.963
泰安	0.801	0.813	0.683	海东	0.842	0.920	1.000
威海	0.673	0.614	0.542	银川	0.587	0.824	0.597
日照	0.733	0.662	0.618	石嘴山	0.377	0.346	0.335
莱芜	0.365	0.355	0.411	吴忠	0.481	0.783	0.347
临沂	0.895	0.931	0.893	固原	0.412	0.243	0.302
德州	0.796	0.699	0.753	中卫	0.326	0.501	0.486
聊城	0.724	0.750	0.761	乌鲁木齐	0.805	0.803	0.754
滨州	0.644	0.621	0.616	克拉玛依	0.267	0.241	0.241
菏泽	0.796	0.918	0.817	平均值	0.713	0.741	0.718

资料来源：笔者根据统计年鉴数据计算并利用 Excel 软件绘制。

第四节　数字经济与共同富裕耦合协调时空格局

由上文测算出我国数字经济与共同富裕的耦合协调度，并将其划分为严重失调、中度失调、濒临失调及中度协调四个等级，如表 6-3 所示。各城市数字经济与共同富裕的耦合协调度如表 6-4 所示。2011 年，二者的耦合协调水平整体处于严重失调阶段，严重失调城市数量占我国城市总数量的 61%，而处于濒临失调及中度协调阶段的城市数量仅占我国城市总数量的 20.4%，中度协调城市数量仅有 18 个且主要集中在北京、杭州、广州、成都等直辖市或省会城市，整体耦合协调度较低，特别是云南省的昭通、丽江、思茅及甘肃省的金昌、嘉峪关等地区，耦合协调度远低于平均值，结合其数字经济指数及共同富裕指数可知，共同富裕滞后于数字经济，两系统间耦合协调程度较低。2015 年，严重失调城市数量大幅减少而中度失调城市数量增长较快，以中度失调城市为主，中度失调城市数量占我国城市总数量的 37.8%，濒临失调及中度协调城市数量占比增加到 25%，耦合协调分布格局整体呈现由东到西逐级递减的特征，耦合协调度增长速度较快，其中山西省的晋城、运城，安徽省的安庆、宿州及四川省的乐山、南充等地发展较快，由严重失调阶段步入中度失调阶段，江苏省的扬州、盐城，广东省的茂名、肇庆等由中度失调阶段步入濒临失调阶段，珠海、中山、合肥等地由濒临失调阶段步入中度协调阶段。2019 年，严重失调城市数量进一步减少，城市数量比重降至 26.3%，其余三个等级城市数量进一步增加，但我国数字经济与共同富裕耦合协调水平仍然以中度失调为主，二者耦合协调能力发展速度趋缓，分布格局趋于稳定，由西到东整体呈现“严重失调—中度失调—濒临失调”特征，发展空间较大。耦合协调度高值区依然集中在北京、上海、杭州等直辖市或省会城市。

表 6-3　耦合协调度划分标准

严重失调	中度失调	濒临失调	中度协调
0~0.2	0.2~0.4	0.4~0.6	0.6~0.8

表 6-4　2011 年、2015 年、2019 年数字经济与共同富裕的耦合协调度

城市	2011 年	2015 年	2019 年	城市	2011 年	2015 年	2019 年
北京	0. 591	0. 714	0. 657	郑州	0. 253	0. 346	0. 335
天津	0. 330	0. 400	0. 435	开封	0. 146	0. 215	0. 177
石家庄	0. 233	0. 256	0. 281	洛阳	0. 196	0. 198	0. 234
唐山	0. 218	0. 227	0. 234	平顶山	0. 175	0. 164	0. 172
秦皇岛	0. 162	0. 181	0. 182	安阳	0. 167	0. 190	0. 183
邯郸	0. 184	0. 199	0. 208	鹤壁	0. 102	0. 122	0. 139
邢台	0. 164	0. 176	0. 191	新乡	0. 166	0. 205	0. 217
保定	0. 201	0. 219	0. 232	焦作	0. 141	0. 158	0. 178
张家口	0. 158	0. 168	0. 176	濮阳	0. 127	0. 173	0. 176
承德	0. 143	0. 154	0. 170	许昌	0. 144	0. 162	0. 183
沧州	0. 176	0. 191	0. 209	漯河	0. 124	0. 100	0. 110
廊坊	0. 183	0. 211	0. 261	三门峡	0. 121	0. 161	0. 152
衡水	0. 143	0. 156	0. 166	南阳	0. 188	0. 204	0. 297
太原	0. 237	0. 255	0. 259	商丘	0. 160	0. 176	0. 200
大同	0. 154	0. 162	0. 157	信阳	0. 161	0. 173	0. 189
阳泉	0. 128	0. 148	0. 190	周口	0. 158	0. 178	0. 190
长治	0. 151	0. 158	0. 186	驻马店	0. 164	0. 169	0. 193
晋城	0. 139	0. 162	0. 219	武汉	0. 342	0. 328	0. 398
朔州	0. 121	0. 126	0. 136	黄石	0. 136	0. 160	0. 191
晋中	0. 155	0. 162	0. 168	十堰	0. 150	0. 167	0. 173
运城	0. 158	0. 182	0. 211	宜昌	0. 161	0. 184	0. 204
忻州	0. 139	0. 145	0. 161	襄阳	0. 143	0. 166	0. 175
临汾	0. 162	0. 188	0. 220	鄂州	0. 097	0. 125	0. 139
吕梁	0. 147	0. 168	0. 221	荆门	0. 135	0. 163	0. 171
呼和浩特	0. 202	0. 233	0. 279	孝感	0. 139	0. 163	0. 176
包头	0. 200	0. 197	0. 202	荆州	0. 161	0. 179	0. 186
乌海	0. 127	0. 143	0. 155	黄冈	0. 141	0. 171	0. 185
赤峰	0. 145	0. 166	0. 193	咸宁	0. 120	0. 135	0. 165
通辽	0. 189	0. 161	0. 179	随州	0. 113	0. 128	0. 138

续表

城市	2011 年	2015 年	2019 年	城市	2011 年	2015 年	2019 年
鄂尔多斯	0. 175	0. 173	0. 196	长沙	0. 262	0. 290	0. 325
呼伦贝尔	0. 194	0. 165	0. 171	株洲	0. 180	0. 197	0. 204
巴彦淖尔	0. 147	0. 139	0. 150	湘潭	0. 184	0. 191	0. 188
乌兰察布	0. 126	0. 157	0. 158	衡阳	0. 220	0. 210	0. 225
沈阳	0. 289	0. 299	0. 311	邵阳	0. 171	0. 187	0. 208
大连	0. 285	0. 308	0. 332	岳阳	0. 177	0. 208	0. 200
鞍山	0. 175	0. 177	0. 185	常德	0. 192	0. 179	0. 201
抚顺	0. 149	0. 153	0. 155	张家界	0. 108	0. 145	0. 139
本溪	0. 140	0. 149	0. 149	益阳	0. 141	0. 156	0. 171
丹东	0. 151	0. 161	0. 170	郴州	0. 152	0. 189	0. 172
锦州	0. 155	0. 166	0. 188	永州	0. 131	0. 155	0. 176
营口	0. 156	0. 168	0. 184	怀化	0. 102	0. 176	0. 182
阜新	0. 131	0. 143	0. 149	娄底	0. 125	0. 153	0. 169
辽阳	0. 142	0. 141	0. 163	广州	0. 430	0. 467	0. 528
盘锦	0. 141	0. 145	0. 163	韶关	0. 150	0. 157	0. 168
铁岭	0. 140	0. 142	0. 149	深圳	0. 462	0. 553	0. 606
朝阳	0. 131	0. 146	0. 153	珠海	0. 202	0. 284	0. 356
葫芦岛	0. 138	0. 145	0. 170	汕头	0. 222	0. 208	0. 211
长春	0. 247	0. 263	0. 273	佛山	0. 298	0. 339	0. 345
吉林	0. 167	0. 178	0. 187	江门	0. 209	0. 246	0. 250
四平	0. 138	0. 151	0. 154	湛江	0. 246	0. 244	0. 210
辽源	0. 109	0. 119	0. 124	茂名	0. 177	0. 218	0. 174
通化	0. 137	0. 150	0. 150	肇庆	0. 175	0. 202	0. 194
白山	0. 145	0. 121	0. 128	惠州	0. 224	0. 239	0. 253
松原	0. 130	0. 143	0. 144	梅州	0. 142	0. 164	0. 243
白城	0. 115	0. 128	0. 138	汕尾	0. 143	0. 175	0. 156
哈尔滨	0. 258	0. 281	0. 279	河源	0. 134	0. 162	0. 160
齐齐哈尔	0. 166	0. 194	0. 212	阳江	0. 135	0. 153	0. 168
鸡西	0. 136	0. 149	0. 166	清远	0. 160	0. 172	0. 180

续表

城市	2011 年	2015 年	2019 年	城市	2011 年	2015 年	2019 年
鹤岗	0. 126	0. 117	0. 114	东莞	0. 319	0. 384	0. 395
双鸭山	0. 114	0. 141	0. 144	中山	0. 221	0. 304	0. 251
大庆	0. 193	0. 198	0. 187	潮州	0. 152	0. 158	0. 168
伊春	0. 115	0. 122	0. 131	揭阳	0. 189	0. 196	0. 253
佳木斯	0. 137	0. 150	0. 178	云浮	0. 135	0. 173	0. 224
七台河	0. 103	0. 108	0. 112	南宁	0. 211	0. 238	0. 273
牡丹江	0. 156	0. 156	0. 173	柳州	0. 169	0. 180	0. 197
黑河	0. 128	0. 150	0. 107	桂林	0. 175	0. 178	0. 194
绥化	0. 126	0. 143	0. 107	梧州	0. 123	0. 137	0. 148
上海	0. 488	0. 596	0. 624	北海	0. 122	0. 139	0. 175
南京	0. 297	0. 384	0. 418	防城港	0. 107	0. 122	0. 135
无锡	0. 269	0. 301	0. 326	钦州	0. 130	0. 140	0. 153
徐州	0. 201	0. 216	0. 244	贵港	0. 121	0. 143	0. 168
常州	0. 226	0. 246	0. 268	玉林	0. 144	0. 161	0. 181
苏州	0. 329	0. 379	0. 416	百色	0. 123	0. 140	0. 165
南通	0. 217	0. 235	0. 260	贺州	0. 103	0. 119	0. 142
连云港	0. 165	0. 183	0. 200	河池	0. 118	0. 138	0. 153
淮安	0. 162	0. 184	0. 202	来宾	0. 112	0. 124	0. 139
盐城	0. 185	0. 210	0. 233	崇左	0. 108	0. 125	0. 139
扬州	0. 194	0. 212	0. 231	海口	0. 201	0. 221	0. 237
镇江	0. 175	0. 198	0. 213	三亚	0. 140	0. 154	0. 194
泰州	0. 182	0. 198	0. 222	重庆	0. 323	0. 407	0. 392
宿迁	0. 149	0. 175	0. 198	成都	0. 321	0. 448	0. 497
杭州	0. 357	0. 409	0. 465	自贡	0. 100	0. 121	0. 154
宁波	0. 292	0. 311	0. 338	攀枝花	0. 130	0. 143	0. 152
温州	0. 266	0. 284	0. 303	泸州	0. 146	0. 168	0. 187
嘉兴	0. 243	0. 260	0. 272	德阳	0. 151	0. 166	0. 187
湖州	0. 184	0. 202	0. 225	绵阳	0. 170	0. 191	0. 210
绍兴	0. 215	0. 237	0. 255	广元	0. 141	0. 148	0. 158

续表

城市	2011 年	2015 年	2019 年	城市	2011 年	2015 年	2019 年
金华	0. 225	0. 248	0. 273	遂宁	0. 118	0. 139	0. 195
衢州	0. 184	0. 167	0. 178	内江	0. 128	0. 145	0. 159
舟山	0. 157	0. 189	0. 183	乐山	0. 144	0. 164	0. 172
台州	0. 223	0. 242	0. 263	南充	0. 155	0. 175	0. 188
丽水	0. 156	0. 163	0. 180	眉山	0. 128	0. 177	0. 224
合肥	0. 228	0. 273	0. 317	宜宾	0. 149	0. 166	0. 182
芜湖	0. 162	0. 199	0. 215	广安	0. 125	0. 150	0. 126
蚌埠	0. 129	0. 163	0. 179	达州	0. 150	0. 162	0. 185
淮南	0. 132	0. 146	0. 174	雅安	0. 119	0. 134	0. 194
马鞍山	0. 138	0. 111	0. 179	巴中	0. 114	0. 171	0. 172
淮北	0. 121	0. 138	0. 148	资阳	0. 127	0. 146	0. 144
铜陵	0. 109	0. 134	0. 147	贵阳	0. 207	0. 244	0. 274
安庆	0. 151	0. 177	0. 180	六盘水	0. 117	0. 163	0. 152
黄山	0. 149	0. 132	0. 146	遵义	0. 162	0. 181	0. 205
滁州	0. 142	0. 176	0. 249	安顺	0. 112	0. 133	0. 151
阜阳	0. 153	0. 144	0. 186	毕节	0. 105	0. 127	0. 154
宿州	0. 137	0. 167	0. 185	铜仁	0. 107	0. 130	0. 150
六安	0. 144	0. 167	0. 196	昆明	0. 249	0. 269	0. 289
亳州	0. 144	0. 170	0. 195	曲靖	0. 137	0. 202	0. 141
池州	0. 109	0. 127	0. 145	玉溪	0. 147	0. 172	0. 148
宣城	0. 145	0. 156	0. 172	保山	0. 094	0. 105	0. 148
福州	0. 248	0. 285	0. 322	昭通	0. 078	0. 142	0. 161
厦门	0. 263	0. 337	0. 420	丽江	0. 064	0. 115	0. 131
莆田	0. 152	0. 179	0. 194	思茅	0. 083	0. 144	0. 166
三明	0. 150	0. 164	0. 175	临沧	0. 108	0. 127	0. 142
泉州	0. 238	0. 256	0. 265	拉萨	0. 170	0. 182	0. 158
漳州	0. 174	0. 192	0. 202	西安	0. 296	0. 334	0. 355
南平	0. 149	0. 189	0. 172	铜川	0. 079	0. 083	0. 115
龙岩	0. 154	0. 193	0. 232	宝鸡	0. 145	0. 162	0. 185

续表

城市	2011 年	2015 年	2019 年	城市	2011 年	2015 年	2019 年
宁德	0. 152	0. 166	0. 190	咸阳	0. 154	0. 170	0. 181
南昌	0. 201	0. 250	0. 299	渭南	0. 150	0. 169	0. 176
景德镇	0. 129	0. 140	0. 123	延安	0. 102	0. 167	0. 182
萍乡	0. 124	0. 140	0. 160	汉中	0. 133	0. 146	0. 176
九江	0. 151	0. 171	0. 191	榆林	0. 158	0. 160	0. 156
新余	0. 109	0. 156	0. 214	安康	0. 121	0. 141	0. 151
鹰潭	0. 094	0. 117	0. 133	商洛	0. 105	0. 116	0. 186
赣州	0. 164	0. 191	0. 219	兰州	0. 193	0. 218	0. 243
吉安	0. 141	0. 160	0. 181	嘉峪关	0. 080	0. 104	0. 117
宜春	0. 155	0. 164	0. 191	金昌	0. 084	0. 118	0. 132
抚州	0. 133	0. 148	0. 168	白银	0. 104	0. 129	0. 191
上饶	0. 153	0. 167	0. 185	天水	0. 119	0. 137	0. 145
济南	0. 247	0. 315	0. 340	武威	0. 095	0. 131	0. 136
青岛	0. 282	0. 289	0. 285	张掖	0. 097	0. 125	0. 129
淄博	0. 201	0. 223	0. 215	平凉	0. 095	0. 146	0. 175
枣庄	0. 183	0. 205	0. 106	酒泉	0. 117	0. 102	0. 133
东营	0. 156	0. 179	0. 189	庆阳	0. 119	0. 114	0. 152
烟台	0. 225	0. 248	0. 253	定西	0. 097	0. 123	0. 138
潍坊	0. 247	0. 252	0. 241	陇南	0. 090	0. 125	0. 129
济宁	0. 178	0. 198	0. 213	西宁	0. 171	0. 214	0. 290
泰安	0. 173	0. 193	0. 189	海东	0. 146	0. 189	0. 254
威海	0. 155	0. 185	0. 191	银川	0. 164	0. 230	0. 207
日照	0. 148	0. 161	0. 176	石嘴山	0. 117	0. 125	0. 143
莱芜	0. 115	0. 126	0. 162	吴忠	0. 110	0. 160	0. 117
临沂	0. 220	0. 211	0. 229	固原	0. 098	0. 077	0. 097
德州	0. 166	0. 161	0. 189	中卫	0. 089	0. 128	0. 147
聊城	0. 159	0. 166	0. 183	乌鲁木齐	0. 225	0. 250	0. 281
滨州	0. 143	0. 158	0. 197	克拉玛依	0. 129	0. 151	0. 158
菏泽	0. 180	0. 193	0. 194				

资料来源：笔者根据统计年鉴数据计算并利用 Excel 软件绘制。

第五节 数字经济与共同富裕耦合协调类型时空格局

为进一步探究数字经济与共同富裕的发展类型，本部分内容将共同富裕与数字经济的比值与参考值进行比较，并根据表6-5的划分标准得出2011年、2015年、2019年相对发展度，如表6-6所示。由表6-6可知，2011—2019年我国数字经济滞后及共同富裕滞后型城市初步减少，协调发展城市数量逐步增多。具体来看：

2011年，数字经济滞后型城市数量达43个，主要代表有黑龙江省的鹤岗，安徽省的淮北、铜陵等地，这些地区整体收入差距较少，而数字经济发展正处于起步阶段，因此数字经济滞后于共同富裕。共同富裕滞后型城市数量为96个，主要分布在北京、上海、杭州、深圳等直辖市或省会城市及经济发达地区，这些地区走在改革开放的前线，大力发展数字经济，遵循先富带动后富的方针，收入差距较大，因此共同富裕滞后于数字经济。同步协调发展型城市有150个，主要分布在辽宁省、河南省、湖北省及四川省的大多数地区，这些地区数字经济与共同富裕发展水平相近，相对发展水平较高。

2015年，数字经济滞后型及同步协调发展型城市数量减少，共同富裕滞后型城市数量增多，说明我国数字经济发展水平超过共同富裕发展水平，可能的原因是随着数字经济的发展，形成数据资源，降低了其边际使用成本，提高了数字经济发展水平及速度，二者差距扩大。

2019年，数字经济滞后型城市数量降低至40个，共同富裕滞后型城市数量降低至93个，而同步协调发展型城市数量提高至156个，我国整体向同步协调发展靠拢，发展模式整体向好，仍然以同步协调发展型城市为主，但共同富裕滞后型城市数量较多，需要创新社会分配制度及分配政策，推动区域协调发展，缩小二者差距。

表6-5 耦合协调类型划分标准

共同富裕滞后型	同步协调发展型	数字经济滞后型
耦合协调度≤4	4<耦合协调度≤12	耦合协调度>12

表 6-6 2011 年、2015 年、2019 年数字经济与共同富裕的相对发展度

城市	2011 年	2015 年	2019 年	城市	2011 年	2015 年	2019 年
北京	0.587	0.431	0.759	郑州	1.792	0.945	1.844
天津	1.720	1.258	1.217	开封	6.207	2.211	5.008
石家庄	2.120	1.797	1.829	洛阳	4.938	3.344	2.980
唐山	2.947	3.453	4.471	平顶山	9.367	5.067	6.045
秦皇岛	4.633	5.840	7.314	安阳	5.344	2.924	4.708
邯郸	3.063	3.031	3.580	鹤壁	16.385	15.621	15.940
邢台	3.572	3.346	4.021	新乡	4.865	2.229	2.876
保定	1.770	1.880	2.168	焦作	6.097	6.539	6.958
张家口	3.132	4.095	5.289	濮阳	6.261	3.021	4.620
承德	4.124	4.339	5.354	许昌	6.300	5.328	5.348
沧州	2.793	3.112	3.701	漯河	8.529	36.271	38.019
廊坊	3.247	2.672	1.917	三门峡	8.221	4.322	10.188
衡水	4.896	4.840	6.911	南阳	3.894	1.919	0.666
太原	3.054	3.206	3.904	商丘	4.342	2.638	2.577
大同	4.936	5.449	5.953	信阳	4.727	2.926	2.568
阳泉	13.007	6.916	4.055	周口	3.381	2.334	2.396
长治	4.915	5.539	4.241	驻马店	6.106	3.199	2.703
晋城	6.758	5.380	2.607	武汉	2.984	1.783	1.421
朔州	9.716	13.431	11.239	黄石	6.364	7.478	5.123
晋中	4.979	5.155	6.964	十堰	4.932	3.831	5.427
运城	3.744	1.926	1.718	宜昌	4.313	4.246	4.789
忻州	4.947	5.443	4.607	襄阳	7.277	6.569	6.816
临汾	2.978	2.187	1.664	鄂州	17.653	17.141	15.140
吕梁	3.445	2.308	1.158	荆门	5.710	6.067	6.234
呼和浩特	3.690	2.892	2.415	孝感	4.826	4.306	4.803
包头	5.435	7.763	10.417	荆州	4.093	3.655	4.169
乌海	37.360	44.321	47.078	黄冈	6.194	3.751	3.903
赤峰	3.558	3.619	3.475	咸宁	8.867	6.835	7.152
通辽	1.979	4.838	7.093	随州	12.917	11.617	12.205

续表

城市	2011 年	2015 年	2019 年	城市	2011 年	2015 年	2019 年
鄂尔多斯	8.025	9.466	14.749	长沙	1.992	2.177	2.505
呼伦贝尔	2.188	5.362	6.014	株洲	5.268	3.973	6.470
巴彦淖尔	4.059	9.163	10.728	湘潭	2.094	4.037	7.518
乌兰察布	5.397	3.535	8.680	衡阳	1.578	2.307	2.643
沈阳	2.015	2.300	2.708	邵阳	4.366	1.819	2.183
大连	2.071	1.858	2.049	岳阳	5.040	2.209	4.235
鞍山	4.322	5.500	5.991	常德	6.511	3.922	4.588
抚顺	8.772	10.365	10.116	张家界	6.335	5.031	10.048
本溪	11.749	11.503	16.095	益阳	4.663	5.375	5.724
丹东	5.625	7.863	8.094	郴州	3.915	2.797	7.283
锦州	6.352	6.101	9.828	永州	7.646	5.169	5.854
营口	6.947	7.507	8.419	怀化	8.848	1.885	4.199
阜新	9.595	8.490	8.264	娄底	3.910	4.878	6.125
辽阳	10.951	10.671	16.774	广州	1.266	1.217	0.930
盘锦	11.602	12.311	11.047	韶关	4.837	6.904	7.565
铁岭	7.045	6.815	6.961	深圳	1.528	1.871	1.348
朝阳	4.993	5.694	6.003	珠海	3.439	4.859	2.366
葫芦岛	6.775	6.882	4.939	汕头	4.059	3.077	3.546
长春	2.380	1.922	1.824	佛山	2.158	2.148	2.656
吉林	4.677	4.821	5.441	江门	3.756	1.893	2.904
四平	6.540	5.890	7.303	湛江	0.998	1.136	2.579
辽源	18.559	19.980	19.780	茂名	2.698	1.545	5.335
通化	8.549	9.264	9.487	肇庆	3.994	2.334	4.788
白山	4.466	14.289	15.205	惠州	3.486	3.535	3.580
松原	7.638	8.243	8.532	梅州	5.650	5.615	1.760
白城	9.491	8.619	9.399	汕尾	4.611	3.049	6.990
哈尔滨	1.420	1.724	2.430	河源	3.925	5.019	6.751
齐齐哈尔	3.489	2.528	2.377	阳江	5.330	6.792	7.470
鸡西	9.710	7.122	4.939	清远	5.266	4.884	6.308

续表

城市	2011年	2015年	2019年	城市	2011年	2015年	2019年
鹤岗	12.067	19.968	27.617	东莞	1.951	4.111	2.918
双鸭山	12.752	13.010	22.090	中山	3.462	2.397	6.978
大庆	4.893	5.022	5.910	潮州	4.808	5.929	8.386
伊春	16.249	15.401	10.996	揭阳	4.337	2.143	0.862
佳木斯	5.968	5.309	3.374	云浮	6.012	3.213	1.710
七台河	18.113	24.576	29.461	南宁	2.363	1.874	1.836
牡丹江	6.141	7.686	5.825	柳州	4.131	5.070	4.887
黑河	9.085	6.459	22.785	桂林	3.474	4.173	4.348
绥化	8.446	5.244	22.827	梧州	8.976	7.740	8.703
上海	1.055	0.837	0.884	北海	8.166	8.795	6.426
南京	2.157	1.239	1.260	防城港	16.912	16.878	21.450
无锡	2.639	2.523	2.796	钦州	10.910	8.024	6.710
徐州	2.617	2.520	2.953	贵港	7.738	6.215	4.890
常州	3.783	3.984	4.247	玉林	3.682	4.067	3.931
苏州	1.702	1.700	2.122	百色	3.945	5.085	4.970
南通	2.668	2.866	3.272	贺州	13.933	11.636	7.674
连云港	3.930	4.501	4.961	河池	4.994	4.820	5.076
淮安	4.967	4.475	4.809	来宾	12.376	9.734	9.936
盐城	3.292	3.422	3.254	崇左	8.858	8.275	7.637
扬州	3.688	3.648	4.393	海口	3.312	3.682	4.558
镇江	6.809	6.492	7.789	三亚	15.280	16.986	13.229
泰州	3.776	4.293	4.519	重庆	1.210	0.800	1.458
宿迁	5.401	4.053	4.217	成都	1.613	0.541	0.831
杭州	1.458	1.432	1.361	自贡	25.721	18.393	11.715
宁波	2.495	2.581	3.202	攀枝花	17.540	14.738	15.464
温州	1.696	2.028	2.628	泸州	5.846	5.264	5.335
嘉兴	2.728	3.222	4.882	德阳	6.248	5.590	5.253
湖州	6.039	6.536	7.992	绵阳	4.458	4.005	4.323
绍兴	3.524	4.725	5.920	广元	5.957	6.649	7.708

续表

城市	2011年	2015年	2019年	城市	2011年	2015年	2019年
金华	2.432	2.711	3.541	遂宁	11.468	9.409	3.460
衢州	3.996	8.925	12.664	内江	9.124	7.525	6.694
舟山	12.220	9.763	18.239	乐山	5.718	5.517	7.437
台州	2.433	3.109	4.107	南充	4.638	3.693	3.794
丽水	6.266	9.043	10.992	眉山	7.821	15.525	2.076
合肥	2.284	1.797	2.006	宜宾	5.220	5.121	5.574
芜湖	6.693	5.203	5.677	广安	9.050	6.212	17.412
蚌埠	11.242	7.061	7.047	达州	4.587	4.442	4.162
淮南	9.598	8.591	5.906	雅安	11.662	12.176	4.635
马鞍山	11.879	46.503	10.654	巴中	9.519	2.947	3.819
淮北	13.020	9.821	10.763	资阳	9.775	7.054	11.886
铜陵	35.092	31.323	18.596	贵阳	3.074	3.096	3.025
安庆	4.559	3.557	5.367	六盘水	5.501	3.126	7.966
黄山	5.853	14.379	15.896	遵义	3.375	2.792	3.364
滁州	5.065	3.546	1.662	安顺	9.677	8.039	7.565
阜阳	3.019	6.196	3.590	毕节	7.532	6.838	8.116
宿州	3.264	2.337	3.103	铜仁	8.278	7.428	7.271
六安	3.465	2.793	3.122	昆明	1.860	1.659	1.813
亳州	3.414	2.945	3.068	曲靖	5.138	1.479	10.194
池州	15.426	14.329	11.642	玉溪	5.008	3.502	12.327
宣城	6.474	7.476	10.073	保山	17.762	17.053	6.431
福州	1.537	1.554	1.589	昭通	23.981	3.713	3.789
厦门	4.493	2.062	1.137	丽江	90.604	13.125	11.767
莆田	5.221	4.146	4.442	思茅	30.569	3.904	4.273
三明	5.736	7.500	7.682	临沧	8.329	6.214	5.686
泉州	1.453	1.739	2.251	拉萨	8.887	4.368	15.836
漳州	2.746	3.531	4.262	西安	1.470	1.227	1.387
南平	5.428	2.835	6.935	铜川	94.940	93.584	29.534
龙岩	5.288	3.399	2.861	宝鸡	5.649	4.942	7.189

续表

城市	2011年	2015年	2019年	城市	2011年	2015年	2019年
宁德	4.228	4.180	4.553	咸阳	4.422	4.012	4.427
南昌	3.382	1.995	1.671	渭南	3.822	3.343	3.958
景德镇	9.662	12.180	31.747	延安	20.592	3.953	4.439
萍乡	13.151	12.701	13.512	汉中	4.602	4.387	3.297
九江	4.186	4.100	5.450	榆林	4.271	4.203	7.197
新余	31.788	9.801	4.057	安康	7.628	6.115	5.743
鹰潭	25.977	18.576	22.222	商洛	7.883	7.936	1.680
赣州	2.386	2.544	3.062	兰州	4.324	3.250	3.581
吉安	5.160	5.962	5.708	嘉峪关	96.568	76.873	71.348
宜春	10.482	5.579	5.472	金昌	73.058	25.611	27.059
抚州	6.985	6.711	7.621	白银	12.926	8.421	3.335
上饶	3.423	3.242	5.051	天水	6.875	5.314	5.687
济南	2.436	1.685	1.959	武威	19.886	8.457	10.475
青岛	3.525	2.647	4.248	张掖	22.769	15.425	17.760
淄博	6.744	3.607	5.857	平凉	13.073	4.576	3.433
枣庄	1.898	2.472	53.000	酒泉	17.342	37.397	17.673
东营	4.720	8.897	11.491	庆阳	7.760	12.057	8.971
烟台	3.734	2.803	4.093	定西	14.245	7.894	7.429
潍坊	2.911	2.697	3.610	陇南	14.193	3.465	7.778
济宁	4.422	3.584	4.232	西宁	6.153	3.771	1.743
泰安	3.986	3.789	6.422	海东	3.342	2.289	1.017
威海	6.695	8.510	11.545	银川	9.486	3.623	9.125
日照	5.253	6.980	8.344	石嘴山	26.159	31.393	33.661
莱芜	28.054	29.679	21.612	吴忠	15.211	4.285	31.290
临沂	2.606	2.153	2.642	固原	1.210	65.552	41.879
德州	4.073	6.032	4.852	中卫	35.638	13.870	14.866
聊城	5.458	4.910	4.691	乌鲁木齐	3.911	3.947	4.839
滨州	7.515	8.260	8.410	克拉玛依	54.282	66.734	67.115
菏泽	4.066	2.313	3.723				

资料来源：笔者根据统计年鉴数据计算并利用 Excel 软件绘制。

第六节 本章小结

本章首先从理论上分析了数字经济与共同富裕的耦合作用机理，然后利用耦合度模型、耦合协调度模型和相对发展模型对两系统的耦合协调关系进行分析，得到以下研究结论：从耦合度看，大多数城市的耦合度水平一直稳定在0.7以上，处于磨合阶段及高水平耦合阶段，但耦合度平均水平呈现先增加后降低的趋势。耦合协调度表明，由西到东耦合协调度整体呈现“严重失调—中度失调—濒临失调”特征，耦合协调度高值区依然集中在北京、上海、杭州等直辖市或省会城市。耦合协调类型表明随着经济社会的发展，同步协调发展型城市数量不断提升，到2019年提升至156个，我国整体向同步协调发展靠拢，发展模式整体向好。

第三部分

实证研究

第七章
数字经济促进共同富裕的线性效应

理论分析表明数字经济能够促进共同富裕，并且是通过优化资源配置、提升科技创新水平、推动协调发展促进的。本章将采用 2011—2019 年中国城市面板数据对这一促进关系进行实证检验，利用中介效应模型对作用机理进行验证，并从城市特质角度对数字经济促进共同富裕的异质性进行分析。

第一节　面板数据模型

面板数据又称“平行数据”，是指在时间序列上取多个截面，是“横截面”和“时间序列”的综合体。数据按照“横截面”和“时间序列”排在一个平面上，因此被称为面板数据。目前，面板数据已经被广泛应用于经济学、管理学、社会学等诸多领域。

一、面板数据的优点

相较于时间序列数据和横截面数据，面板数据具有如下优点：一是可以处理遗漏变量问题。遗漏变量偏差问题是计量分析中常见的问题，虽然可以使用工具变量解决，但是很难找到有效的工具变量。遗漏变量往往是由个体差异的不可观测造成的，如果这种个体差异没有随着时间的推移而发生变化，那么通过面板数据可以解决这一问题。二是提供更多个体动态的行为信息。由于面板数据既具有时间序列维度又具有横截面维度，可以用这一方法解决时间序列数据或者横截面数据不能解决的问题。因为时间序列数据不能做横向对比，横截面数据没有时间维度，不能做纵向对比，而面板数据恰好能解决上述所有问题。三是提高估计的精确度。面板数据具有时间维度和横截面维度，样本量较大，能够提高估计的精确度。四是面板数据能够研究和验证更为复杂的数据模型。①

二、面板数据的基本形式

假设某面板回归模型的个体数为 N，时间跨度为 T，解释变量数为 K，则面板数据的向量形式为：

$$y_i=\begin{pmatrix} y_{i1} \\ y_{i2} \\ \vdots \\ y_{iT} \end{pmatrix} \quad X_i=\begin{pmatrix} x_{i1}^1 & x_{i1}^2 & \cdots & x_{i1}^K \\ x_{i2}^1 & x_{i2}^2 & \cdots & x_{i2}^K \\ \cdots & \cdots & \cdots & \cdots \\ x_{iT}^1 & x_{iT}^2 & \cdots & x_{iT}^K \end{pmatrix} \quad \alpha_i=\begin{pmatrix} \alpha_{i1} \\ \alpha_{i2} \\ \vdots \\ \alpha_{iT} \end{pmatrix} \quad \mu_i=\begin{pmatrix} \mu_{i1} \\ \mu_{i2} \\ \vdots \\ \mu_{iT} \end{pmatrix}$$

其中，$i=1,\ 2,\ 3,\ \cdots,\ N$；$T=1,\ 2,\ 3,\ \cdots,\ T$。

面板数据模型的一般形式可表示为：

$$y_{it}=\alpha_{it}+\beta X_{it}+\mu_{it}$$

y_{it}为被解释变量，X_{it}为解释变量，α_{it}为常数项，μ_{it}为随机误差项。②

三、面板数据模型的平稳性检验

传统计量经济学中，在对时间序列数据进行分析时要求数据是平稳的或者同阶平稳，避免伪回归现象的出现。当时间序列数据存在伪回归现象时，虽然得到的 R^2 较高，F 检验结果显著，但回归结果并没有任何意义。而面板数据同时具有时间序列数据和横截面数据，因此，为了防止出现伪回归现象，必须先进行平稳性检验，进而才能够对面板数据进行分析。在对面板数据进行平稳性检验时，主要采用的方法有单位根检验和协整检验。③

（一）单位根检验

对面板数据进行单位根检验主要通过三个模型来完成，即包含截距项和趋势项模型，不包含截距项和趋势项模型，只包含截距项模型。只要有一个模型的检验结果拒绝接受原假设，就说明面板数据是平稳的，就可进行检验。目前，ADF（Augmented Dickey-Fuller）检验、LLC（Levin-Lin-Chu）检验、

① 陈强．高级计量经济学及 Stata 应用［M］．北京：高等教育出版社，2014.

② 刘丹．基于面板数据模型的农地流转影响因素研究［D］．杭州：浙江大学，2019.

③ 郑文娟．中国城市住房价格与住房租金的影响因素及相互关系研究［D］．杭州：浙江大学，2011.

Beritung 检验、PP（Phillips&Perron）检验和 IPS 检验为五种常用的面板数据单位根检验方法，其中同质单位根检验有 LLC 检验和 Beritung 检验，异质单位根检验有 ADF 检验、IPS 检验和 PP 检验，当这五种检验方法得到的结果不同时，以多数的检验结果为准。

（二）协整检验

如果上述单位根检验的结果为各变量的一阶单整或者同阶单整，说明原时间序列数据经过差分变化后为平稳序列，即可进行协整检验。协整检验的目的是检查变量间是否存在长期均衡关系。协整检验的主要方法有 Johansen 检验、Fisher 检验、Engle-Granger 检验、Pedroni 检验、Kao 检验和 Westerlund 检验。其中 Fisher 检验允许面板数据存在空间相关性。Pedroni 检验允许面板数据存在异质性。Kao 检验主要基于 ADF 检验和 DF 检验的单位根来判断，Pedroni 检验和 Kao 检验的原假设是“不存在协整关系”，Westerlund 检验则是基于 LM（Lagrange Multiplier）检验利用特别的方差比检验，原假设是“存在协整关系”。①

四、面板数据模型选择

协整检验表明面板数据变量间存在长期均衡关系，在此基础上进行回归能够得到较为准确可靠的结论。面板数据模型一般包括混合 OLS（Ordinary Least Squares）模型、固定效应模型、随机效应模型三种。若个体间不存在显著的差异，即回归系数不会因个体的不同或时间的不同而变化，则可以使用混合 OLS 模型进行参数估计。如果面板数据的截距因时间序列的不同或横截面的不同而变化，则可采用固定效应模型进行估计。如果面板数据的误差项随时间序列或横截面的变化而变化，同时误差分量不存在自相关，则可采用随机效应模型进行估计。通常采用 F 检验判断是采用混合 OLS 模型还是固定效应模型估计，采用 Hausman 检验判断是选用固定效应模型估计还是随机效应模型估计。Hausman 检验的原假设是“随机效应模型有效”。如果 Husman 检验结果显示个体效应与其他解释变量之间存在相关关系，则应拒绝原假设，采用固定效应模型进行估计，反之，则接受原假设，采用随机效应模型进行估计。②

① 黄伟鑫．基于面板数据模型的城市地价与房价互动关系研究［D］．杭州：浙江大学，2011.

② 张德茗，梁元秀．创新投入结构对 TFP 的影响——基于知识产权保护调节作用的分析［J］．商业研究，2017（5）：122-128.

第二节　模型设定与变量选取

一、模型设定

为考察数字经济对共同富裕的影响，设置如下计量模型：

$$\ln prosperity_{i,t}=\beta_0+\beta_1\ln digital_{i,t}+\beta_2 X_{i,t}+\varepsilon_{i,t} \quad (7-1)$$

其中，$\ln prosperity_{i,t}$为共同富裕，$\ln digital_{i,t}$为数字经济，$X_{i,t}$为控制变量，包括外商投资水平（ln*fdi*）、政府干预程度（ln*fiscal*）、技术水平（ln*tech*）、产业升级（ln*upgrading*）、人口密度（ln*density*），β_0、β_1、β_2 为待估参数，$\varepsilon_{i,t}$为随机扰动项。

二、变量选取

（一）被解释变量

共同富裕（*prosperity*）：已在前文中介绍。

（二）核心解释变量

数字经济（*digital*）：已在前文中介绍。

（三）中介变量

资源配置水平（*allocation*）：合理的资源配置能够提高劳动生产率，促进社会生产力的提升。在诸多资源中，劳动力资源最为宝贵，是推动经济社会发展的智力支撑。因此，可用劳动力资源的配置代替资源配置。泰尔熵指数能够测算出劳动力资源在三次产业间的均衡配置程度，因此可用泰尔熵指数的倒数衡量资源配置水平，计算公式如下：

$$allocation = 1/TL = 1/\sum_{i=1}^{n}\left(\frac{Y_i}{Y}\right)\ln\left(\frac{Y_i/L_i}{Y/L}\right) \quad i=1,\ 2,\ 3 \qquad (7-2)$$

其中，TL 为泰尔熵指数，Y 和 L 分别为产业产值和从业人数，$i=1$，2，3 分别代表第一、二、三产业。当各产业的生产率相同时，即 $Y_i/L_i=Y/L$，$TL=0$ 时，表明产业结构处于最优的合理状态，TL 越大，表明资源配置越不合理。

科技创新水平（*innovation*）：科技创新是推动经济持续增长的动力源泉。创新的发展离不开经费的支持，充足的科研经费不仅能够提高科研人员创新的积极性，也能够为新产品、新技术的研发提供物质保障。本部分内容用科研经费投入占 GDP 的比重衡量科技创新水平。

协调发展指数（*coordinate*）：协调发展主要是指城乡、地区、行业、群体间的协调发展。中国目前面临的主要矛盾是发展不平衡、不充分。而发展最大的不平衡是城乡不平衡，最大的不充分是农村发展不充分，由此可见城乡间的协调发展对于促进区域整体的协调发展具有重要作用。因此，本部分内容用城乡协调发展指数进行衡量。城乡协调发展指数是城乡分割系数的倒数。计算方法为：城乡协调发展指数=1/城乡分割系数，城乡分割系数=（城乡人口分割系数+城乡就业分割系数）/2，城乡人口分割系数=城镇人口/农村人口，城乡就业分割系数=城镇就业人数/农村就业人数。

（四）控制变量

本部分内容还选取了一系列影响共同富裕水平的控制变量，包含外商投资水平（*fdi*），用外商直接投资与国内生产总值的比值衡量；政府干预程度（*fiscal*），采用财政支出与 GDP 的比值衡量；技术水平（*tech*），用专利申请授权量衡量；产业升级（*upgrading*），用第三产业产值与第二产业产值比值衡量；人口密度（*density*），用每平方千米人口数衡量。

考虑到数据的可获得性，本部分内容采用中国 289 个城市 2011—2019 年的面板数据，主要来源于《中国城市统计年鉴》《中国农村统计年鉴》《北京大学数字普惠金融指数》以及各城市统计年鉴。各变量的描述性统计如表 7-1 所示。

表 7-1 各变量的描述性统计

变量名称	观测值	均值	标准差	最小值	最大值
ln*prosperity*	2601	-2.622	0.413	-3.570	-0.799
ln*digital*1	2601	8.603	0.931	5.801	12.800
ln*allocation*	2601	2.554	1.137	0.291	9.648
ln*innovation*	2601	-6.516	1.034	-11.084	-2.763
ln*coordinate*	2601	2.483	1.342	-1.632	-0.0932
ln*fdi*	2601	-4.351	1.131	-8.016	0.0949
ln*fiscal*	2601	-1.604	0.573	-3.126	1.799
ln*tech*	2601	7.223	1.596	2.708	12.02
ln*upgrading*	2601	-0.116	0.473	-2.175	1.675
ln*density*	2601	5.736	0.951	1.628	9.984

资料来源：笔者根据统计年鉴数据利用 Stata 软件测算整理。

第三节　实证分析

一、数据检验

（一）平稳性检验

为了进一步增强数据的平稳性，本部分内容对数据先进行对数变换，然后进行单位根检验。鉴于不同的单位根检验方法各自存在一定的局限性，本部分内容同时采用了 LLC 检验、HT 检验、IPS 检验、A-F-C 检验（ADF-Fisher Chi-square）四种检验方法进行单位根检验，结果如表 7-2 所示。由检验结果可知，原值中部分序列数据存在单位根，表明数据为非平稳的。但经过一阶差分后，所有差分数据序列均通过了显著性检验，表明差分序列数据不存在单位根，是平稳的。

表 7-2　面板单位根检验结果

变量	LLC 检验	HT 检验	IPS 检验	A-F-C 检验
ln*commonprosperity*	-8.5491***	0.5737***	1.9203	10.8066***
ln*digital*1	-37.6134***	0.4681***	-8.6676***	12.9098***
ln*fiscal*	-27.8393***	0.0830***	-10.9029***	5.9653***
ln*upgrading*	6.0332	0.8047	19.2018	12.4577***
ln*density*	-220***	0.0026***	-0.2871	13.5220***
ln*tech*	-1.0796	0.7967	7.3825	14.9088***
ln*fdi*	3.6847	0.3000***	-8.3307***	14.6465***
Δln*commonprosperity*	-5.6665***	0.4989***	1.1857**	7.0543***
Δln*digital*1	-38.5856***	0.3902***	-6.0836***	9.4940***
Δln*fiscal*	0.0228***	0.0655***	-9.6846***	4.8189***
Δln*upgrading*	8.9995*	0.7222**	13.0791*	7.0026***
Δln*density*	-220***	-0.0037***	0.9682**	7.9987***
Δln*tech*	-0.3451**	0.7918*	10.1514*	11.3076***
Δln*fdi*	4.0765***	0.2528***	-7.7945***	5.5207***

注：*代表 $p<0.1$，**代表 $p<0.05$，***代表 $p<0.01$，Δ 表示对序列数据进行一阶差分。

资料来源：笔者根据统计年鉴数据利用 Stata 软件测算整理。

（二）协整检验

根据单位根检验结果可知，面板数据序列为一阶单整，因此，本部分内容采用常用的 Kao 检验和 Pedroni 检验对变量间的长期均衡关系进行验证，得到的检验结果如表 7-3 所示。Kao 检验的 DF 统计量和 ADF 统计量均通过 1%水平下的显著性检验，强烈拒绝变量不存在协整关系的原假设，说明面板数据之间存在协整关系。Pedroni 检验的 Group-PP 统计量、Group-ADF 统计量、Panel-PP 统计量、Panel ADF 统计量都在 1%水平下拒绝原假设，表明变量间存在协整关系。

表 7-3 面板数据协整检验结果

检验方法	检验假设	统计量名	统计量值
Kao 检验	H_0：不存在协整关系 H_1：所有个体都存在协整关系	DF	4.7257***
		ADF	5.4500***
Pedroni 检验	H_0：不存在协整关系 H_1：所有个体都存在协整关系	Group-rho	-27.4543***
		Group-PP	21.6215***
		Group-ADF	-23.9102***
		Panel-PP	30.1209***
		Panel-ADF	-45.4648***

注：*代表 p<0.1，**代表 p<0.05，***代表 p<0.01。

资料来源：笔者根据统计年鉴数据利用 Stata 软件测算整理。

二、基准检验

为检验数字经济对共同富裕的影响，对公式（7-1）进行回归，根据 Husman 检验结果，拒绝原假设，因此采用固定效应模型进行估计，结果如表 7-2所示。表 7-4 中基本方程（1）是仅加入数字经济变量的基本方程检验结果，扩展方程（2）~（4）是依次加入影响共同富裕特征变量的扩展方程检验结果。可以看出，核心解释变量数字经济的系数显著为正，说明数字经济对实现共同富裕具有正向促进作用。原因在于数字经济是继农业经济、工业经济之后全新的经济形态，是促进经济高质量发展的关键引擎。一些欠发达地区由于受到自然环境、资源要素的限制，一直成为经济发展的“洼地”，数字经济催生的数据这一关键生产要素，能够打破地域限制，推动产业的重新布局，为落后地区的发展带来机遇，缩小区域发展差距。同时数字经济具有的跨地域性、包容性等特点，促进技术扩散和知识外溢，带动产业升级，也催生出新产业的发展，产生较大的就业需求，推动共同富裕的实现。具体而言，数字经济对共同富裕的贡献有以下几点：一是借助互联网平台打破地域限制，在生产领域互联网和区块链等技术的应用能够帮助各产业改变空间范围，使得产业的边界不再受区域的限制。通过互联网实现不同区域不同企业资源之间的合理配置，减少信息错配带来的经济损失。低收入区域可以通过数字平台提供价格相对较低的劳动力，实现劳动力转移，一方面提高了低收入群体的收入水平，另一方面增加了高收入区域企业的盈利，助力企业结构升级，提高生产力水平，以较少的资源生产出更多的产品，从而改善社会整体的生活条件。二是数字经济通过互联网大数据和算法来改变消费决策，消费为拉动经济的“三驾马车”之一，传统的消费往往局限于消费者自身生长的环境，过去农村的消费局限于当地生产的农作物和简单的生活必需品，现在以数字平台为基础的网络购物和直播带货已经成为消费的主流，即使在低经济水平区域，也可以借助数字平台购买全国各地的商品，同时一些偏远地区也可以通过数字平台来销售本地的特产，带动当地经济的增长。这不仅提升了低收入群体的生活质量，也有助于厂商扩大自身的经营范围，从需求和供给两个方面带动消费的提升，带动广大人民群众普遍富裕。三是数字经济促进城乡经济融合。数字经济将现代信息网络作为重要载体，数字化转变后的知识和信息成为关键生产要素，为城乡经济的融合提供新的机遇，是城乡融合的新动能。在数字经济下由于信息技术的快速发展，农业生产只需要较少的劳动力，释放了大量的农村隐蔽性失业人群。一方面，数字化、机械化可以降低生产成本和劳务成本，同时也提高了农业种植的生产效率。降低了农民在农业种植上花费的大量时间和金钱，提高了农民的人均可支配收入。另一方面，释放的农村劳动力将会转移到非农业生产部门，获得更好的非农业收入，并且转移到城市的劳动力可以享受大城市的生活，提高农民的整体幸福感。城乡经济的融合降低了两极分化，从而可以促进共同富裕。

在控制变量方面，政府干预程度系数在1%水平下显著为正，说明政府干预促进了共同富裕的实现。我国的经济体系并不十分完善，经济发展的大方向仍需要政府进行宏观调控，而且收入分配制度的改革和完善也离不开政府的参与。产业升级的系数为正，通过了1%水平下的检验，意味着产业升级有利于推动共同富裕的实现。可能的解释是产业升级能够促进经济更好更快地发展，而经济的发展能够为共同富裕的实现提供坚实的物质基础。人口密度的系数为负，表明较大的人口密度不利于共同富裕的实现。原因在于过大的人口密度会导致城市住房紧张、交通拥挤、公共服务不足等城市病的出现，不利于居民生活质量的提升。较高的技术水平也会促进共同富裕的实现，技术的发展不仅能够提高社会生产率，丰富物质水平，还能够为社会居民创造出良好的工作环境和生活环境。外商直接投资能够为经济社会的发展带来丰富的管理经验、先进的生产技术以及充足的资本，促进生产力的提升，能够为共同富裕的实现创造物质条件，对共同富裕的实现具有促进作用。

表 7-4 数字经济促进共同富裕检验结果

变量	基本方程	扩展方程		
	(1)	(2)	(3)	(4)
ln*digital*1	0.174*** (0.020)	0.071*** (0.015)	0.036*** (0.013)	0.035*** (0.013)
ln*fiscal*		0.127*** (0.012)	0.129*** (0.011)	0.119*** (0.013)
ln*upgrading*		0.274*** (0.017)	0.171*** (0.018)	0.174*** (0.019)
ln*density*			-0.171*** (0.022)	-0.172*** (0.023)
ln*tech*			0.097*** (0.010)	0.098*** (0.010)
ln*fdi*				0.011* (0.006)
_cons	-4.117*** (0.171)	-3.000*** (0.128)	-2.425*** (0.159)	-2.389*** (0.165)
N	2601	2601	2601	2601
R^2	0.091	0.489	0.598	0.599

注：括号中数值为标准差，其中*代表 $p<0.1$，**代表 $p<0.05$，***代表 $p<0.01$。

资料来源：笔者根据统计年鉴数据利用 Stata 软件测算整理。

三、内生性检验

由于经济系统中各种因素相互作用，模型的回归不可避免地存在内生性问题，为缓解内生性问题，本部分内容采用常用的工具变量法，进行内生性检验（刘荣增和何春，2021）①。本部分内容将滞后一期的数字经济作为工具变量并采用 IV-2SLS 模型进行回归，结果如表 7-5 所示。结果显示，数字经济的系数依然显著为正，表明数字经济能够促进共同富裕的实现。

表 7-5　IV-2SLS 估计结果

变量	基本方程	扩展方程		
	(1)	(2)	(3)	(4)
ln*digital*1	0.172*** (0.011)	0.069*** (0.009)	0.035*** (0.008)	0.036*** (0.008)
ln*fiscal*		0.125*** (0.008)	0.128*** (0.007)	0.121*** (0.009)
ln*upgrading*		0.280*** (0.011)	0.174*** (0.011)	0.172*** (0.011)
ln*density*			-0.172*** (0.012)	-0.171*** (0.012)
ln*tech*			0.099*** (0.005)	0.097*** (0.005)
ln*fdi*				0.012** (0.005)
_cons	-4.121*** (0.098)	-3.001*** (0.078)	-2.434*** (0.097)	-2.379*** (0.098)
R^2	0.4848	0.4886	0.5979	0.5988
sigma_u	0.2930	0.3788	0.3746	0.3675
sigma_e	0.1685	0.1264	0.1122	0.1121
rho	0.7513	0.8997	0.9176	0.9148
N	2601	2601	2601	2601

注：括号中数值为标准差，其中*代表 p<0.1，**代表 p<0.05，***代表 p<0.01。

资料来源：笔者根据统计年鉴数据利用 Stata 软件测算整理。

四、稳健性检验

（一）替换解释变量

在分析数字经济对共同富裕影响的同时，还应该注意由于计算方法的不

① 刘荣增，何春．环境规制对城镇居民收入不平等的门槛效应研究［J］．中国软科学，2021（8）：41-52.

同而导致的检验结果的差异。为此，本部分内容将进一步采用变异系数法对数字经济水平进行测算，并进行回归，结果如表 7-6 所示。结果显示，数字经济的系数为正，说明研究结论具有稳健性。

表 7-6 稳健性检验 1

变量	基本方程	扩展方程		
	(1)	(2)	(3)	(4)
ln*digital*2	0.126*** (0.017)	0.049*** (0.013)	0.022** (0.011)	0.021* (0.011)
ln*fiscal*		0.127*** (0.012)	0.129*** (0.011)	0.119*** (0.013)
ln*upgrading*		0.281*** (0.016)	0.173*** (0.018)	0.177*** (0.019)
ln*density*			-0.171*** (0.022)	-0.171*** (0.023)
ln*tech*			0.099*** (0.010)	0.099*** (0.010)
ln*fdi*				0.011* (0.006)
_cons	-3.999*** (0.189)	-2.918*** (0.139)	-2.370*** (0.165)	-2.333*** (0.170)
N	2601	2601	2601	2601
R^2	0.063	0.483	0.596	0.597

注：括号中数值为标准差，其中*代表 $p<0.1$，**代表 $p<0.05$，***代表 $p<0.01$。

资料来源：笔者根据统计年鉴数据利用 Stata 软件测算整理。

（二）替换方法

目前常用的面板数据回归方法主要有固定效应模型、随机效应模型和混合 OLS 模型三种，接下来使用随机效应模型和混合 OLS 模型进行检验，结果如表 7-7 所示。其中列（1）、列（2）为使用随机效应模型的回归结果，列（3）、列（4）为使用混合 OLS 模型的回归结果，结果显示，数字经济的系数显著为正，验证了结论的稳健性。

表 7-7 稳健性检验 2

变量	随机效应模型		混合 OLS 模型	
	基本方程（1）	扩展方程（2）	基本方程（3）	扩展方程（4）
ln*digital*1	0. 286*** （0. 007）	0. 087*** （0. 009）	0. 209*** （0. 010）	0. 061*** （0. 008）
ln*fiscal*		-0. 106*** （0. 012）		0. 080*** （0. 009）
ln*upgrading*		0. 134*** （0. 013）		0. 156*** （0. 011）
ln*density*		-0. 072*** （0. 007）		-0. 093*** （0. 010）
ln*tech*		0. 134*** （0. 006）		0. 118*** （0. 005）
ln*fdi*		0. 073*** （0. 005）		0. 030*** （0. 005）
_cons	-5. 078*** （0. 058）	-3. 763*** （0. 063）	-4. 421*** （0. 085）	-3. 195*** （0. 082）
N	2601	2601	2601	2601
R^2	0. 414	0. 606		

注：括号中数值为标准差，其中 * 代表 p<0. 1，**代表 p<0. 05，***代表 p<0. 01。

资料来源：笔者根据统计年鉴数据利用 Stata 软件测算整理。

五、异质性检验

在城市的发展变迁过程中，每个城市都形成了各自的特质，表现在城市的区域位置、规模大小、文化水平等诸多方面，这些特质对城市的数字经济水平产生了不同程度的影响。为此，本部分内容进一步从城市特质角度分析数字经济促进共同富裕的异质性。

（一）科教水平异质性

高等院校是进行科研活动和人才培养的重要基地，能够为城市数字经济的发展提供丰富的人才和智力支持，是我国数字经济发展的关键主体。科教水平较高的城市人才培养水平更高，科研活动也更为丰富，因此有必要考察不同科教水平下数字经济促进共同富裕效果的差异。高校是否入选“211 工程”已经成为衡量高校科教发展质量的重要标志，因此，本部分内容根据各城市是否拥有“211 工程”高校将样本划分为高科教水平城市和低科教水平城市①，并进行检验。结果如表 7-8 所示。结果显示，科教水平较高城市与科教水平较低城市的数字经济系数均显著为正，分别为 0.086、0.039，说明高科教水平城市中数字经济促进共同富裕的效果更为显著。可能的解释是，高科教水平城市的人力资本和创新资源比较丰富，使城市的创新潜能得到充分挖掘，创新成果顺利转化，为数字经济发展提供了合适的契机和平台，数字经济能够带动经济发展，改善收入分配，缩小贫富差距，有利于共同富裕的实现。而低科教水平城市数字经济发展相对较慢，导致其对共同富裕提升的作用也相对较弱。

表 7-8 异质性检验

变量	城市科教		城市规模		城市区位	
	高	低	大	中小	东	中西
ln*digital*1	0.086*** (0.024)	0.039*** (0.009)	0.085*** (0.013)	0.034*** (0.010)	0.070*** (0.016)	0.047*** (0.009)
ln*fiscal*	-0.003 (0.042)	0.087*** (0.009)	0.065*** (0.016)	0.095*** (0.010)	0.077*** (0.019)	0.079*** (0.010)
ln*upgrading*	0.415*** (0.035)	0.131*** (0.011)	0.268*** (0.020)	0.121*** (0.013)	0.363*** (0.030)	0.127*** (0.012)
ln*density*	0.051 (0.043)	-0.100*** (0.010)	-0.158*** (0.014)	-0.096*** (0.015)	-0.126*** (0.018)	-0.091*** (0.011)
ln*tech*	0.045*** (0.013)	0.124*** (0.005)	0.086*** (0.008)	0.125*** (0.006)	0.090*** (0.009)	0.120*** (0.005)
ln*fdi*	0.000 (0.013)	0.032*** (0.005)	0.015 (0.010)	0.031*** (0.005)	0.011 (0.012)	0.035*** (0.005)
_cons	-3.762*** (0.305)	-3.032*** (0.086)	-2.658*** (0.151)	-3.044*** (0.106)	-2.772*** (0.177)	-3.138*** (0.091)
N	315	2286	954	1647	783	1818

注：括号中数值为标准差，其中*代表 $p<0.1$，**代表 $p<0.05$，***代表 $p<0.01$。

资料来源：笔者根据统计年鉴数据利用 Stata 软件测算整理。

① 具有“211 工程”学校的城市有北京、上海、天津、重庆、保定、太原、呼和浩特、大连、沈阳、长春、哈尔滨、南京、苏州、无锡、杭州、合肥、厦门、福州、南昌、济南、青岛、郑州、武汉、长沙、广州、南宁、成都、绵阳、贵阳、昆明、西安、兰州、乌鲁木齐、石河子、银川、西宁、拉萨。受数据资料限制，本部分内容选取的样本城市并未包含石河子和拉萨。

（二）城市规模异质性

不同规模城市在经济发展、要素配置等方面存在较大差异，这些差异可能还会进一步影响数字经济促进共同富裕的水平。一般而言，大城市经济基础好，科技创新能力强，数字经济发展水平较高。而中小城市则因经济基础薄弱，对创新要素的吸引力不强，使得其数字经济水平也相对较低。根据中心城区人口数量，本部分内容将样本划分为大城市和中小城市①进行检验。结果如表 7-8 所示。可以看出，大城市的数字经济系数为 0.085，中小城市的数字经济系数为 0.034，说明数字经济促进共同富裕的效应在大城市中更加明显。原因在于大城市数字化基础较好，不仅有传统产业集群，也有新兴数字产业集群发展要素，产业数字化与数字产业化同步推进，并且大城市聚集了优秀的科研人才，数字化领域人才济济，使得数字经济发展水平较高。相较于大城市，多数中小城市数字化基础薄弱，仅有税务、公安等少量政府部门建立了信息化系统，部分领域信息化空白，人才相对较少，导致其数字经济发展水平相对落后，对共同富裕的促进作用也相对较小。

（三）城市区位异质性

各区域由于地理区位、自然条件的不同，发展存在较大差异。东部地区凭借优越的区位和政策的支持优先发展起来，成为发展水平较高的地区，而中西部地区均为内陆省份，基础设施相对落后，经济发展水平也相对较低，使其创新科技水平、数字技术发展水平与东部地区存在显著差异。本部分内容根据城市所处区域将样本划分为东部地区和中西部地区进行检验，结果如表 7-8 所示。可以看出，无论是在东部地区还是在中西部地区，数字经济的发展都能够促进共同富裕，但东部地区的数字经济系数较大，表明数字经济促进共同富裕的效果在东部地区更加明显。当前，我国数字经济区域发展不平衡，呈现“东高西低”的态势，东部地区特别是江浙沪地区，数字经济发展势头强劲，发展相对均衡，东部地区的经济水平、结构优化、资源环境改善等都对数字经济发展做出了重要的贡献，整体发展质量较高，而中西部地区数字经济发展整体质量低，并且不平衡程度较大，对周边地区的辐射作用

---

① 根据国务院 2014 年颁布的《关于调整城市规模划分标准的通知》，本部分内容将城区常住人口为 100 万以上城市视为大城市，城区常住人口小于 100 万城市视为中小城市。

不明显，导致其促进经济发展、改善收入分配的能力较差，因而对共同富裕的促进作用也较弱。

第四节　中介效应检验

一、中介效应模型介绍

在众多领域的研究中通常需要探讨变量之间的关系，尤其是自变量对因变量的影响。但由于实际问题的复杂性，自变量在影响因变量的同时，还能通过第三变量间接地影响因变量，这个第三变量被称为中介变量。与仅仅分析自变量对因变量的影响相比，中介效应的分析方法不但更为先进，而且还能够得出更为深刻的研究结论。近些年，国内学者对中介变量的研究越来越重视，但其研究大多停留在简单中介效应，即只有一个单一的中介变量，此外，还存在多重中介效应，即在自变量和因变量之间有多个变量同时起中介作用，而且多个中介变量并无顺序可分，这样的中介效应模型被称为一元并行多重中介效应模型，表现形式如图 7-1 所示。

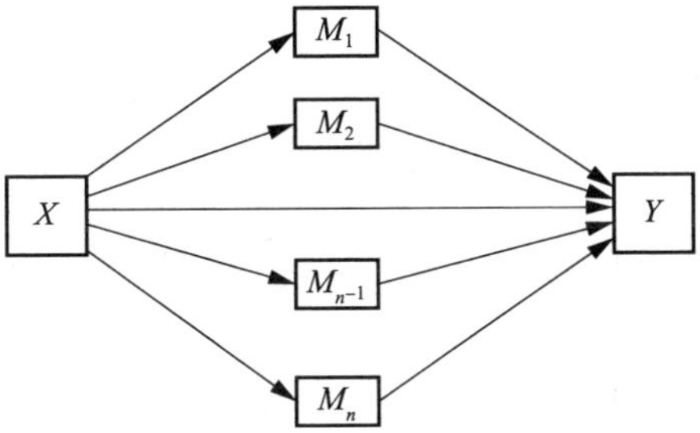

图 7-1　一元并行多重中介效应模型

根据图 7-1，我们可设定如下形式的一元并行多重中介效应模型回归方程：

$$Y=\tau X+\varepsilon_X \tag{7-3}$$

$$M_i=\alpha_i X+\varepsilon_i \tag{7-4}$$

$$Y=\tau' X+\sum_{i=1}^{n}\beta_i M_i+\varepsilon \tag{7-5}$$

其中，τ 表示 X 对 Y 的总效应，τ'为 X 对 Y 的直接效应，那么 $\tau'-\tau$ 表示 X 对 Y 的总中介效应，α_i，β_i 为个别中介效应，并有以下公式成立：

$$\tau = \tau' + \sum_{i=1}^{n} \alpha_i \beta_i \tag{7-6}$$

一元并行多重中介模型是将多个中介变量放在同一个中介效应模型中，相对于简单中介效应模型，一元并行多重中介效应模型具有一定优势，具体如下：第一，在对模型进行检验时能够对多个中介变量同时进行回归分析，借助总效应的显著性对这些中介变量的中介效应加以判断；第二，通过将多个中介变量放到模型中，可以有效避免因遗漏变量而导致的误差；第三，能够借助对各个变量中介效应的绝对量和相对量的大小的判断，进行针对性的比较分析。

二、中介效应模型检验

一元并行多重中介效应模型的检验包括以下三个部分：

第一，总体中介效应的估计和检验。

根据上述分析可知，总体中介效应为 $\tau-\tau'$（或者 $\sum_{i=1}^{n} \alpha_i \beta_i$），可通过 t 检验来判断其显著性，根据麦格根（McGuigan）和朗霍兹（Langholtz）提出的 t 检验统计公式，即：

$$t_{N-2} = \frac{\tau-\tau'}{\sqrt{\sigma_{\tau}^{2}+\sigma_{\tau}^{2}{}'-2\rho_{\tau\tau'}\sigma_{\tau}\sigma_{\tau'}}} \tag{7-7}$$

其中，σ_{τ}，$\sigma_{\tau'}$分别为τ，τ'的标准误差，$\rho_{\tau\tau'}$为τ与τ'的相关系数。

由于总体中介效应的衡量还可以借助 $\sum_{i=1}^{n} \alpha_i \beta_i$，可通过多元德尔塔方法对 $\sum_{i=1}^{n} \alpha_i \beta_i$ 的显著性检验进行中介效应检验，具体步骤可参见个别中介效应的检验。

第二，个别中介效应的估计和检验。

检验个别中介效应，即检验 $\alpha_i\beta_i$ 的显著性，同简单中介效应检验方法一致，用 Sobel 检验即可完成。Sobel 检验的统计量为 $Z=\alpha_i\beta_i/S_{\alpha_i\beta_i}$，其中 α_i，β_i 分别为第二个方程中自变量的回归系数和第三个方程中中介变量的回归系数，S_{α_i}，S_{β_i} 分别是 α_i，β_i 的标准误差（在 Sobel 检验中，用公式 $S_{\alpha_i\beta_i} = \sqrt{\alpha_i^2 S_{\beta_i}^2+\beta_i^2 S_{\alpha_i}^2}$ 直接计算 $S_{\alpha_i\beta_i}$）。

第三，中介效应的比较和检验。

多重中介效应模型可以就自变量通过不同的中介变量对因变量产生影响

的机理进行探讨，因此，在研究分析总体中介效应的同时，还需要对不同路径的中介效应进行比较。对于一元并行多重中介效应模型，我们可以通过计算个别中介效应占总体中介效应的比重来比较不同中介变量在自变量影响因变量过程中所起作用的大小。当 $\alpha_i\beta_i>0$ 时，个别中介效应占总体中介效应的比重为 $\alpha_i\beta_i/\sum_{i=1}^{n}\alpha_i\beta_i$；当 $\alpha_i\beta_i$ 存在负数时，个别中介效应占总体中介效应的比重为 $|\alpha_i\beta_i|/\sum_{i=1}^{n}|\alpha_i\beta_i|$。①

三、模型设定

上述理论分析表明，数字经济会通过优化资源配置、提高技术创新水平、推进协调发展促进共同富裕。本部分内容将采用中介效应模型验证数字经济影响共同富裕的作用机理。借鉴温忠麟和叶宝娟（2014）② 的做法，设置中介效应模型如下：

$$\ln prosperity_{i,t}=\beta_0+\beta_1\ln digital_{i,t-1}+\beta_2X_{i,t}+\varepsilon_{i,t} \tag{7-8}$$

$$M_{i,t}=\alpha_0+\alpha_1\ln digital_{i,t}+\alpha_2X_{i,t}+\varepsilon_{i,t} \tag{7-9}$$

$$\ln prosperity_{i,t}=\eta_0+\eta_1\ln digital_{i,t-1}+\eta_2M_{i,t}+\eta_3X_{i,t}+\varepsilon_{i,t} \tag{7-10}$$

其中，$\ln prosperity_{i,t}$ 为被解释变量，$\ln digital_{i,t}$ 为解释变量，$M_{i,t}$ 为中介变量，分别是资源配置水平（ln*allocation*）、科技创新水平（ln*innovation*）、协调发展指数（ln*coordinate*），$X_{i,t}$ 为控制变量，β_i，α_i，η_i（$i=1$，2，3，4）为待估参数，$\varepsilon_{i,t}$ 为随机扰动项。

四、结果分析

表 7-9 是数字经济对共同富裕影响机制的检验结果。

关于数字经济通过优化资源配置影响共同富裕的检验结果。回归结果显示数字经济促进了资源的优化配置，资源的优化配置提升了共同富裕水平，原因在于共同富裕作为党和人民追求的终极目标，其实现的前提是社会生产力的提高，只有社会生产力提高，才能满足人民日益增长的物质文化需求。

① 何春．中国城镇化的农村减贫效应研究［D］．沈阳：辽宁大学，2018.

② 温忠麟，叶宝娟．中介效应分析：方法和模型发展［J］．心理科学进展，2014，22（5）：731-745.

数字经济的发展赋予了生产力新的活力，极大地提升了社会生产的能力。数据作为关键的生产要素，能在生产中连接各项经济活动，推动资本、土地、劳动力等要素的优化重组，增强资源配置的合理性，提高要素的投入和产出效能，促进社会生产力的进一步发展。大数据、物联网等数字技术可以有效整合信息、精准分配任务，进行智能化生产制造，全面提升产业的生产效率，推动产业数字化、智能化发展。数字化、智能化的网络平台，能够实现消费者与供给者的有效对接，减少信息不对称，降低交易成本，提升经济运行效率。同时数字经济的发展打破了传统价值链分工的微笑收益曲线模式，使价值链分工更加扁平化，为市场主体参与分工创造更加公平的利益分配方式（何盈颖，2021）。① 数字经济通过数字产业化与产业数字化实现数字经济与实体经济的融合发展，形成一定范围内的规模经济，从而在投资、消费、对外贸易等方面对经济发展产生倍增的乘数效应。据统计，2020 年我国的数字经济规模为 39.2 万亿元，增速 9.7%，对三次产业的渗透率分别为 8.90%、21.00% 和 40.70%，有效助力了宏观经济的发展。可见，我国的数字经济已经由萌芽期步入快速发展时期，发展潜力持续增长，对经济增长产生巨大拉动效应（蒋永穆和亢勇杰，2022）。② 数字经济契合共同富裕对生产力发展的要求，通过资源的优化配置，提升社会生产力，不断夯实实现共同富裕的物质基础。

表 7-9 中介效应检验结果

变量	资源配置		科技创新		协调发展	
	ln*allocation*	ln*prosperity*	ln*innovation*	ln*prosperity*	ln*coordinate*	ln*prosperity*
ln*digital*1	0.120*** (0.038)		0.089*** (0.015)		0.070*** (0.022)	
ln*allocation*		0.025*** (0.004)				
ln*innovation*				0.089*** (0.011)		
ln*coordinate*						0.051*** (0.007)

① 何盈颖．中国数字经济对产业结构升级的影响研究［D］．保定：河北大学，2021.

② 蒋永穆，亢勇杰．数字经济促进共同富裕：内在机理、风险研判与实践要求［J］．经济纵横，2022（5）：21-30+135.

续表

变量	资源配置		科技创新		协调发展	
	ln*allocation*	ln*prosperity*	ln*innovation*	ln*prosperity*	ln*coordinate*	ln*prosperity*
ln*fiscal*	−0.378*** (0.041)	0.058*** (0.009)	0.930*** (0.016)	−0.016 (0.014)	0.065*** (0.024)	0.074*** (0.008)
ln*upgrading*	−0.162*** (0.052)	0.161*** (0.011)	−0.135*** (0.020)	0.178*** (0.011)	0.327*** (0.031)	0.150*** (0.011)
ln*density*	−0.015 (0.043)	−0.078*** (0.010)	0.119*** (0.016)	−0.090*** (0.010)	0.035 (0.025)	−0.090*** (0.010)
ln*tech*	−0.011 (0.022)	0.132*** (0.004)	−0.001 (0.008)	0.132*** (0.004)	0.094*** (0.013)	0.123*** (0.004)
ln*fdi*	−0.148*** (0.021)	0.032*** (0.005)	0.059*** (0.008)	0.030*** (0.005)	−0.012 (0.013)	0.032*** (0.005)
_cons	−2.624*** (0.356)	−2.941*** (0.063)	0.580*** (0.133)	−2.964*** (0.063)	−0.165 (0.204)	−2.719*** (0.064)
N	2601	2601	2601	2601	2601	2601

注：括号中数值为标准差，其中*代表 p<0.1，**代表 p<0.05，***代表 p<0.01。

资料来源：笔者根据统计年鉴数据利用 Stata 软件测算整理。

关于数字经济通过科技创新影响共同富裕的检验结果。回归结果显示数字经济提升了科技创新水平，科技创新推动了共同富裕发展，说明数字经济作为新型经济，有助于推动生产力变革，实现产业结构升级，并推动与实体经济的创新融合，意味着大数据、物联网等数字技术对传统产业的变革和创新，催生出一批极具活力的新业态、新产品，推动了经济的快速发展，为共同富裕的实现打下了坚实的基础。共同富裕是一个动态的过程，要求社会成员的共同参与、共同建设和共同享受。数字经济展现的巨大发展潜力，提升了居民创造的积极性，推动了产品的创新和社会生产的进步，在促进社会成员共建共富中起到助推作用。首先，创新是经济发展的重要动力。数字经济依托数字技术、数字资源的发展，具有较强的创新效应，涌现出一系列数字化产品，如第二产业中的“云工厂”、智能制造，第三产业中的数字旅游、数字医疗、数字教育等新型业态，在经济下行压力下提振经济的发展。特别是在新冠肺炎疫情期间，依托数字技术产生的线上教育、线上办公得到全面应用，维持了经济社会的平稳运行，促进了社会财富的创造。其次，数字经济的创新效应使现代科技代替传统劳动者承担繁重工作任务，减轻了劳动者的工作强度，使劳动者有更多的时间投入学习中，提高自身的素质和道德水平。而且数字经济也能够改善工作环境和生活条件，使人们拥有更加舒适、体面的工作生活场景，随时享受互联网服务，提升了生活质量，丰富了精神生活，从而促进社会成员的精神富裕（袁梦瑶和杨娟，2022）。①

关于数字经济通过推动协调发展影响共同富裕的检验结果。回归结果显示数字经济促进了协调发展，协调发展推动了共同富裕。共同富裕的核心是推进收入分配公平，即在丰富的物质基础的前提下，通过政策措施缩小收入差距，确保发展成果惠及全体人民。而以数字技术为依托的数字经济具有强渗透性与广覆盖性，能够通过协调效应缩小差距，促进共同富裕。首先，数字信息资源容易实现区域间的流动，降低产业的空间集聚，促进生产的分散化，一定程度上打破了地区划分和行政垄断，促进了发展的均衡性。而且数字经济代表新的发展方向，能够吸引大量要素资源集聚，形成较为强势的区域中心，当区域中心发展到一定规模时，其产生的溢出效应能够促进周边地区的发展，从而为整个区域提供更多的发展机会，推动区域的协调发展，促进共同富裕。其次，数字经济能够促进生产要素的向下流动，带动农村地区数字基础设施普及，助推农业现代化的发展。数字经济还可借助数字平台对农村的绿水青山、农产品进行推广宣传，促进农业产业振兴，缩小城乡差距（温念军，2021）。② 数字经济作为经济发展的新引擎，能够将信息流、资金流、技术流等带到欠发达地区，促进产业分布均衡化、加快乡村振兴建设、弥补公共服务短板，带动均衡共享式增长，促进区域协调、城乡融合和公共服务均等化，助推共同富裕。最后，数据作为一种生产要素，参与分配过程。社会成员可以通过提供数据要素获取收入，数据确权的改革将会使数据要素分配更加合理，从而促进不同群体的共同发展（蒋永穆，2020）。③

第五节　本章小结

数字经济作为新的经济增长方式，能够有效应对疫情对经济带来的冲击，

① 袁梦瑶，杨娟．试论数字经济四大效应助推共同富裕［J］．现代交际，2022（5）：55-61+122.
② 温念军．发展数字经济　助力乡村振兴［N］．钦州日报，2021-11-22（6）.
③ 蒋永穆．数据作为生产要素参与分配的现实路径［J］．国家治理，2020（31）：43-45.

催生出许多数字化新兴产业，展现出巨大的发展活力。在数字经济成为新发展趋势的同时，数字经济对共同富裕的影响也成为社会各界关注的重点。本章基于中国 2011—2019 年 289 个城市的面板数据对数字经济影响共同富裕的效应进行检验。研究结果发现：一是数字经济促进了共同富裕水平的提升，并且一系列的稳健性检验验证了结论的可靠性和稳定性；二是数字经济对共同富裕的影响存在异质性，对科教水平高的城市、大城市以及东部地区的城市作用效果要更强；三是数字经济能够通过优化资源配置、提高科技创新水平、推进协调发展推动共同富裕。

第八章

数字经济促进共同富裕的门槛效应

由前文的分析可知，数字经济与共同富裕存在线性关系，即数字经济会促进共同富裕，但是据此得出的结论难免存在一定的片面性。数字经济与共同富裕之间是否存在非线性关系呢？考虑到各地区在经济发展水平以及人力资本水平上的差异，本章将首先从理论上分析数字经济促进共同富裕的门槛效应，然后采用门槛回归模型从经济发展水平和人力资本水平两个角度实证检验数字经济促进共同富裕的门槛效应。

第一节　理论分析

21世纪，第三次科技革命以云计算、物联网、人工智能等信息技术为代表席卷全球。把握第三次科技革命带来的机遇，充分发展数字经济成为各国发展的重要任务。在中国，数字经济在金融、创新、消费等领域具有诸多优势，正在重构经济发展格局，对中国经济的提质增效起着重要推动作用。数字经济促进共同富裕的效应大小受到地方经济发展水平的影响。一般而言，地方经济发展水平越高，网络基础设施建设就越完善，而数字经济的发展主要依托以大数据平台、云计算、物联网等为核心的网络基础设施。[①] 数字经济发展的首要条件是建立高速安全的网络基础设施，网络基础设施的建设需要投入大量的资金，当地区经济发展水平较高时，才能为网络基础设施建设提供充足的资金支持。网络基础设施建设能够开拓诸如电子商务、信息物流、

① 魏亚飞，李言．网络基础设施与数字经济产业化——来自“宽带中国”政策的准自然实验［J］．云南财经大学学报，2021，37（7）：1-14.

云平台等市场（郭朝先等，2020）[①]，促进一大批相关数字企业的成立，带动地方的劳动力就业，进而推动共同富裕的实现。网络基础设施的完善进一步打破了人们交往、交易的时空限制，促进线上购物、网络咨询等的发展（薛成等，2020）。[②] 根据商务部数据，我国2020年实现的全年电子商务交易额达到37.21万亿元，同比增长6.9%，从细分产品看，我国电子商务交易最多的种类是商品类，2020年实现交易额27.95万亿元，市场占比75.11%；其次为服务业电商，交易额8.08万亿元，市场占比21.71%，推动电子商务、物流行业、信息咨询行业的发展，加速了数字经济产业的发展。数字产业的发展改变着居民的消费方式，使居民的消费变为线上线下融合消费、物质消费与精神消费多元兼顾，实现了居民消费与数字产业的协同发展，有利于共同富裕的实现。

具体而言，数字经济促进共同富裕的经济发展水平门槛效应体现在以下三个方面：第一，交易成本效应。经济学中的交易成本理论认为，交易成本下降是促进经济发展的关键因素。数字经济的发展是以数字信息技术为依托，以互联网为载体的经济活动。地方经济越发达，互联网的普及率就越高，网络基础设施就越完善，进而加速信息的流动与传播，降低信息交易成本，提升信息服务水平，推动城市数字经济的发展，而数字经济的发展又能够创造出巨大的物质财富，为共同富裕创造丰厚的物质条件。第二，多边平台效应。多边平台是对双边平台的扩展，为不同的消费者提供一个可以直接进行交易的平台。经济发展水平的提升会促进网络平台的建设和规章制度的完善，保障平台经济的健康平稳发展。数字经济平台的发展为多边平台提供了可能，数字经济能够优化新业态的资源配置，促进各种资源收入分配的合理化，有利于实现共同富裕。第三，规模效应。根据规模效应理论，随着互联网用户数量呈现不断递增的趋势，使用互联网的边际成本呈现下降趋势，而边际收益是增加的。当边际收益与边际成本之差大于零时，理性的企业家会对生产规模进行扩大，从而获取更高的利润。因此，当城市经济发展水平较高时，会有更多的居民使用互联网，从而降低边际成本，扩大数字企业的生产规模，促进经济发展活力的进一步增强，推动经济的发展和人们生活水平的提

---

① 郭朝先，王嘉琪，刘浩荣．“新基建”赋能中国经济高质量发展的路径研究［J］．北京工业大学学报（社会科学版），2020，20（6）：13-21.

② 薛成，孟庆玺，何贤杰．网络基础设施建设与企业技术知识扩散——来自“宽带中国”战略的准自然实验［J］．财经研究，2020，46（4）：48-62.

升。[①] 据此，提出假设：

H_1：数字经济对共同富裕的影响存在经济发展水平的门槛效应，经济发展水平越高，数字经济对共同富裕的促进作用就越明显。

数字经济作为新型经济，依托数据资源与信息技术改变传统生产方式，进而提升生产效率，为社会创造丰富的物质财富。一方面，数字经济的技术性特征能够使生产可能性曲线向外移动，提升部门的生产效率，促进经济内涵式发展。另一方面，数据要素和信息技术的可流动性打破了时空限制，畅通区域要素的流动，降低了要素和产品的流通交易成本，有利于实现资源的优化配置。[②] 此外，数字经济的渗透效应可为落后地区的发展带来机遇，推动落后地区的产业升级，让更多的人分享数字经济发展的福利，推动共同富裕。数字经济的发展，也会降低不同部门之间进行联动的成本，从而使参与者获得几何倍递增的收益，并且这种梅特卡夫法则会随着人力资本水平的提高而变得越发明显。[③] 原因在于，由数字经济催生出的新业态、新模式等需要较高水平人力资本的知识储备，人力资本为数字经济的可持续发展提供了智力支持和知识积累。此外，由于数字经济具有较强的正外部性，人力资本水平的提升会正向强化数字经济的非线性溢出效应，在更大范围内释放数字经济为共同富裕发展带来的红利。[④] 可见，不同层次的人力资本水平的提升进一步放大了数字经济促进共同富裕的作用。

数字经济时代的到来，使得人力资本对经济发展的作用更加凸显。人力资本可从以下三个方面为经济持续发展提供动力。首先，人力资本是数字经济发展的重要组成部分，能够通过提供高质量的劳动力促进数字经济的发展，推动经济发展的质量变革，促进高质量发展。数字经济的发展也需要与之匹配的人力资本供给，较高水平的人力资本能够满足数字经济发展的岗位需

① 刘雅君，蒋国梁．网络基础设施建设推动了城市数字经济发展吗？——基于“宽带中国”战略的准自然实验［J］．求是学刊，2022，49（3）：61-73.

② 蔡跃洲，张钧南．信息通信技术对中国经济增长的替代效应与渗透效应［J］．经济研究，2015（12）：100-114.

③ 赵涛，张智，梁上坤．数字经济、创业活跃度与高质量发展——来自中国城市的经验证据［J］．管理世界，2020，36（10）：65-76.

④ 林映贞．互联网、不同层次教育与经济高质量发展［D］．大连：大连理工大学，2021.

求。[①] 其次，人力资本水平的提升能够进一步推动经济效率变革，促进劳动生产率的提升。贝克尔（Becker）和舒尔茨（Schultz）认为人力资本是促进经济发展的不竭动力，特别是当“刘易斯拐点”出现时，劳动力的供给不再增加，但是成本不停上升，此时只能通过改善劳动力的质量促进经济的增长。[②] 人力资本能够通过提高劳动生产率，促进效率变革，进而实现经济的增长，为共同富裕创造物质财富。最后，人力资本通过推动技术创新促进动力变革，推动经济增长。[③] 人力资本水平的提升能够为创新提供智力支持，加快科技创新的步伐，实现经济高质量增长。教育经济学理论指出，不同水平的人力资本在知识技能和科技水平上存在差异，对经济发展的贡献也不一样。[④] 较高水平的人力资本掌握更高的科技水平，能够利用数字信息技术、互联网平台找到满意的工作，有利于促进高质量就业和共同富裕目标的实现。[⑤] 据此，提出假设：

H_2：数字经济对共同富裕的影响存在人力资本的门槛效应，人力资本水平越高，数字经济对共同富裕的促进作用就越明显。

第二节　面板门槛模型介绍

前面的理论分析表明数字经济与共同富裕存在非线性关系，即在不同的经济发展水平和人力资本水平下，数字经济对共同富裕的影响是不同的。为避免传统划分方式主观性强的特点，我们采用汉森（Hansen，1999）提出的面板门槛模型对样本数据进行自动划分确定门槛值，以此探讨数字经济与共同富裕的非线性关系。可先从简单的单一门槛模型设定出发，然后逐步扩展到多重门槛模型。

---

① 中国劳动经济学会就业促进专业委员会课题组．STEM 教育与中国经济高质量发展［J］．中国经济报告，2020（4）：68-86.

② 汪晓文，杜欣．中国经济增长方式转变的影响因素及路径选择［J］．北京理工大学学报（社会科学版），2018，20（6）：104-111.

③ 中国劳动经济学会就业促进专业委员会课题组．STEM 教育与中国经济高质量发展［J］．中国经济报告，2020（4）：68-86.

④ 陈晋玲．教育层次结构与经济增长关系的实证研究——基于 2000—2011 年面板数据分析［J］．重庆大学学报（社会科学版），2013，19（5）：166-172.

⑤ 丛屹，闫苗苗．数字经济、人力资本投资与高质量就业［J］．财经科学，2022（3）：112-122.

首先，以单一门槛模型为例，对面板门槛模型进行介绍，模型设定如下：

$$y_{it}=u_i+\theta_1 x_{it}\cdot I(thr_{it}\leqslant h)+\theta_2 x_{it}\cdot I(h<thr_{it})+\varepsilon_{it} \quad (8-1)$$

其中，i 和 t 分别代表城市和年份，thr_{it} 为门槛变量，h 为门槛值，I（·）为指示性函数，u_i 为个体固定效应，ε_{it} 为随机扰动项，且服从独立同分布，即 $\varepsilon_{it}\sim i.i.d.N(0,\ \delta^2)$。

式（8-1）还可表示为：

$$y_{it}=u_i+\theta x_{it}\cdot I(h)+\varepsilon_{it} \quad (8-2)$$

其中，

$$x_{it}I(h)=\begin{pmatrix} x_{it}I\ (thr_{it}\leqslant h) \\ x_{it}I\ (h<thr_{it}) \end{pmatrix}\ [\theta=(\theta_1,\ \theta_2)]$$

为消除不随时间变化个体固定效应对参数估计值的影响，我们需要消除个体效应的影响，具体做法为：先求出各个变量的组内平均值，然后用观测值减去与之对应的组内平均值。各变量的组内平均值为：

$$\overline{y_{it}}=u_i+\theta\,\overline{x_{it}}\cdot I(h)+\overline{\varepsilon_{it}} \quad (8-3)$$

其中，

$$\overline{y_i}=T^{-1}\sum_{t=1}^{T}y_{it},$$

$$\overline{\varepsilon_i}=T^{-1}\sum_{t=1}^{T}\varepsilon_{it},$$

$$\overline{x_i}(h)=\frac{1}{T}\sum_{t=1}^{T}x_{it}(h)=\begin{pmatrix} \frac{1}{T}\sum_{t=1}^{T}x_{it}I(thr_{it}\leqslant h) \\ \frac{1}{T}\sum_{t=1}^{T}x_{it}I(h<thr_{it}) \end{pmatrix}$$

公式（8-2）减去公式（8-3）：

$$y_{it}^*=u_i+\theta x_{it}^*\cdot I(h)+\varepsilon_{it}^* \quad (8-4)$$

其中，$y_{it}^*=y_{it}-\overline{y_i}$，$x_{it}^*(h)=x_{it}(h)-\overline{x_i}(h)$，$\varepsilon_{it}^*=\varepsilon_{it}-\overline{\varepsilon_i}$。

然后将观察值有时期的数据进行累加，形式如下：

$$y_{it}^*=\begin{bmatrix} y_{i2}^* \\ \vdots \\ y_{iT}^* \end{bmatrix}\quad x_{it}^*(h)=\begin{bmatrix} x_{i2}^* \\ \vdots \\ x_{iT}^* \end{bmatrix}\quad \varepsilon_{it}^*=\begin{bmatrix} \varepsilon_{i2}^* \\ \vdots \\ \varepsilon_{iT}^* \end{bmatrix}$$

我们用 Y^*，X^*，ε^* 表示将所有的观察值进行叠加的情形，如下所示：

$$Y^*=\begin{bmatrix} y_1^* \\ \vdots \\ y_n^* \end{bmatrix}\quad X^*=\begin{bmatrix} x_1^*(h) \\ \vdots \\ x_2^*(h) \end{bmatrix}\quad \varepsilon^*=\begin{bmatrix} \varepsilon_1^* \\ \vdots \\ \varepsilon_n^* \end{bmatrix}$$

经过变换后的公式（8-4）可表达为：

$$Y^* = X^*(h)\ \theta + \varepsilon^* \tag{8-5}$$

因此，对于任意给定门槛值 h，参数估计值 θ 都可采用 OLS 进行估计，表达式为：

$$\widehat{\theta}(h) = [X^*(h)'X^*(h)]^{-1}X^*(h)'Y^* \tag{8-6}$$

回归方程的残差向量为：$\widehat{\varepsilon}^*(h) = Y^* - X^*(h)\widehat{\theta}(h)$，残差平方和为：

$$S_1(h) = \widehat{\varepsilon}^*(h)'\widehat{\varepsilon}^*(h) = Y^*(I - X^*(h)'(X^*(h)'X^*(h))^{-1}X^*(h)')Y^* \tag{8-7}$$

然后利用 OLS 估计 h 值，通过最小化 $S_1(h)$ 值得到 h 的估计值：

$$\widehat{h} = \mathrm{argmin} S_1(h) \tag{8-8}$$

当得到 $\widehat{h}$ 值时，便可进一步求得参数估计值，$\widehat{\theta} = \widehat{\theta}(\widehat{h})$，残差向量 $\widehat{\varepsilon}^* = \widehat{\varepsilon}^*(\widehat{h})$，残差平方和的表达式为：

$$\widehat{\sigma}^2 = \frac{1}{n(T-1)}\widehat{\varepsilon}^{*\prime}\widehat{\varepsilon}^* = \frac{1}{n(T-1)}S_1(\widehat{h}) \tag{8-9}$$

在找到最优门槛值后，需要对门槛值进行两个检验：

检验 1：门槛效果在统计上是否显著。检验的原假设 H_0：$\theta_1 = \theta_2$，备择假设 H_1：$\theta_1 \neq \theta_2$。若原假设成立，则表明模型不存在门槛效应，此时模型可写为：

$$y_{it} = \mu_i + \theta_1 x_{it} + \varepsilon_{it} \tag{8-10}$$

对式（8-10）消除固定效应 μ_i，得到表达式：

$$y_{it} = \theta_1 x_{it}^* + \varepsilon_{it}^* \tag{8-11}$$

再利用 OLS 估计参数 θ_1，得到估计值 $\widetilde{\theta_1}$、残差 $\widetilde{\varepsilon_{it}^*}$ 和残差平方和 S_0，进一步得到原假设 H_0 的似然比检验统计量为：

$$F_1 = \frac{(S_0 - S_1(\widehat{\gamma}))}{\widehat{\sigma}^2} \tag{8-12}$$

其中，$S_0 = \tilde{\varepsilon}^{*\prime}\tilde{\varepsilon}^*$，$S_1(\widehat{\gamma}) = \widehat{\varepsilon}^*(\widehat{\gamma})'\widehat{\varepsilon}^*(\widehat{\gamma})$，$\widehat{\sigma}^2 = \frac{1}{n(T-1)}S_1(\widehat{h})$。

原假设条件下，门槛值 h 无法识别，因此统计量 F 不服从标准正态分布，汉森（Hansen，1999）提出采用 Bootstrap 自抽样法获得其渐近分布，进而获得 P 值。$\mathrm{P} = \frac{F_j \text{ 大于 } F_0 \text{ 的次数}}{\text{抽样次数}}$，其中，$F_j$ 为抽样样本计算的 F 统计量。由此可根据 P 值的大小和选定的显著性水平判断是否拒绝原假设，若 P 值小于选定的显著性水平，则拒绝原假设，表明模型至少存在一个门槛值。然后假定单一门槛值已知，搜索双重门槛第二个门槛值，最后固定双重门槛第二个门槛值搜索双重门槛第一个门槛值，检验第一个门槛值的稳定性和显著性。以此类推搜索三重门槛模型的门槛值。

当门槛效应存在时，γ 的估计值与真实值已知，但渐进分布是非标准的，因此汉森（1999）建议用 γ 检验的似然比统计量构造一个非拒绝域获得 γ 的置信区间。

检验 2：门槛的估计值是否等于真实值。原假设 H_0：$\gamma=\gamma_0$，对应的似然比统计量为：

$$LR_1(\gamma)=\frac{S_1(\gamma)-S_1'(\hat{\gamma})}{\hat{\sigma}^2} \tag{8-13}$$

根据 Hansen（1999）提供的公式计算出临界值：

$$c(\partial)=-2\log(1-\sqrt{1-\partial}) \tag{8-14}$$

如果 $LR_1(\gamma_0)>c(\partial)$，则表明拒绝原假设。置信水平 $1-\partial$ 的非拒绝域是一组满足 $LR_1(\gamma_0)\leqslant c(\partial)$ 的 γ 值，其中 $LR_1(\gamma)$ 的值由公式（8-13）计算得出，$c(\partial)$ 的值由公式（8-14）计算得出，这一组 γ 值的集合便形成了 γ 的置信区间。

上文描述了单一门槛的设定，但在现实中，模型可能会存在两个或两个以上门槛值，需要对多个门槛值进行检验，多个门槛值的求解思路与单一门槛值是一致的。① 具体可见汉森（1999）的阐述，这里不再赘述。

第三节　模型设定与变量选取

一、模型设定

借鉴汉森（1999）② 采用的门槛回归方法，选择经济发展水平、人力资

① 何春．城镇化进程中的贫困治理［M］．北京：中国经济出版社，2021.

② Hansen B E. Threshold Effects in Non-dynamic Panels：Estimation，Testing，and Inference［J］. Journal of Population Economics，1999，93（2）：345-368.

本水平为门槛变量，检验数字经济对共同富裕的门槛效应，假定存在双重门槛，设定模型如下：

$$\ln prosperity_{it}=\theta_0+\theta_1\ln digital\cdot I(thr_{it}\leqslant h_1)+\theta_2\ln digital\cdot I(h_1<thr_{it}\leqslant h_2)+\theta_3\ln digital\cdot I(h_2<thr_{it})+\theta_4X_{it}+\varepsilon_{it}$$

其中，$\ln prosperity_{it}$为被解释变量，thr_{it}为门槛变量，h_1 和 h_2 为门槛值，$I(thr_{it}\leqslant h_1)$，$I(h_1<thr_{it}\leqslant h_2)$，$I(h_2<thr_{it})$ 为指示性函数，X_{it}为控制变量，ε_{it}为随机扰动项。

二、变量选取

经济发展水平（ln*pgdp*）：网络基础设施建设对数字经济的发展具有重要作用。经济发展水平的提高能够为网络基础设施的建设提供资金支持，从而使基础设施更为丰富完善，为数字经济发展提供坚实的基础。本部分内容采用人均可支配收入反映经济发展水平。

人力资本水平（ln*human*）：人力资本是促进数字经济发展的重要源泉之一，它体现了一个人知识储备、技能水平和工作素养等多方面的优劣。由于人力资本的环境不同，数字经济对共同富裕产生的影响效应也有差异。我国目前没有针对人力资本的官方统计，而高校大学生是人力资本的重要来源，故本部分内容采用每万人在校大学生人数衡量人力资本水平。

第四节 实证结果分析

表 8-1 为门槛效应估计与检验结果。根据门槛效应检验结果，经济发展水平的单一门槛和三重门槛不显著，在 5%的显著性水平下，双重门槛通过了检验，因此，本部分内容基于双重门槛分析不同经济发展水平下数字经济对共同富裕的影响。人力资本三重门槛并不显著，单一门槛和双重门槛通过 5%水平下的显著性检验，因此，本部分内容基于单一门槛分析不同人力资本水平下数字经济对共同富裕的促进效应。

表 8-1 门槛效应估计与检验结果

门槛变量	门槛类型	F 值	P 值	BS 次数（次）	自抽样临界值		
					1%	5%	10%
ln*pgdp*	单一门槛	120.72	0.1124	400	141.9324	132.1339	123.5089
	双重门槛	85.85	0	400	37.5548	30.7893	25.3581
	三重门槛	70.66	0.8725	400	160.6651	146.0532	135.0230
ln*human*	单一门槛	39.40	0	400	28.0585	23.4357	21.0145
	双重门槛	29.20	0.0012	400	29.8455	21.7688	19.1114
	三重门槛	23.60	0.6025	400	51.1912	44.2066	39.9344

资料来源：笔者根据统计年鉴数据利用 Stata 软件测算整理。

一、经济发展水平的门槛效应

根据经济发展的两个门槛值将经济发展分为低水平阶段（$\ln pgdp \leqslant 10.0655$）、中等水平阶段（$10.0655 < \ln pgdp \leqslant 10.9483$）和高水平阶段（$\ln pgdp > 10.9483$），考察在不同经济发展水平下数字经济对共同富裕的影响，估计结果如表 8-2 所示。估计结果显示，数字经济对共同富裕的作用在低水平阶段并不显著，而在中等水平阶段和高水平阶段则呈现显著的正向效应，且在高水平阶段，数字经济对共同富裕的促进效应更加显著。可能的解释是当地方经济基础薄弱，发展水平较低时，地方政府缺乏资金来改善网络基础设施建设，而网络基础设施又是发展数字经济的必要条件，因此，会进一步限制数字经济的发展和共同富裕的实现。当经济发展达到中等水平时，数字基础设施已经初具规模，但是还尚未完善，使数字经济由于本身具有的溢出效应和规模效应无法完全发挥出来，呈现的发展程度也相对一般，因而对共同富裕的促进作用也有限。而当经济发展达到高水平时，数字基础设施比较完善，这样就会使数据信息和数字产品以较低的成本进行运输、传送和分析，这种边际成本递减效应可以促进企业进一步扩大数字产品范围，实现低成本的产品复制。此外，企业也可根据消费者偏好的数据匹配满足消费者多样化的需求，刺激消费，从而促进经济发展，创造物质财富。经济发展水平较高的地区由于数字基础设施比较完善，不仅能实现“互联网+”消费的融合发展，还能促进“互联网+”

教育、医疗、农业的发展，以此逐步消除数字鸿沟，促进经济的发展和社会的进步（田勇和殷俊，2019；何宗樾等，2020）①②，在这种情况下，数字经济对共同富裕的促进效应最大。

表 8-2　面板门槛模型估计结果

变量	ln*pgdp*	变量	ln*human*
ln*fiscal*	0.104*** (0.008)	ln*fiscal*	0.119*** (0.008)
ln*upgrading*	0.171*** (0.010)	ln*upgrading*	0.170*** (0.011)
ln*density*	−0.170*** (0.011)	ln*density*	−0.157*** (0.012)
ln*tech*	0.078*** (0.005)	ln*tech*	0.095*** (0.005)
ln*fdi*	0.006 (0.004)	ln*fdi*	0.010** (0.005)
ln*digital* · *I* ($thr \leq h_1$)	0.013 (0.008)	ln*digital* · *I* ($thr \leq h_1$)	0.032*** (0.008)
ln*digital* · *I* ($h_1 < thr \leq h_2$)	0.024*** (0.008)	ln*digital* · *I* ($thr > h_1$)	0.040*** (0.008)
ln*digital* · *I* ($thr > h_2$)	0.034*** (0.008)		
_cons	−2.220*** (0.096)	_cons	−2.476*** (0.099)
N	2601	*N*	2601
R^2	0.629	R^2	0.605

注：括号中数值为标准差，其中*代表 p<0.1，**代表 p<0.05，***代表 p<0.01。

资料来源：笔者根据统计年鉴数据利用 Stata 软件测算整理。

① 田勇，殷俊．互联网进村的减贫效果评估及其机制分析——基于农村电商创业热潮的背景［J］．现代经济探讨，2019（2）：98-106.

② 何宗樾，张勋，万广华．数字金融、数字鸿沟与多维贫困［J］．统计研究，2020，37（10）：79-89.

二、人力资本水平的门槛效应

根据人力资本的门槛值，本部分内容将人力资本分为低人力资本（$\ln human \leqslant 4.3513$）和高人力资本（$\ln human > 4.3513$），进而对数字经济在不同人力资本水平下对共同富裕的影响进行分析，估计结果如表 8-2 所示。由估计结果可以得出，在低人力资本水平下，数字经济的系数为 0.032，在高人力资本水平下，数字经济的系数为 0.040，说明在高人力资本水平下，数字经济对共同富裕的促进效应更加显著。原因在于，数字经济时代是互联网、云计算、人工智能、物联网综合应用的时代，是虚拟经济与实体经济相结合的时代。与传统经济发展方式不同，数字经济的发展主要依托于数字信息技术，是对传统生产方式的挑战，同时对人力资本提出了更高的要求，教育水平低、劳动技能弱的劳动者已经不再适应新经济形势的需求，面临被替代的风险，经济发展需要的是高素质、强技能人才，对人才的需求产生了由量到质的转变。当地区的人力资本水平较低时，人力资本无法充分满足数字经济发展的人才需求，会导致数字经济的发展受限，数字经济对共同富裕的促进效应也相对较小。当人力资本水平较高时，人力资本能够为数字经济发展提供智力支撑，促进经济的发展，也能够进一步推动经济效率变革，提升社会劳动生产率，创造出更多的社会财富。人力资本具有的溢出效应能够提升全社会劳动者的素质能力和技能水平，使其通过数字信息平台更加快速地找到合适的工作岗位，提升整个社会的就业率，从而为共同富裕的实现创造条件。因此，在较高的人力资本水平下，数字经济对共同富裕的促进效应更加显著。

第五节　本章小结

数字经济的发展是实现共同富裕的关键，但同时数字经济促进共同富裕也存在门槛效应。本章首先从理论上分析了数字经济促进共同富裕的门槛效应，然后利用 2011—2019 年中国城市面板数据采用面板门槛模型进行实证检验。得到以下研究结论：第一，理论分析表明，数字经济促进共同富裕存在经济发展水平和人力资本水平的门槛效应，即在较高的经济发展水平或在较高的人力资本水平下，数字经济促进共同富裕的效应更加显著；第二，由门槛效应检验结果可知，数字经济对共同富裕的推动作用既存在经济发展水平的双重门槛，也存在人力资本水平的单一门槛；第三，面板门槛模型的回归结果显示，在低水平阶段，数字经济对共同富裕的影响不显著，在中等水平阶段，数字经济的系数为 0.024，在高水平阶段，数字经济的系数为 0.034，说明在高水平经济条件下，数字经济对共同富裕的促进效应更加显著。在低人力资本水平下，数字经济的系数为 0.032，在高人力资本水平下，数字经济的系数为 0.040，说明在高人力资本水平下，数字经济对共同富裕的促进效应更加显著。

第九章

数字经济促进共同富裕的空间效应

根据“地理学第一定律”，任何事物都不是孤立存在的，必然与其他事物产生一定的联系，存在一定的空间关联性。因本书研究的是数字经济对共同富裕的影响，所以不能忽视数字经济产生的空间相关性。基于此，本章将基于空间视角，就数字经济对共同富裕的空间效应进行分析。

第一节　理论分析

在数字经济时代，数据、信息成为关键的生产要素。与传统的土地、资本等生产要素相比，数据、信息等生产要素有着显著的特征。数字、信息要素的流动性比较高，并且复制、传播的成本低，能够同时让很多主体享用。特别是在摩尔定律的影响下，数据处理与信息传输技术发展迅速，使得数据、信息存储、传输的成本大幅度下降，实现了低成本的跨时空传播。数字经济这一开放性、跨时空特征打破了要素时空的障碍，改变了传统要素配置格局，使得要素收入发生了变化。可见，数字经济对共同富裕存在空间溢出效应。具体可以从以下方面进行分析。

一、数字经济的空间溢出效应促进技术进步

在新发展时期，技术进步是推动经济增长的重要理论。数字经济基于数据、信息、技术的扩散带来空间溢出效应，特别是知识溢出和技术溢出能够促进技术进步。一般而言，知识溢出受到社会结构、市场网络、空间距离等多种因素的影响，但在数字经济时代，数字技术的发展削弱了传统因素对知识溢出的影响，使知识溢出不再受时间和空间因素的制约，从而加快了知识的

流动。数字技术的发展满足了中小企业学习、吸纳新知识的需要，提升了研发能力，同时数字平台也增强了科技研发人员的沟通与交流，增强了研发人员的工作热情，降低了企业的创新成本，提升了企业的创新能力。此外，数字经济所具有的普惠性也增加了落后地区居民的学习机会，居民可利用数字平台学习农业技术知识、管理技巧、法律知识、文学曲艺等内容来提高生产效率、丰富物质和文化生活。知识溢出同时也能带来技术溢出，技术溢出是将技术创新的成果向外界进行传播，技术溢出能够产生巨大的正外部效应，能够同时降低上下游企业的成本，让更多的企业受益，由此创造出更多的财富推进共同富裕。

二、数字经济的空间溢出效应促进经济发展

数字溢出能够推动区域间经济的协调发展。数字溢出体现为数字技术在不同行业、不同企业间的技术交流、知识传播、业务往来等方面的效用，从而对经济发展和社会进步产生影响。数字经济促进经济发展不仅体现在企业利用数字技术创造新的价值，还体现在由数字技术带来的连锁影响。在工业化时期，受到地理因素的影响，技术、资金、人才等生产要素流动不畅，容易形成地方垄断，经济发展好的地区会基于自身的发展优势得到进一步发展，而落后的地区则因为各要素的匮乏而更加落后，甚至被淘汰，导致科技的创新溢出效应小。但在数字经济时代，数字经济作为推动经济增长的重要动力，能够促进其溢出效应，进而带动落后地区的发展。作为共同富裕示范区之一，浙江把数字经济的发展当作重中之重，大力推进数字化改革。2020 年，浙江省的数字经济产值为 30218 亿元，位居全国第四。① 浙江省利用数字经济的溢出效应推动了周边省市的发展，加快了长三角地区的数字化建设。此外，数字经济的空间溢出效应还能实现数字经济与“飞地经济”的结合，使得高水平地区带动低水平地区，通过区域间优势互补实现发展共赢，不仅增强高水平地区数字经济发展活力，也能够带动低水平地区的数字产业升级，这种先富带动后富的发展模式，可以助力共同富裕。

三、数字经济的空间溢出效应促进发展机会共享

数字新兴产业具有准入门槛低、要素流动壁垒低等特点，促进人民发展

---

① 厉敏．发展数字经济，助力高质量发展建设共同富裕示范区［J］．信息化建设，2021（8）：16–21.

机会共享。首先，依靠数据信息技术平台和专业化的产业运行模式，新型数字产业准入门槛和创新创业成本降低，无疑增强了创业者的信心，提升了创业者的能力。其次，数字信息所具有的高流动性、低成本传播等特点，消除了传统市场信息流动的障碍，实现了要素主体的多维共享。特别是偏远地区的居民也能够获得生产资料和产品服务，缩小了以往要素流动不畅时导致的地方经济、文化、创新等方面的发展差距，对于建立统一的全国大市场，促进经济高质量发展，助推共同富裕具有重要作用。[①] 最后，数字经济的空间溢出效应增强了学习资源的易获性，人们能够以更低的成本增加获得知识、技能的机会，有利于提升人力资本水平，同时也为农村居民、家庭妇女、残疾人群等提供了创业契机。如中国“淘宝村”的发展，使学历水平较低的农民有机会从事电子商务，实现了低门槛下的机会共享，提升了农民的收入水平，促进了农村经济的发展。数字经济空间溢出效应产生的机会共享激发了人民创业的积极性，使不同地区、不同年龄、不同收入群体间创业的差距不断缩小，形成了“机会均等、人人参与”的市场环境，也使得社会上的弱势群体真正参与经济社会活动，实现了包容性和共享性发展，助推全民共富。

四、数字经济的空间溢出效应促进发展成果共享

数字经济的空间溢出效应能够使社会全体居民共享发展成果，主要体现在以下几个方面：第一，数字技术的应用范围随着数字经济的发展呈现日渐宽泛的趋势，将数字技术与政府公共管理融合，能够有效缓解公共服务供给不足问题，对保障民生和改善民生具有重要作用，也能够使社会成员更好地享受到数字经济发展带来的福利，推动共同富裕。第二，数字技术应用到政府服务中能够提高政府的服务效能，通过数字化管理使政府服务更加方便、快捷、透明，实现服务的精准直达，有利于提高服务的供给质量，构建智慧型政府，满足人民群众的需求。第三，数字经济能够赋能收入分配促进共同富裕。收入分配公平是实现共同富裕的重要前提，“做大蛋糕”和“分好蛋糕”缺一不可。三次分配关系中，初次分配是基础，再次分配是关键，第三

① 国务院新闻办公室．中国的民主白皮书［EB/OL］.（2021-12-04）［2022-09-06］. http：//www. scio. gov. cn/zfbps/ndhf/44691/Document/1717212/1717212. htm.

次分配是补充。数字经济能够使更多的社会成员参与社会生产，创造社会财富，提高初次分配效率，数字技术应用到政府服务中，提高政府在社会救助、转移支付等方面的调节力度，促进分配的公平。数字平台的应用扩大了舆论的影响，丰富了救助的途径，在政府和市场失灵时发挥了补充作用。第四，数字经济的发展能够使基础设施更为完善。数字技术促进了基础设施的智能升级，基础设施的现代化和智能化给经济欠发达的地区送去了福利，促进全体人民共享发展成果。①

第二节　研究方法及模型设定

一、空间权重矩阵选择

不同的空间权重可以反映不同的空间关联性。本部分内容所运用的空间权重矩阵将采用邻接权重矩阵、距离权重矩阵、经济权重矩阵。

（一）邻接权重矩阵

邻接权重矩阵分为一阶邻接权重矩阵和高阶邻接权重矩阵，本部分内容采用一阶邻接权重矩阵，即当区域 i 和区域 j 有共同的边界时，$W_{ij}=1$，否则 $W_{ij}=0$。

$$W_{ij}=\begin{cases}1，\text{当区域 } i \text{ 与区域 } j \text{ 相邻时}\\0，\text{当区域 } i \text{ 与区域 } j \text{ 不相邻时}\end{cases}$$

（二）距离权重矩阵

两区域间距离对共同富裕的空间效应也会产生影响，因此，通过距离权重矩阵对空间相关性进行考察成为可能。本部分内容使用的距离权重矩阵形式如下：

$$W_{ij}=\begin{cases}1/d_{ij}，\ i\neq j\\0，\ i=j\end{cases}$$

① 袁梦瑶，杨娟．试论数字经济四大效应助推共同富裕［J］．现代交际，2022（5）：55-61+122.

（三）经济权重矩阵

由于各地区的经济条件、生活水平、文化习惯等因素存在不同，使共同富裕也存在一定的经济空间相关性。本部分内容采用的经济权重矩阵形式如下：

$$W_{ij}=\begin{cases}1/\mid GDP_i-GDP_j\mid, & i\neq j\\ 0, & i=j\end{cases}$$

二、空间相关指数

空间相关指数反映了空间相关性，一般以莫兰指数（Moran's I）进行衡量，其取值在-1 和 1 之间，若值为正，则表明存在空间正相关性，若值为负，则表明存在空间负相关性。Moran's I 定义如下：

$$Moran's\ I=\frac{\sum_{i=1}^{n}\sum_{j=1}^{n}W_{ij}(Y_i-\bar{Y})(Y_j-\bar{Y})}{S^2\sum_{i=1}^{n}\sum_{j=1}^{n}W_{ij}}$$

其中，$S^2=\frac{1}{n}\sum_{i=1}^{n}(Y_i-\bar{Y})^2$，$\bar{Y}=\frac{1}{n}\sum_{i=1}^{n}Y_i$，$W_{ij}$为空间权重矩阵。

三、空间回归分析

由于传统的计量模型尚未考虑到空间的相关性，易出现估计结果精度下降的现象，故本部分内容以空间计量模型就数字经济对共同富裕的影响进行分析。在常用的空间计量模型中，空间误差模型（Spatial Error Model，SEM）主要研究误差项对被解释变量的空间效应，空间滞后模型（Spatial Lag Model，SLM）则着重考察被解释变量的空间相关性，而空间杜宾模型（Spatial Durbin Model，SDM）不仅研究了误差项对被解释变量的空间形式，也能够对被解释变量的空间相关性进行分析，较前两个模型更具全面性，为此，本部分内容采用空间杜宾模型（Durbin）分析数字经济对共同富裕的影响。模型设定如下：

$$\ln prosperity_{it}=\alpha+\rho W\ln digital_{it}+\beta X_{it}+\theta WX_{it}+\varepsilon_{it} \tag{9-1}$$

其中，$\ln prosperity_{it}$为被解释变量，表示共同富裕，X_{it}为影响共同富裕的解释变量，$W\ln prosperity_{it}$和 WX_{it}分别表示被解释变量和解释变量的空间滞后项。W 为空间权重矩阵，α 为常数项，ε_{it} 为随机扰动项。

四、空间溢出效应

在包含空间滞后项的条件下，回归系数变得更为复杂，也体现出解释变量对被解释变量的总效应、直接效应与间接效应。其中，总效应描述了解释变量对各地区产生的平均影响力，直接效应反映的是解释变量对本地区产生的作用，间接效应体现的是解释变量对周边地区的作用。具体可用如下式子进行表示：

将一般形式的空间杜宾模型 $y=\alpha+\rho Wy+X\beta+WX\theta+\varepsilon$ 改写为：

$$(I_n-\rho W)\ y=X\beta+WX\theta+\alpha+\varepsilon$$

$$y=\sum_{r=1}^{k}S_r(W)x_r+V(W)\alpha+V(W)\varepsilon$$

其中，

$$S_r(W)=V(W)(I_n\beta_r+W\theta_r)$$

$$V(W)=(I_n-\rho W)^{-1}=I_n+\rho W+\rho^2W^2+\rho^3W^3+\cdots$$

将上式展开：

$$\begin{bmatrix} y_1 \\ y_2 \\ \vdots \\ y_n \end{bmatrix}=\sum_{r=1}^{k}\begin{bmatrix} S_r(W)_{11} & S_r(W)_{12} & \cdots & S_r(W)_{1n} \\ S_r(W)_{21} & S_r(W)_{22} & \cdots & S_r(W)_{2n} \\ \cdots & \cdots & \cdots & \cdots \\ S_r(W)_{n1} & S_r(W)_{n2} & \cdots & S_r(W)_{nn} \end{bmatrix}\begin{bmatrix} x_{1r} \\ x_{2r} \\ \vdots \\ x_{nr} \end{bmatrix}+V(W)\alpha+V(W)\varepsilon$$

$\dfrac{\partial y_i}{\partial x_{ir}}=S_r(W)_{ii}$ 表示直接效应，数值为矩阵 $S_r(W)$ 中对角线上的元素值。

$\dfrac{\partial y_i}{\partial x_{jr}}=S_r(W)_{ij}$ 表示间接效应，为一种溢出效应，数值为矩阵 $S_r(W)$ 中非对角线上的元素值。

总效应由矩阵 $S_r(W)$ 中所有元素的平均值表示。①

第三节 空间计量结果分析

为对我国共同富裕的时空格局进行深入探讨，本部分内容利用 Stata 15.0

① 何春. 城镇化进程中的贫困治理 [M]. 北京：中国经济出版社，2021.

软件计算出三种不同权重矩阵下 2011—2019 年中国城市共同富裕的全局 Moran'I，如表 9-1 所示。从表 9-1 中可以看出，在邻接权重矩阵下，共同富裕呈现显著的正相关性，平均 Moran's I 为 0.0197，整体相关性波动不大。在距离权重和经济权重矩阵下，Moran's I 也都为正，且在经济权重矩阵下值更大，说明共同富裕在距离和经济方面的空间依赖性更强，特别是经济发展程度能够影响不同城市共同富裕的溢出效应。

表 9-1　Moran's I 值

年份	邻接权重矩阵		距离权重矩阵		经济权重矩阵	
	Moran's I 值	T 值	Moran's I 值	T 值	Moran's I 值	T 值
2011	0.018	6.907	0.034	5.134	0.192	6.356
2012	0.021	8.420	0.050	7.268	0.230	7.618
2013	0.020	8.297	0.045	6.635	0.235	7.774
2014	0.020	8.257	0.049	7.209	0.219	7.235
2015	0.020	8.020	0.045	6.640	0.209	6.930
2016	0.019	7.481	0.046	6.769	0.248	8.192
2017	0.021	8.572	0.049	7.159	0.161	5.364
2018	0.019	7.552	0.048	7.015	0.253	8.349
2019	0.019	7.643	0.049	7.193	0.253	8.334

资料来源：笔者根据统计年鉴数据利用 ArcGIS 10.2 软件测算整理。

在进行估计之前，需要对模型进行选择。根据 Hausman 检验结果，本部分内容将选取随机效应模型进行估计。考虑到变量之间存在的相关性问题会使 OLS 估计结果的有效性降低，因此，本部分内容将运用极大似然估计法（Maximum Likelihood Estimate，MLE）进行估计，具体回归结果如表 9-2 所示。

表 9-2　空间杜宾模型回归结果

解释变量	邻接权重矩阵		距离权重矩阵		经济权重矩阵	
	基本方程	扩展方程	基本方程	扩展方程	基本方程	扩展方程
ln*digital*1	0.023* (0.012)	0.013* (0.007)	0.012 (0.008)	0.008 (0.007)	0.055*** (0.008)	0.022*** (0.008)
ln*fiscal*		0.056*** (0.010)		0.075*** (0.010)		0.041*** (0.011)

续表

解释变量	邻接权重矩阵		距离权重矩阵		经济权重矩阵	
	基本方程	扩展方程	基本方程	扩展方程	基本方程	扩展方程
ln*upgrading*		0.005 (0.011)		0.003 (0.012)		0.040*** (0.011)
ln*density*		-0.137*** (0.010)		-0.137*** (0.010)		-0.122*** (0.010)
ln*tech*		0.036*** (0.005)		0.030*** (0.005)		0.047*** (0.005)
ln*fdi*		0.030*** (0.004)		0.028*** (0.004)		0.030*** (0.004)
*W*ln*digital*1	0.050 (0.031)	-0.008 (0.110)	0.126*** (0.030)	0.121** (0.060)	0.141*** (0.018)	0.024*** (0.010)
*W*ln*fiscal*		-0.124** (0.049)		-0.069** (0.029)		0.012 (0.016)
*W*ln*upgrading*		0.262*** (0.062)		0.020 (0.039)		0.124*** (0.021)
*W*ln*density*		-0.442*** (0.144)		0.297*** (0.071)		0.071*** (0.023)
*W*ln*tech*		0.063* (0.037)		-0.024 (0.023)		0.019* (0.011)
*W*ln*fdi*		0.040 (0.044)		-0.015 (0.023)		-0.010 (0.010)
_cons	-0.829*** (0.254)	2.797** (1.289)	-1.515*** (0.301)	-2.508*** (0.646)	-2.409*** (0.196)	-1.994*** (0.226)
rho	0.930*** (0.015)	0.686*** (0.069)	0.879*** (0.024)	0.821*** (0.042)	0.721*** (0.018)	0.378*** (0.030)
lgt_theta	-2.278*** (0.084)	-2.427*** (0.056)	-2.250*** (0.052)	-2.440*** (0.056)	-2.003*** (0.054)	-2.224*** (0.060)
R^2	0.157	0.096	0.143	0.072	0.362	0.222

注：括号中数值为标准差，其中*代表 p<0.1，**代表 p<0.05，***代表 p<0.01。

资料来源：笔者根据统计年鉴数据利用 Stata 软件测算整理。

表 9-2 所示为在三种空间权重矩阵下数字经济影响共同富裕的基本方程和扩展方程，由回归结果可知，无论在哪种空间权重矩阵下，空间相关系数 ρ

都显著为正，由此可知，共同富裕具有正的空间溢出效应，当地的共同富裕发展对周边地区的共同富裕也具有一定的促进作用，此外，数字经济的系数值在1%的显著性水平下为正数，表明数字经济对于共同富裕的发展能够起到显著的促进作用。本书认为有如下原因：一方面，数字经济能够促进均衡式增长。与传统要素不同，数据、信息要素的流动性较强，能够实现跨地区流动，使得产业布局更为分散，同时，通过数字平台可以实现产业链生产端和消费端的匹配，使得不同区域的居民都能够以较低的价格获取产品和服务。分散化的产业布局有助于区域发展的均衡性，促进区域的均衡发展。数字经济还能够助推乡村振兴，共同富裕的实现离不开乡村振兴，数字经济的发展能够为农村的发展带来新的活力。以大数据、物联网、人工智能为代表的信息技术融入农业生产的各环节，改变着农业的生产生活方式，促进了农业生产效率的提升。而且依托于数字信息技术，在农村催生了农村合作社、农产品加工、电商企业等行业，为农村地区提供了大量的就业岗位，促进了一、二、三产业的融合，推动了农业供给侧结构性改革。数字经济能够打破传统经济在地理位置上的局限，削弱地区分割，实现要素的自由流动，在构建全国统一大市场、促进地区协调均衡发展上具有重要意义。同时，数字经济也能够降低金融、电商等行业的门槛，使中小企业有更多的机会参与市场竞争，带动居民的就业。

另一方面，数字经济在共享式增长上起到了显著的推动作用。数字经济能够通过数字技术应用来提高公共服务的质量。公共服务是社会居民最为关注的领域之一，优质的公共服务能够提升居民的获得感。将数字技术嵌入政府管理中，不仅扩大了数字技术的应用范围，也弥补了公共服务的不足。政务工作可利用数字技术实现机器取代人工，信用数据取代主观评价，实现服务的精准化，缩短审批流程，提高办事效率。目前，数字经济在医疗、健康、教育等服务领域中，都有着广泛的应用。数字经济还可促进基础设施建设的均衡性，在数字经济时代，基础设施不仅仅指公路、水利等设施，也包含数字信息设施，数字经济让落后地区也能够享受到现代化基础设施，与城市具有同样的水平，共同迈上富裕道路。

各控制变量的符号符合预期。政府干预的系数为正，并通过了1%水平下的显著性检验，说明政府干预能够助力推进共同富裕的发展。当下，我国仍处于社会主义初级阶段，市场经济并不完善，关乎国家未来发展方向的决策仍需要政府进行宏观把控，政府可以调节收入分配政策促进收入的均衡化，进而推动共同富裕。产业升级的系数显著为正，意味着产业升级有利于促进共同富裕。产业结构的改善和产业效率的提高能够促进要素的投入产出比，进而提升经济效率，为社会创造丰富的物质基础，为共同富裕打下坚实的基础。人口密度的系数显著为负，说明人口密度的增加不利于共同富裕的提升。共同富裕包含物质富裕和精神富裕，人口密度过大容易造成住房紧张、空气环境质量下降、公共服务不足等问题，不利于精神的愉悦和共同富裕的实现。技术水平的系数为正，且通过了1%水平下的显著性检验，说明技术水平的提升有利于推动共同富裕。技术水平能够优化资源的配置，改善产业结构，促进经济效率的提升和物质财富的创造。外商直接投资的系数显著为正，外商投资能够为国内企业发展带来资金、技术和管理经验，有利于推动经济的发展和共同富裕的实现。

从空间滞后项的回归结果看，邻接权重矩阵中数字经济的系数不显著，但在距离权重和经济权重矩阵下，数字经济的系数显著为正，说明距离因素和经济因素是数字经济影响共同富裕空间溢出效应的重要因素。在邻接权重和距离权重矩阵下，政府干预的系数显著为负，说明邻近地区或近距离地区的政府干预不利于本地区的共同富裕。在邻接权重和经济权重矩阵下，产业升级的系数显著为正，表明对邻近地区和相似经济地区进行产业升级能够促进共同富裕。在邻接权重矩阵下，人口密度系数显著为负，邻近地区人口密度增大不利于本地区共同富裕的实现，但在距离权重和经济权重矩阵下，人口密度系数为正，意味着近距离地区以及经济相似地区的人口密度有利于本地区共同富裕的实现。在邻接权重矩阵下，技术水平的系数为正，在距离权重矩阵下，技术进步的系数为负。

在分析数字经济对共同富裕的影响时，还需对因数字经济计算方法的不同导致的检验结果的差异加以关注。鉴于这一情况，本部分内容采用以变异系数法计算的数字经济模型重新进行回归。估计结果如表9-3所示。表9-3显示，在三种空间权重矩阵下所有方程中数字经济的系数均显著为正，表明数字经济促进共同富裕的结论依然成立，结论具有稳健性。

表 9-3 稳健性检验结果

解释变量	邻接权重矩阵		距离权重矩阵		经济权重矩阵	
	基本方程	扩展方程	基本方程	扩展方程	基本方程	扩展方程
ln*digital*1	0.015** (0.007)	0.006 (0.006)	0.006 (0.007)	0.002 (0.006)	0.043*** (0.007)	0.012* (0.007)
ln*fiscal*		0.056*** (0.010)		0.075*** (0.010)		0.040*** (0.011)
ln*upgrading*		0.005 (0.011)		0.004 (0.012)		0.040*** (0.011)
ln*density*		-0.137*** (0.010)		-0.137*** (0.010)		-0.122*** (0.010)
ln*tech*		0.036*** (0.005)		0.029*** (0.005)		0.048*** (0.005)
ln*fdi*		0.030*** (0.004)		0.028*** (0.004)		0.030*** (0.004)
*W*ln*digital*1	0.058* (0.031)	-0.040 (0.127)	0.145*** (0.031)	0.131** (0.060)	0.111*** (0.016)	0.003 (0.017)
*W*ln*fiscal*		-0.119** (0.049)		-0.069** (0.029)		0.012 (0.016)
*W*ln*upgrading*		0.253*** (0.063)		0.013 (0.038)		0.123*** (0.021)
*W*ln*density*		-0.453*** (0.141)		0.285*** (0.071)		0.073*** (0.023)
*W*ln*tech*		-0.053 (0.039)		-0.021 (0.022)		0.025** (0.010)
*W*ln*fdi*		0.035 (0.045)		-0.014 (0.023)		-0.010 (0.010)
_cons	-0.996*** (0.373)	3.214** (1.470)	-1.978*** (0.382)	-2.793*** (0.732)	-2.316*** (0.219)	-1.820*** (0.242)
Rho	0.933*** (0.020)	0.694*** (0.068)	0.876*** (0.024)	0.824*** (0.041)	0.750*** (0.017)	0.383*** (0.030)
lgt_theta	-2.294*** (0.051)	-2.440*** (0.055)	-2.261*** (0.051)	-2.450*** (0.055)	-2.025*** (0.053)	-2.241*** (0.059)
R^2	0.131	0.082	0.130	0.062	0.316	0.197

注：括号中数值为标准差，其中*代表 $p<0.1$，**代表 $p<0.05$，***代表 $p<0.01$。

资料来源：笔者根据统计年鉴数据利用 Stata 软件测算整理。

在空间溢出效应下，解释变量的改变既能够引起本地共同富裕水平的变化，也会影响到周边地区的共同富裕水平。根据勒萨热（Lesage，2010）的研究，解释变量的回归系数需要进一步分解为直接效应和间接效应，才能够对空间溢出效应进行解释。利用 Stata 15.0 软件，根据上文提出的空间溢出效应相关方法，将共同富裕作为被解释变量，得到表 9-4 所示的空间溢出效应回归结果。

表 9-4 空间溢出效应估计结果

变量名称	邻接权重矩阵		距离权重矩阵		经济权重矩阵	
	直接效应	间接效应	直接效应	间接效应	直接效应	间接效应
ln*digital*1	0.013* (0.008)	-0.031 (0.359)	0.014* (0.008)	0.716** (0.356)	0.024*** (0.008)	0.049* (0.028)
ln*fiscal*	0.055*** (0.010)	-0.256 (0.159)	0.075*** (0.010)	-0.025 (0.158)	0.042*** (0.010)	0.043** (0.022)
ln*upgrading*	0.009 (0.011)	0.832*** (0.165)	0.005 (0.011)	0.092 (0.204)	0.049*** (0.011)	0.214*** (0.030)
ln*density*	-0.142*** (0.010)	-1.753** (0.706)	-0.133*** (0.010)	1.066** (0.522)	-0.121*** (0.010)	0.038 (0.036)
ln*tech*	0.036*** (0.005)	-0.115 (0.116)	0.030*** (0.005)	0.011 (0.125)	0.049*** (0.005)	0.056*** (0.015)
ln*fdi*	0.031*** (0.004)	0.179 (0.141)	0.028*** (0.004)	0.031 (0.134)	0.030*** (0.004)	0 (0.016)

注：括号中数值为标准差，其中 * 代表 $p<0.1$，** 代表 $p<0.05$，*** 代表 $p<0.01$。

资料来源：笔者根据统计年鉴数据利用 Stata 软件测算整理。

由表 9-4 可知，一方面，数字经济对共同富裕具有显著的正向直接效应，表明数字经济能够促进本地区共同富裕的实现，数字经济能够通过数据、信息资源的流动实现资源的优化配置，实现产业结构的优化升级，促进社会物质财富的增加，为共同富裕的实现打下坚实的物质基础。另一方面，数字经济能够参与政府服务，通过数字化信息有效甄别贫困群体，进而为其提供救助，还可优化三次收入分配，使收入分配扁平化，缩小收入差距，促进共同富裕。数字经济对邻近地区经济发展也具有明显的促进作用，数字经济本身具有的空间溢出效应，能够加快周边地区的经济发展，特别是新兴数字产业准入门槛低，不仅为中小企业的发展提供了广阔的发展空间，也促进了很多低收入人群的就业，提高了其收入水平，缩小了贫富差距，推动了共同富裕的实现。

在控制变量方面，无论哪种空间权重矩阵下，政府干预对本地区共同富裕水平的影响都显著为正，在经济权重矩阵下，政府干预对邻近地区的共同富裕水平的影响也为正，但在邻接权重矩阵和距离权重矩阵下的效应不显著。在经济权重矩阵下，产业升级对本地区和邻近地区共同富裕水平的影响显著为正，在邻接权重矩阵下，产业升级对邻近地区共同富裕水平的影响为正，对本地区的影响不显著，在距离权重矩阵下，产业升级对本地区和邻近地区共同富裕水平的影响均不显著。在三种空间权重矩阵下，人口密度对本地区共同富裕水平的影响均显著为负，在邻接权重矩阵下，人口密度对邻近地区共同富裕水平的影响显著为负，在距离权重矩阵下为正，在经济权重矩阵下不显著。在三种空间权重矩阵下，技术水平对本地区共同富裕水平的影响均显著为正，在经济权重矩阵下，技术水平对邻近地区共同富裕水平的影响也为正，但在邻接权重矩阵和距离权重矩阵下不显著。在三种空间权重矩阵下，外商投资水平对本地区共同富裕水平的影响均显著为正，但对邻近地区共同富裕水平的影响不显著。

第四节　本章小结

共同富裕是社会主义的本质要求，其实质是人民共创先进的生产力水平，共享幸福美好生活。共同富裕的实现离不开所处的时代，数字经济是当前及未来很长一段时间内发展的方向，因此，共同富裕的实现要依托于数字经济的发展。数字经济的高技术性与分享性特征既促进了经济发展，也提供了共享机制，从而可以在高质量发展中实现共同富裕。本章通过对数字经济影响共同富裕水平空间溢出效应进行理论分析，并以三种不同空间权重矩阵，对中国 2011—2019 年的城市面板数据进行实证检验，得到如下研究结论：第一，共同富裕具有一定的空间相关性。在邻接权重、距离权重和经济权重矩阵下，共同富裕存在正向空间溢出效应。第二，数字经济对本地区的共同富裕水平具有正向作用。在距离权重和经济权重矩阵下，邻近地区数字经济的发展也能促进本地区共同富裕的实现。第三，数字经济对共同富裕具有显著的空间溢出效应。在距离权重和经济权重矩阵下，数字经济在促进本地区共同富裕实现的同时，也能带动周边地区共同富裕的实现；在邻接权重矩阵下，数字经济仅能够促进本地区共同富裕的实现，对周边地区共同富裕的影响不显著。

第四部分

政策研究

第十章
数字经济促进共同富裕的优化路径

共同富裕是邓小平提出的中国特色社会主义理论的重要内容之一。2021年习近平总书记也强调“必须把促进全体人民共同富裕作为为人民谋幸福的着力点”。改革开放以来，我国经济的发展速度远快于全球其他国家，人民的物质生活得到极大的改善，但是我国地域广大，人口众多，并且遵循着“先富带后富”的思想，导致经济发展存在着明显的差异性。近年来快速发展的数字经济是完成共同富裕目标的重要工具。近年来我国数字经济快速发展，截至2008年6月底，中国网民数量达2.53亿人，首次排在世界第一位；截至2018年6月底，中国网民数量达8.02亿人，互联网普及率为57.7%。我国数字经济规模从2015年的18.6万亿元增长到2020年的39.2万亿元，占GDP的比重从27.0%上升到38.6%。目前越来越多的企业和居民参与数字金融、数字健康、数字消费等经济社会活动，数字经济逐渐渗透到人民生活的各个领域。本部分选取北京、天津、郑州三个城市作为案例，分析数字经济对共同富裕的影响，然后根据前文的研究结论，提出相应的政策建议。

第一节　案例分析

一、北京

（一）北京数字经济发展状况

进入第三次工业革命以来，互联网信息技术越来越成为各国的核心竞争力。北京作为我国政治中心以及北方城市的经济中心，发展数字经济有着优越的条件，是我国数字经济发展的先行者和引领者；近年来北京不断出台助力数字经济发展的措施，努力建设成为全球数字经济标杆城市。伴随着互联网的发展，北京在2000年之后，逐渐成为全国信息服务业、科技服务业、电子信息制造业等数字相关产业的中心城市。2021年北京市政府颁布《北京市关于加快建设全球数字经济标杆城市的实施方案》，确立了北京数字经济发展的目标，即到2025年跻身全球先进数字经济城市行列，到2030年建成全球数字经济标杆城市。

北京的数字经济规模在不断扩大，北京2021年数字经济增加值为16251亿元，比2015年的8719亿元增加了7532亿元。2021年占GDP比重40.4%，比2015年的35.2%提高了5.2个百分点，占GDP比重位列全国第一，其中数字经济核心产业增加值占22.1%。数据表明北京的经济发展越来越依靠数字经济的贡献。

近年来，北京数字经济服务业的服务水平和服务设施不断提高，资源配置效率也得到改善（李丽等，2022）。[①] 数字经济服务业成为引领北京共同富裕的关键因素。服务业的数字化转型，惠及每一位北京群众，提升着居民的幸福感和社会福利。第一，“京医通”等医疗服务平台的使用，使患者的就诊程序得到简化，医保支付也变得更加方便快捷，有效减少了低收入群体的医疗费用，保证了低收入群体在生活上的支出，从而促进共同富裕。第二，北京创建了许多资源共享平台，收录了大量数字资源，为有需求者提供丰富的课程资源。传统的求学方式，需要缴纳大量的学费去培训机构学习，不仅需要一笔不菲的支出，还会占据大量的时间，而在资源共享平台，学习者只需要较少的支出甚至可以免费学习自己所需要的知识，并且只需要借助电脑或者手机等互联网设备便可以随时随地学习，有效提高了群众的知识技术储备。一方面群众可以利用知识获得更多的收入，另一方面也为高新技术产业提供了人才储备，既有利于经济增长，也促进了共同富裕。第三，北京是我国的金融决策中心，“一行两会”和许多金融机构的总行设立在北京，伴随着数字化的发展，金融机构也在进行着数字化转型，尤其是数字普惠金融的发展，让金融更全面地服务于各个区域，提升边远地区或者农村的金融服务质量，让更多的弱势群体受益，增强经济的包容性。另外，数字普惠金融可以提升

---

① 李丽，张东旭，薛雯卓，等．数字经济驱动服务业高质量发展机理探析［J］．商业经济研究，2022（3）：174-176.

资本配置效率和人力资源配置效率，激励中小企业创新，激发大众创业活跃度（翟仁祥和宣昌勇，2022）①，群众可以通过创业增加收入，同时雇用工人提升城市就业率，促进共同富裕。

（二）北京数字经济对共同富裕的影响

1. 数字经济对产业结构的影响

北京的数字经济走在全国前列，在数字经济方面无论是政策制定还是新基础设施建设都领先于全国其他城市，数字经济对北京的影响是比较积极稳健的。北京的产业结构在数字经济的影响下不断优化，一是工业数字化不断转型升级，一方面，北京作为国家北斗创新应用综合示范区、国家新型工业化产业示范基地等，数字化基础建设不断推进，同时北京成立了很多信息化、数字化中心助力北京产业结构升级；另一方面，北京积极推动工业互联网助力中小企业高质量发展，截至 2020 年 9 月，北京中小企业上云用户超 20 万，规模以上工业企业上平台率超 40%。二是北京数字经济服务业规模不断壮大，北京数字经济服务业企业注册资本总和从 2000 年的 1.20 亿元增加到 2020 年的 2.05 亿元，年均增长率达到 2.71%，数字经济服务业水平不断提高，促进北京产业结构优化，数字经济对北京产业结构的影响不断深化，如图 10-1 所示。

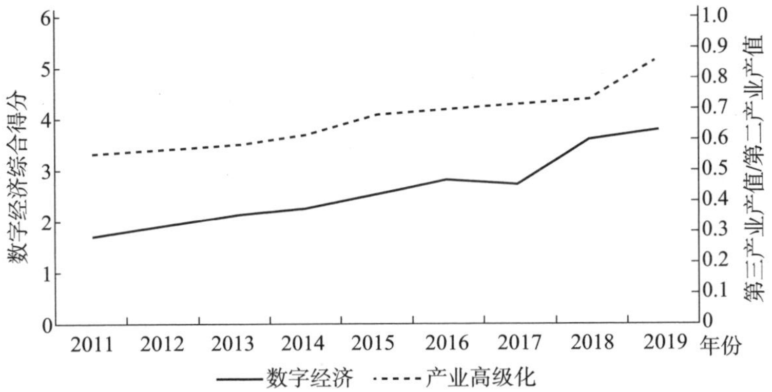

图 10-1　2011—2019 年北京数字经济与产业高级化趋势

资料来源：笔者根据统计年鉴数据利用 Excel 软件绘制。

① 翟仁祥，宣昌勇．数字普惠金融提高了城市创业活跃度吗［J］．现代经济探讨，2022（5）：76-87.

由图 10-1 可以看出，北京市的数字经济和产业结构齐头并进，密切相关。数字化基础设施建设使得北京的企业能够便利地利用经济信息，有利于企业规模生产，降低经济成本，促进产业结构优化。尤其是北京实施的企业“上云行动”，更是推动了产业结构的数字化发展。2014 年北京开始有序将重化工业逐步移出，使得服务业成为促进共同富裕的重要引擎，促使服务业的数字化转型更进一步。产业结构的优化，一方面提升经济发展质量，缩小收入差距，增加居民的幸福感，另一方面服务业的快速发展能够更好地吸收劳动力，推动居民整体收入的提高，促进共同富裕。作为数字经济示范区，北京起到很好的模范带头作用，在未来数字经济不断发展的情况下，北京将会成为共同富裕的示范区。

2. 数字经济对创业的影响

北京市作为我国首都，聚集了大量的人才，以及无数有梦想的青年。随着互联网的发展，创业孵化的需求越来越大，同时信息化的快速发展也使得投资人能够更有效地识别真正有价值有潜力的初创公司。为迎合创业需求，北京相继建立中关村创业大街、中关村智造大街等行业集聚区。数字化的发展、行业集聚区的建立和北京对创业的政策支持，吸引了一大批有为青年和高端人才来到北京，开启创业之旅。北京开启了“大众创业、万众创新”的新时代。2011—2019 年北京数字经济与创业活跃度趋势如图 10-2 所示。

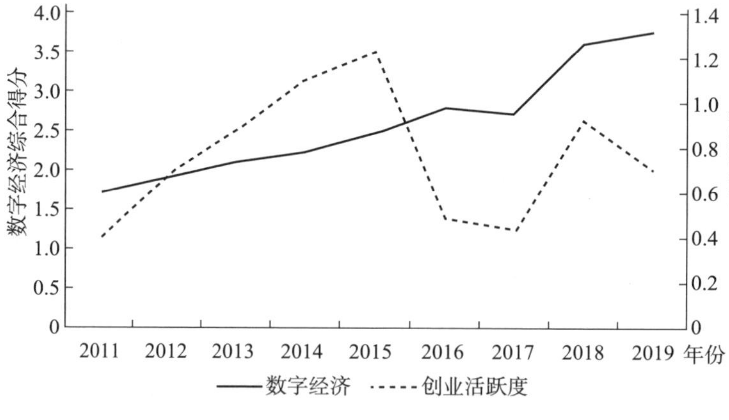

图 10-2 2011—2019 年北京数字经济与创业活跃度趋势

资料来源：笔者根据统计年鉴数据利用 Excel 软件绘制。

由于北京数字经济发展得较早，数字经济对北京创业的影响主要集中在

2015 年之前。在 2015 年之前数字经济为北京创业提供了大量的机会，增加了北京居民的收入，降低了居民收入差距。2015 年股灾对北京的影响较大，导致创业活跃度急速下降，这表明不稳定的经济环境不利于共同富裕。但后来随着数字经济的进一步发展，北京的创业活跃度又开始上升，为创业开启了崭新的大门。一方面，数字经济的快速发展催生了大量的新兴行业，北京作为数字经济示范区，有着良好的数字经济基础，大量的数字经济新产品，广泛的数字经济应用空间，吸引了众多的创业者来到北京开启创业旅程。另一方面，互联网推动的开放型平台，打造了良好的创新创业生态。信息化的广泛使用，缩小了投资者和创业者之间的信息不平等差距，天使投资人通过数据收集和分析，能够有效识别初创公司的发展潜力，减少投资的风险，快速壮大天使投资团体。创业者通过开放式创业平台，将自己的公司和产品展现给更多的投资者以获得更加丰厚的投资。同时互联网金融的发展，也为初创公司提供了大量的资金支持，帮助初创公司渡过最初的难关。数字型众创空间的发展使得北京的创业越发便利，越发繁多，创业的大量增加能够有效地提升低收入群体的收入，带动全市居民走向共同富裕。

3. 数字经济对共同富裕的影响

近年来北京多个报告中涉及共同富裕，2022 年 6 月 27 日在《北京市第十三次党代会报告》中三次提到了“共同富裕”，共同富裕成为该次报告的亮眼词汇，强调“五子”联动是促进北京实现高质量发展和共同富裕的新发展格局，其中一“子”便是数字经济。以数字经济为核心，助力产业结构升级、优化资源配置、推动区域协调发展和提高中低收入群体收入，实现“五子”之间的真正联动，从而推动共同富裕的实现。另外，北京首次提出“减量发展”，过多的人口源源不断地流入北京，人口压力过大，将不利于资源利用效率最大化，不利于北京乃至全国的共同富裕建设，减量发展是北京为实现共同富裕的重大创新，数字经济更是减量发展的重要工具，如果试验成功，那么可以为中国的城市化和共同富裕探索出一条新途径。2011—2019 年北京市数字经济与共同富裕趋势如图 10-3 所示。

在数字经济的带动下，北京市坚持数字赋能产业、赋能社会等，快速建设智慧城市，提高中低收入者收入水平，促进共同富裕的实现。数字经济是实现共同富裕的重要抓手，一方面，数字经济能够与服务业和制造业相融合，数字化的赋能提高了企业的生产效率，减少了资源消耗，提高了

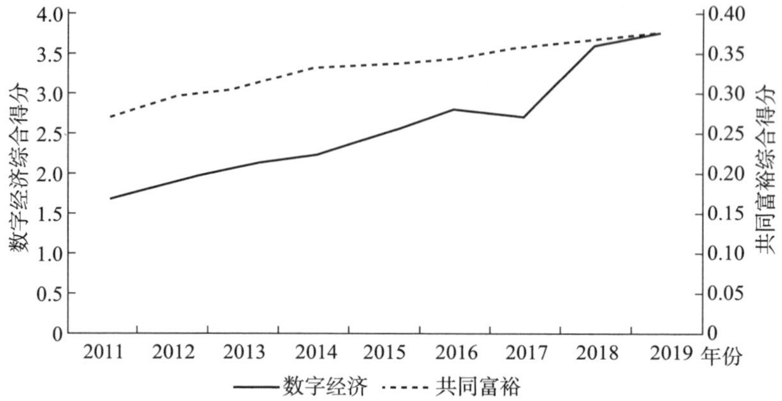

图 10-3 2011—2019 年北京数字经济与共同富裕趋势图

资料来源：笔者根据统计年鉴数据利用 Excel 软件绘制。

利润，助力产业结构升级，提高中低收入者收入水平，带动共同富裕。数字经济的发展促进北京全市数字化、信息化和智能化的发展，是“四个中心”“四个服务”和“五子”联动的基础；另一方面，数字化可以助力政府实现减量发展，通过数字化分析能够合理控制北京市人口的增减、基础设施的建设，合理安排企业迁出，并且即使企业迁出北京，在信息技术的帮助下也可以高效安排企业业务，减少迁出北京对企业收益的影响。在数字经济的帮助下显著提高减量发展实验成功的可能性，为全国开辟实现共同富裕的新途径。

二、天津

（一）天津数字经济发展现状

随着我国对数字经济发展的重视，数字经济已经成为促进经济高质量发展和共同富裕的关键因素。天津紧抓数字经济发展大趋势的时代机遇，出台一系列政策措施支持数字经济发展，不断提升制造业等传统优势产业数字化水平，数字经济成为提升天津共同富裕的新动能。

天津在数字经济发展大趋势中紧抓时代机遇，数字经济得到快速发展。第一，在政策环境方面，自 2017 年天津提出建设“天津智港”的发展方向和目标，天津大力发展数字经济，到 2021 年 1 月提出《天津市一体化政务服务平台移动端建设工作方案（2022—2023 年）》，短短 4 年内推出数十条促进完善数字经济发展的政策，为天津数字发展明确了顶层设计。良好的政策环境，助力天津企业大刀阔斧地搞数字经济，带动天津经济增长，降低经济成本，惠及天津群众。第二，建设数字经济平台。六届世界智能大会的举办，为天津发展数字经济搭建了重要平台。在六届世界智能大会上，天津共签署了 563 项合作协议，众多科技项目例如腾讯 IDC 数据中心、麒麟软件等均在大会的推动下落户天津。同时天津政府设立基金平台大力支持数字经济发展。截至 2021 年底，天津设立的海河产业基金共带动 185 个项目，计划投资额 2186.07 亿元。积极推进数字经济平台建设，不仅为天津带来了众多高端数字企业，也吸引了大量的高端人才，推动着天津经济的发展，同时带动着天津的创新创业和就业，缩小了居民收入差距。第三，加快数字经济产业建设，发展新型基础设施建设。天津已经累计建成 2.5 万个 5G 基站；移动宽带下载速率从全国第 11 位上升到全国前三，天津网际协议版本 4（Internet Protocol version 4，IPv4）地址数量迅速增长，2020 年达到 408.7 万个，占全国的 1.1%，比 2016 年增长了 10.8%。天津的数字经济产业链条相对完整，已经形成了以信创、人工智能、大数据与云计算等为代表的九大特色优势产业。数字经济产业的快速发展，使得天津产业结构得到优化，制造业和服务业的增多，带来大量的劳动岗位，为共同富裕添砖加瓦。

（二）天津数字经济对共同富裕的影响

1. 数字经济对产业结构的影响

数字经济的发展是通过推动产业转型、升级和发展，不断实现与实体经济深度融合的过程。天津数字经济新兴服务业持续发展，2020 年新兴服务业营收增长 4.9%，高技术服务业营收增长 5.4%，均快于常规服务业平均水平。新兴服务业逆势快速增长，软件和信息服务业增长 9.5%，互联网和相关服务增长 16.1%。数字智能科技引领着天津的产业转型。2011—2019 年天津数字经济与产业结构高级化趋势如图 10-4 所示。

图 10-4 展示了数字经济和产业结构的关系，能够看出天津的产业结构伴随着数字经济的增长而增长，这表明天津数字经济的发展，带动了全市服务业的提升，而且天津传统工业的数字化也促进了工业占比的增加。产业结构的提升，可以有效促进经济高质量发展，增加劳动者的收入，促进共同富裕。

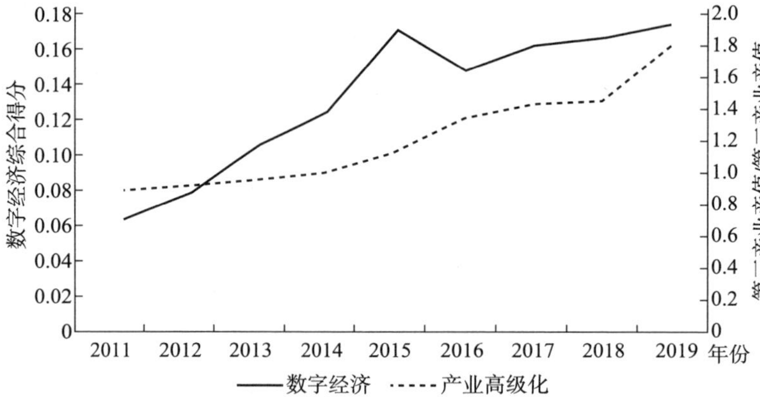

图 10-4　2011—2019 年天津数字经济与产业结构高级化趋势

资料来源：笔者根据统计年鉴数据利用 Excel 软件绘制。

2. 数字经济对创业的影响

图 10-5 表明，天津创业活跃度的波动较大，可以看出，天津数字经济对创业存在一定的滞后效应，但从总体上看，在数字经济的影响下，天津的创业活跃度有所提升，尤其是在 2015 年和 2017 年之间，在天津拉开数字经济帷幕的时间段内，创业活跃度极大提升。数字经济推动天津创业活跃度提高，2021 年中国青年报社、青创头条客户端、天眼查发布的《青年创业城市活力报告（2021）》中显示，天津青年创业城市活力综合指数在全国排名前十，并且人工智能和大数据行业分别在青年创业期望行业中排名第一和第二。另外天津成功举办六届世界智能大会也为天津吸引了大量高端人才，提高了数字经济对天津创业的影响力。

天津政府对数字经济高度重视，出台一系列政策措施支持数字经济发展，为天津建立起良好的顶层建筑，使得天津数字经济产业有了无限的发展空间。

如《青年创业城市活力报告（2021）》显示，大量的青年被吸引到天津，并期望创立数字化企业。天津建立了多个数字化创业平台，全力打造天津数字经济产业人才聚集高地，例如“天津市电子信息与大数据人才创新创业联盟”为天津吸引了大量的科创团队和创业人员。几年来受天津良好数字化政策的影响，越来越多的数字化企业在天津落子布局，例如腾讯、麒麟、长城、华为等，这些大型信息化企业的布局不仅为天津的经济带来繁荣，同时也为天津带来了更多的创业机会。伴随着大型企业的设立发展，演变出许许多多的新兴创业机

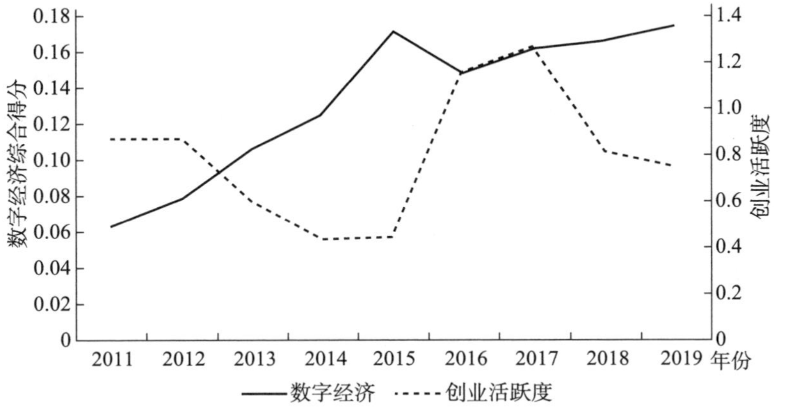

图 10-5　2011—2019 年天津数字经济与创业活跃度趋势

资料来源：笔者根据统计年鉴数据利用 Excel 软件绘制。

会，也增加了天使投资人对天津初创企业的关注度，减小了创业的难度。而创业能够很好地增加中低收入群体的收入水平，助力天津实现共同富裕。

3. 数字经济对共同富裕的影响

在数字经济助力天津传统工业数字化转型的同时，天津牢牢抓住机遇，大力发展人工智能、5G 和信息软件技术，促进天津经济的增长。另外，数字化也有利于京津冀区域之间、企业之间共享发展成果，有利于闲置资源的重新分配，天津将会从京津冀地区获得更多的资源，提升社会经济的效率，减少收入差距，促进共同富裕。2011—2019 年天津市数字经济与共同富裕趋势如图 10-6 所示。

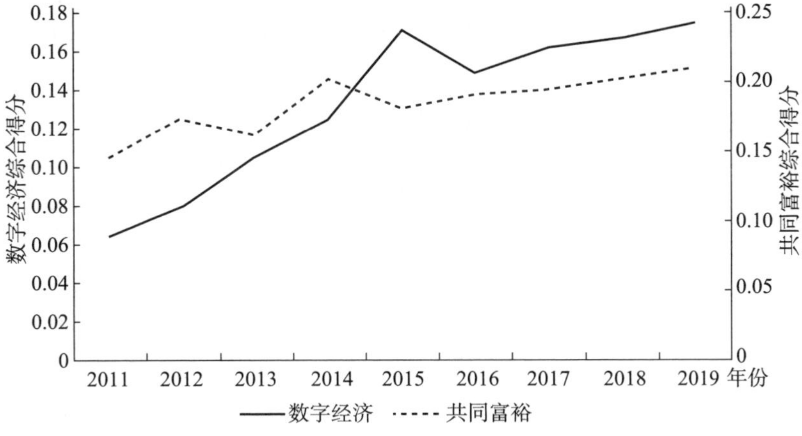

图 10-6　2011—2019 年天津数字经济与共同富裕趋势

资料来源：笔者根据统计年鉴数据利用 Excel 软件绘制。

数字经济对天津的影响极大，是天津高质量发展和实现共同富裕的重要动力，在数字化的催化下天津整体经济回稳向好，尤其是战略性新兴产业显著提高，高技术产业投资增长达到 11.4%。数字经济带动天津产业结构优化，为天津吸引了大量人才，提高了全市创业水平，改善了居民的生活质量，成为天津走向共同富裕的核心力量。

三、郑州

（一）郑州数字经济发展现状

郑州积极响应国家中心城市现代化建设，对数字经济发展进行了超前谋划和部署。郑州虽然在经济和数字化发展上落后于北京、上海、广州、深圳，但是作为国家中心城市以及国家自主创新示范区、大数据综合试验区、国际性综合交通枢纽城市，郑州数字经济的发展有着坚实的基础和空前的机遇。郑州牢牢把握机会，颁布《郑州市加快数字经济发展实施方案（2020—2022年）》，方案提出：以提升数字生产力为目标，充分发挥国家大数据（河南）综合试验区战略平台作用，推进互联网、大数据、人工智能与实体经济深度融合，加速传统动能数字化转型，壮大新兴业态，培育新增长点，形成新动能。到 2022 年，郑州数字经济规模达到 5000 亿元以上，占生产总值的比重达到 40%以上，数字经济生态体系初步形成，努力将郑州打造成为中部乃至全国的数字经济领先城市，为高质量发展提供强劲动力和支撑。随着郑州数字经济的发展，郑州经济实力将不断提升，居民收入差距不断缩小，进而带领全市人民走向共同富裕。

近年来，郑州的数字经济快速发展。第一，深化群众对数字经济的认识，举办各类数字经济专题活动，扩大数字经济对社会的影响，为数字经济快速发展打下良好思想基础。第二，发展数字技术硬实力，2020 年开通网间互联带宽位居全国第三位，国内节点访问国外节点平均时延达到 259.21ms，居全国第三位，“郑汴洛”互联网国际通信专用通道共开通带宽 320G，实现了河南自贸区全覆盖；在数据计算方面，国家第七家超算中心郑州大学（郑州）超算中心部署了最新的人工智能计算框架；并开启“城市大脑”3.0，加快实现“一脑赋全城、一网治全城、一码通全城、一端惠全城”，通过“城市大脑”实现各区域各部门资源共享，减少社会经济成本，优化政府的治理能力。

第三，借助数字化推动经济增长，打造工业互联网平台，实现企业与客户之间的信息对接，帮助企业实现规模化与个性化生产；推进企业数字化创新，将研究院与企业联动，实现产学研一体化，提升产品的附加值，提升企业利润，助力企业结构升级，提高全市经济水平，并有效利用大数据，以“互联网+”的形式惠济于民，利用“一网通办”的客户端，给群众生活带来新的变化，让“一网通办”“一次办好”成为常态，在广大群众的共同努力下促进全市共同富裕。总之，在数字经济背景下，郑州产业结构得到改善，政府治理能力得到提升，经济成本下降，并为广大市民提供了更多的就业机会和更好的社会服务。

（二）郑州数字经济对共同富裕的影响

1. 数字经济对产业结构的影响

郑州近年来大力发展数字经济，以数字赋能促进产业转型升级。依附于数字化的便利，郑州不断深化与周边地市新乡、开封、洛阳的产业链配套，并积极承接上海、广州等发达地区的产业转移，大力发展软件和信息技术服务业、人工智能等数字化产业，不断优化本地产业结构。2011—2019 年郑州数字经济与产业结构高级化趋势如图 10-7 所示。

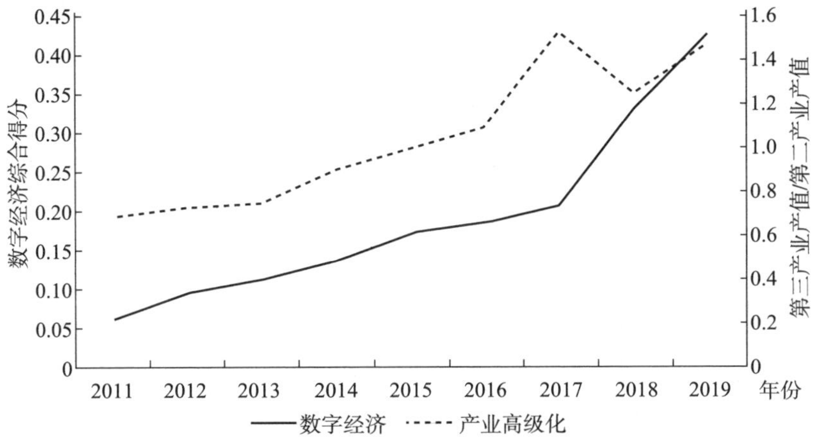

图 10-7　2011—2019 年郑州数字经济与产业结构高级化趋势

资料来源：笔者根据统计年鉴数据利用 Excel 软件绘制。

由图 10-7 可以看出，从 2011 年到 2019 年郑州本地数字经济和产业结构优化有着密切的联系，在数字经济的带动下，郑州的产业结构不断升级，农业占总产业的比重逐渐下降，工业和服务业占总产业的比重越来越大。河南作为粮食大省，依靠数字化帮助郑州在满足粮食生产的前提下，正在逐渐摆脱农业对经济的影响。数字经济带动郑州经济的发展，改善了产业结构，促进郑州减小居民收入差距，改善民生。

2. 数字经济对创业的影响

数字经济的发展，为市场提供了新的企业需求，简化了创业的难度，数字化城市吸引了更多的人来到郑州开启自己的创业之路。郑州近几年来不断依托中原科技城优势吸引高端人才，培养和引进创新团队和领军人才，不断向着引进一个人、带来一群人、完善一链条、壮大一产业、引领大发展的目标前进。对人才的吸引为郑州的创业活跃度带来明显的提升效果，如图 10-8 所示。

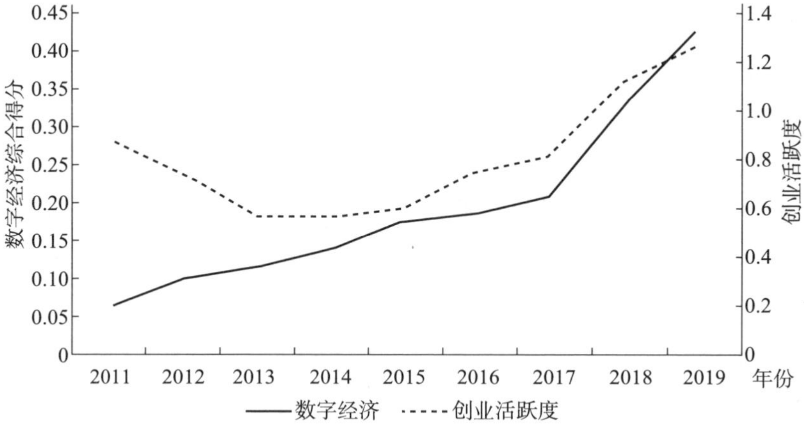

图 10-8　2011—2019 年郑州数字经济与创业活跃度趋势

资料来源：笔者根据统计年鉴数据利用 Excel 软件绘制。

图 10-8 表明了数字经济和创业之间的联系。伴随着数字经济的发展对郑州社会生活和经商环境的改善，越来越多的优秀人才加入建设郑州的队伍。郑州中原科技城科技创新项目可以给社会提供更多的创业机会，数字化下获得资金更加便利，数字经济发展能够降低初创企业的经营难度，更多的研究团队和创新创业团队被郑州未来的发展前景所吸引。创业活跃度的提升加快了郑州的经济增长速度，为郑州居民提供了更多的就业机会，不断缩小居民之间的收入差距，推动郑州共同富裕目标的实现。

3. 数字经济对共同富裕的影响

数字经济的发展通过促进郑州创业人群的增加、产业结构的优化和经济成本的下降，使郑州居民收入的差距不断缩小。如图 10-9 所示，数字经济能够促进共同富裕，河南一直以农业生产为主，粮食种植是高劳动低收入产业，容易出现贫富差距过大的状况。数字经济通过数字化、机械化不仅降低了农民种植农作物的劳动量，也通过数字化平台帮助农民拓宽了销售渠道，增加了农村居民的农业收入，同时减少了农民在田地的工作时间，解放了农村的隐形劳动力。在数字经济的影响下，郑州产生了更多的劳动岗位，吸收了农村的劳动力，一方面促进了经济的发展，另一方面增加了低收入群体的收入。数字经济还通过网络销售的方式，帮助农民出售农作物，农民可以通过网络平台满足自身消费，提高了低收入群体的收入和社会幸福度，向共同富裕迈进一大步。

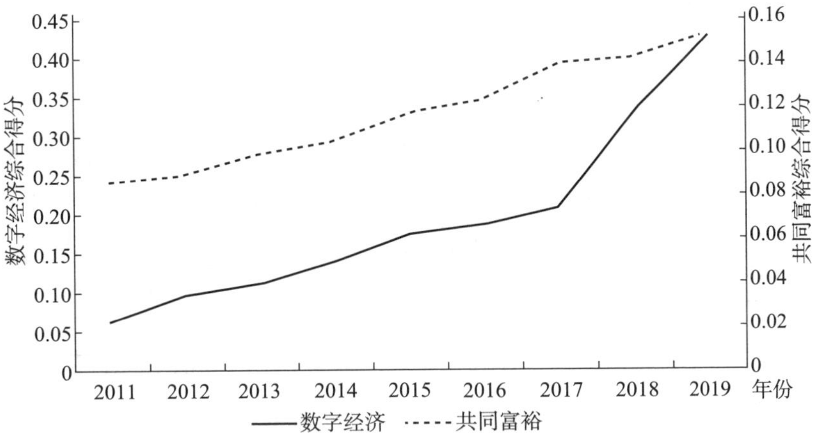

图 10-9　2011—2019 年郑州数字经济与共同富裕趋势

资料来源：笔者根据统计年鉴数据利用 Excel 软件绘制。

四、经验总结

根据对三个城市的案例分析，我们对数字经济促进共同富裕的经验进行如下总结：

（一）促进产业结构升级

科学技术升级是促进产业结构升级的根本动力，信息技术背景下产生的数字经济中，数据成为主要生产要素，有效克服了传统生产要素的缺陷，提高企业的生产效率，创新企业经营形式，不断优化调整第一、二、三产业的结构占比，促进产业结构升级。一方面，数字经济推动了新的消费模式，不仅提高了产品的质量，还降低了居民消费开支。在疫情防控常态化时期，线上消费模式更是成为消费的主流，同时也打破了企业传统的销售模式和生产方式，从而赋能企业自主创新能力，增加企业创新成果，加速人力资本积累、促进金融发展，最终改变传统的就业形式，实现产业结构的转型升级。另一方面，各地政府可以通过数字平台分配生产要素，利用数字化信息监管市场运作，推进“数字湾区”建设，更合理地引导产业结构升级。随着产业结构的升级，服务业必然要大力发展，有助于增加就业，减少收入差距。并且产业结构升级带来的产品价值的提高，不仅会带来经济的增长，而且会提高资源利用效率，提升人民的幸福指数、社会福利指数，促进共同富裕的实现。

（二）创业效应

伴随着数字经济的发展，互联网+物流、互联网+医疗等新兴产业随势而起，为普通百姓提供了更多的创业机会。“互联网+”让物流、消费等传统行业变得离我们更近。数字化的核心在于技术，技术的研发需要高端的人才，技术一旦成熟，便可以给广大群众带来巨大的福利。对于普通群众来说，可以利用数字化的集中管理减轻创业过程中的经营难度，群众的创业不再是单打独斗，更多是靠加盟的方式，由总部通过数字平台集中监督、管理，加盟商只需要将重点放在客户的服务和维护上，如此可以极大地减少创业者在经营过程中的管理和研发成本，极大地降低创业的门槛，增加中收入和低收入群体的收入，进而促进共同富裕的实现。在数字化的帮助下，创业公司不再像传统企业需要大量的人力物力，数字技术让各部门之间的交流更加高效，大大提高了企业的运作效率。数字化下的创业公司是多个点的连线，每个公司只需要专注于某一个领域，上下游之间通过互联网进行连接，形成很好的创业生态链。例如，目前在城市的每个社区和城市外的每一个村落都会有快递收发点，创业者只需要负责快递接收的业务，不用再考虑快递的运输以及对接工作，这大幅地降低了创业的成本，增加了创业者的收入。

（三）降低经济成本

数字经济的特点就在于数字化，一切与经济有关的信息都可以转变为数字化的形式。在经济环境中，信息拥有很高的价值。在传统经济中信息很难搜索，也很难利用到商业中，这就导致传统企业很难精准定位客户需求，供需难以达到平衡，这种信息不对称会产生市场失灵，严重破坏经济秩序，导致富者更富、穷者更穷。而数字化的应用降低了数据的收集和传播成本，企业可以通过大数据收集客户的需求，提供合理的产品，消费者也可以通过大数据搜索，对比每种产品的优缺点，选择更合适自身的产品。数字化的优势不仅体现在企业和消费者之间，在企业内部交易的数据可以全部储存为“比特”的形式，信息的储存成本大幅降低。同时，企业之间可以通过数字化平台快速传播信息，通过信息企业可以快速追踪企业记录和交易详情，节省了大量的人力和财力。另外，数字化的信息为经济发展节约了时间成本，市场是瞬息万变的，如果不能即时掌握信息，制定合理的对应措施或者对应措施不能够即时施行，将会错过大量的机会，导致经济混乱。在生产者和消费者相关成本降低的相互作用下，生产效率和配置效率将会显著提高，从而使数字经济通过“富裕”和“共同”促进共同富裕的实现。

第二节　政策建议

进入信息化时代，社会发展告诉我们，技术的推广和运用，在推动数字经济发展的同时，也对社会关系和人进行了改造，数据成为社会生产中最有活力和影响力的要素，而共同富裕依旧是中国特色社会主义的奋斗目标和中国共产党的重要使命。本部分内容根据已有的实证结果和结论，为进一步规范数字经济的发展、促进科技向善、构建共享共治共建的共同富裕格局提供了政策建议和思考。

一、大力发展数字经济

陈畴镛和陈雯卿（2022）[①] 指出，数字经济具有高创新性、强渗透性、广覆盖性，是构建现代化经济体系、建设国家竞争新优势的重要引擎，也是扎实推动高质量发展，建设共同富裕示范区的关键动能，数字经济可以促进共同富裕。前文的实证结果也表明了这一点。为此，要充分认识数字经济对

① 陈畴镛，陈雯卿．数字经济赋能共同富裕先行示范［J］．浙江经济，2022（4）：16-19.

共同富裕的重大意义，充分发挥数字经济在促进经济发展、实现共同富裕中的潜能。本部分内容将从经济基础和上层建筑两个方面对促进数字经济的发展提供建议。

（一）夯实经济基础

经济基础是指由社会一定发展阶段的生产力所决定的生产关系的总和，是构成社会的基础。数字经济时代的核心生产力是数字技术，而社会主义市场经济是目前符合我国生产力要求的先进生产关系模式，都是数字经济离不开的发展动能。

1. 持续推进数字技术创新

国务院发布的《“十四五”数字经济发展规划》中强调，数字经济以数字通信技术融合应用，以全要素数字化转型为重要推动力。科技是第一生产力，创新是引领发展的第一动力，数字经济的发展离不开数字技术的支撑。本书得出，在高科技水平城市，数字经济对共同富裕的促进作用更加明显。

要实现数字技术持续深化和推进，首先要加强科技创新人才的培养。拥有创新意识的人才是科技创新的重要因素之一。据方曼和陈德军(2009)[①] 所说，科技创新人才是具有科技创新意识、科技创新思维和科技创新能力，从而能取得科技创新成果的创造性人才。在高校方面，高校作为培养科技创新人才的桥头堡，要通过各个教学环节，传授专业技术知识，同时注重创新意识的培养。构建相应的技术创新的科研氛围，突破传统观念，促进数字技术人才创新思维的形成。例如，开展科技创新活动和电子设计大赛、“挑战杯”课外学术科技作品竞赛等，激发人才投身数字技术研发的热情和理想。还要提供必要的平台，引导人才在形成创新意识、激发创新热情之后，能有相应的平台进行实践，例如加强数字技术创新基地的建设，为数字技术人才提供技术和物质方面的保证和相应的资源。引进更多先进的数字技术科研成果，开展分层次的讲座，增加激励机制和选拔机制，提高相关学生的参与程度。

---

① 方曼，陈德军．加强学生科技创新基地的建设促进创新人才的培养［J］．实验技术与管理，2009，26（8）：20-22.

要加大数字经济技术投资力度，加快数字化建设步伐。温湖炜和钟启明(2022)[①] 强调，目前数字技术在新一代信息技术革命推动下，以前所未有的广度和深度渗透到生产和生活的方方面面。数字技术离不开技术人才，更离不开投资。而数字技术的突破需要繁重的试验和调试，这就要求有大量的资金投入、基础设施建设、实验设备和环境条件为依托。所以要加大对数字技术的投入力度，利用资金积极引进先进的国际化数字创新项目，在国内建立数字化创新中心，为相关企业和个人早日突破关键领域的瓶颈提供必要的支撑条件，从而减少对国外数字技术的依赖，实现高端数字技术自主可控，牢牢掌握属于自身的核心数字技术，提升国内数字技术的竞争力。要以市场为导向，完善云计算、大数据、区块链、生物技术等领先技术的基础设施建设，对传统基础设施进行改造和升级，以适应数字经济的发展要求，为进一步推动数字技术的突破提供支撑平台。加大资金投入力度，改善科研创新条件。

企业方面，要积极构建企业数字化创新平台，推进数字化企业相关技术部门的研发进程，促使企业不断改革传统技术和产品，研发新技术和新产品，并以此为核心推动企业智能化发展，广泛推行技术规模化生产，在提高生产效率的同时，降低运营成本和生产成本，使企业将更多的精力投入数字技术创新突破。再者，企业要突出数字技术在生产流程中的作用，对生产模式和经营模式进行创新，让数字技术的最大效用在企业日常运营中得到发挥。

2. 发挥市场在经济发展中的决定性作用

张云霞（2019）[②] 指出，社会主义市场经济体制是新时代数字科技创新最重要的环境因素，以及最核心的社会条件。市场经济是通过市场这只“看不见的手”来配置社会资源的一种经济模式，市场通过供求关系形成价格，引导社会资源在部门、企业和消费者之间流动，进而使社会资源得到合理配置，同时市场经济还强调市场竞争。在新一轮社会主义市场经济深化之际，集中解决数字经济发展中的市场经济支撑力问题，发挥社会主义市场经济体制这一生产关系对促进数字经济发展的反作用，具有十分重要的学术价值和时代紧迫感。

---

① 温湖炜，钟启明．数字基础设施与企业全要素生产率——来自中国上市公司的证据［J］．软科学，2022（6）：1-11.

② 张云霞．完善社会主义市场经济体制是新时代科技创新的必然要求［J］．贵州社会科学，2019（9）：18-24.

要发挥社会主义市场经济体制在促进数字经济发展中的作用，最重要的是要处理好政府与市场的关系。雷小苗（2021）① 认为，在市场经济条件下，“市场失灵”需要政府，“政府失效”需要市场，两者相互协同配合，才能发挥社会主义市场经济的优越性。其中最重要的是要发挥市场在数字信息资源配置中的决定性作用。市场机制对数字经济活动的刺激来源于市场竞争和供求以及价格机制，竞争市场、供求、价格机制形成了重视效益和产出的市场经济环境，激励不同的市场主体投入数字技术创新和数字化生产来增加效益，提高效率。要规范市场秩序，加强市场秩序的建设，形成公平良性竞争的市场氛围，完善市场规则，建立健全的市场组织，增强市场管理，使得市场主体能够做到竞争有序。在完善产品市场，促进数字化产品有效配置的同时，建设好相对滞后的生产要素市场，促进数字信息资源要素得到更好的利用，这是新时代完善社会主义市场经济的重点和现代市场体系的需要。同时，在完善我国市场经济体系促进数字化生产的同时，要增强开放性和国际竞争性，要把我国数字经济的市场体系融入国际数字经济的现代市场体系中去，进一步刺激我国数字经济转型，提高国际影响力和国际竞争力。

发挥政府宏观调控的作用，政府要创造并且维护良好的市场环境，给数字经济的发展提供良好的竞争氛围，加强市场建设，建设好有利于数字经济发展的数字技术人才市场、信息市场、金融市场，刺激大众创业、万众创新，鼓励更多的人才投入数字经济建设的浪潮中。尤其要在知识产权保护、个人利益纠纷等方面助力，为数字经济活力的激发保驾护航。加大基础研究的投入力度，基础研究研发周期长，且不确定性较大，在这个方面市场很难进行大规模的投资，国家统计局（2018）② 数据显示，我国基础建设中企业仅占3.3%，数字经济的发展离不开基础研究投入，政府要运用财政政策和税收政策激发企业投入基础研究的积极性，同时大力发展国家专项计划等大项目，强化基础研究。

要实现政府这只“看得见的手”和市场这只“看不见的手”的协调配合，政府要在自己的职能范围内做到“不越位”“不错位”“不缺位”，做好本职工作的“到位”和“补位”，建立有序协调的平衡机制，促进市场经济

---

① 雷小苗．社会主义市场经济条件下科技创新的新型举国体制研究［J］．经济学家，2021（12）：14-21.

② 国家统计局．中国科技统计年鉴 2018［M］．北京：中国统计出版社，2018.

条件下数字信息资源根据市场需求进行高效配置。

（二）巩固上层建筑

上层建筑是指建立在一定经济基础上的社会意识形态以及相适应的政治法律制度与设施的总和。在数字经济时代，巩固上层建筑，能够对经济基础起到相应的反作用，为数字经济的发展创造必要的社会条件。本部分内容将从立法和司法两个方面，阐述如何巩固上层建筑促进数字经济的发展。

1. 完善相关法律治理体系

在当前数字化社会发展的大前提下，传统的经济体系面临数字技术的强烈冲击，而适应传统工业经济的法律法规存在严重的滞后性。杨东(2020)[①] 认为，基于工业经济原理和理论的传统竞争法律规制无法适应后疫情时代数字经济带来的挑战，必须重构适合当前数字经济发展需要的理论和规制体系，增强我国数字经济的竞争力。

从立法的角度看，一是增强数字经济政策的时效性、技术性、全面性，综合多方面主体的利益诉求进行考虑。可以借鉴国外关于建设线上线下数字经济体系的先进经验，构建权力、责任、利益清晰明了的数字经济法律体系，对支持数字经济的法律条文供给进行深入分析和经验汲取，对阻碍数字经济发展的拦路虎进行破除。二是在各个数字经济市场主体之间，着重解决数据泄露、数据使用权限边界模糊、数据共享不充分等问题。在数字化产业和产业数字化发展过程中，科学合理地审查市场中的流通数据内容，把握好限制交易的数据类型、允许交易的数据类型，以及禁止交易的数据类型，同时梳理好不同数字经济市场主体的复杂关系。三是利用法律制度对数据主体的产权归属进行确认，有效解决产权纠纷等问题，提高数据的共享效率，不断推动数字经济和数字化产业的发展。在传统工业经济环境下，生产与消费是分开的，生产者与消费者关系并不紧密。而在当前数字经济蓬勃发展的氛围下，消费者能够感受生产者的行为，通过个性化体验对生产进行有效参与，消费者的体验感是生产者生产时的重要参考要素。四是我国目前应该对虚拟财产保护、数据保护、个人隐私信息保护等方面做出进一步的制度规定。对消费者个人分类分级制度进行推进和完善，保护个人信息。五是进一步完善《中

---

① 杨东．后疫情时代数字经济理论和规制体系的重构——以竞争法为核心［J］．人民论坛・学术前沿，2020（17）：48-57.

华人民共和国反垄断法》及其相关配套的法律措施，加强对数字经济平台的反垄断监管力度，杜绝信息化时代出现的新型垄断行为和互联网竞争无序的现象，合理进行举证责任的分配，发挥市场在数字经济发展中的决定性作用等。六是对于地方而言，要在遵守中央颁布的数字经济相关法律法规的同时，因地制宜，对本地区限制数字经济发展的因素进行考察，并对本地区数字经济的相关规章制度进行创新。七是建立动态化评估机制，数字技术更新迭代的过程快于数字经济立法和落实的过程，需要制定相应的弹性调整机制不断对数字经济立法完善进行动态化调整。同时对于现行的法律规章中不适应数字经济发展的内容，要及时进行修改或者删除。

2. 完善司法，有效处理数字经济纠纷

从司法的角度看，司法部门要积极完善纠纷处理机制。在数字化时代，利益纠纷和矛盾更加复杂，这也为司法部门处理纠纷带来了新挑战。相关部门和人员可以利用数字技术和数字平台，建立线上多元化纠纷解决平台，提高纠纷解决效率。同时要对社会问题进行深入了解，对数字经济纠纷问题进行科学分析，在对各类问题进行分析和按类别总结经验的基础上，建立一站式多元解决机制，提高司法解决数字经济纠纷的效率。司法人员要树立数字经济治理新理念，积极学习法律法规知识武装头脑，在处理数字经济纠纷时力争做到公平公正，同时要在规范和创新中找到平衡点，针对数字技术更迭带来的新问题做到具体问题具体分析，杜绝经验主义，构建多元化的纷争解决机制。最后是完善数字纠纷调解机制，聚集线上线下两类资源，有效对接数字诉讼机制。在数字经济矛盾和纠纷调解的过程中，发挥司法对数字经济发展的保护、促进和引导作用。

二、促进资源优化配置

根据前文的理论分析和实证分析可知，数字经济可以通过优化各种类型资源的配置来促进共同富裕。所以，利用数字经济采取措施促进社会资源有效分配，是促进共同富裕的重要途径之一。

（一）优化人力资源配置，提高人力资源供给质量

根据前文结论，在较高的人力资本水平下，数字经济促进共同富裕实现的作用更加显著。首先在就业方面，数字经济推动加工程度和产业结构高度

化，产业数字化促进产业结构升级，数字产业化增加全新的工种和岗位，劳动力得以在“产业内”和“产业间”流动。从优化人力资源配置的角度看，郭东杰等（2022）① 指出，要完善数字经济社会下与新就业形态相匹配的社会保障制度，鼓励群众积极参保，充分发挥失业保险对失业群体的生活保障作用，对具体的失业人员进行生活情况调研，根据他们的预计失业期限相应地延长失业保险金补助期限，并及时发放补助金。对于那些不符合领取失业补助保险金并没有工作且生活困难的群体，国家可以通过转移支付等手段进行生活保障兜底。同时政府可以通过补助企业，来鼓励企业接纳低技能劳动者，建设公益性工作岗位，安置失业群体临时就业。通过在手机软件（Application，App）等数字技术平台发布企业招聘信息和就业岗位信息，增加就业热线电话和法律咨询服务等方式，发挥数字平台的就业配置作用，打破失业群体的信息障碍，妥善安置失业群体再就业。

对于高校毕业生等待业群体，政府也要提供相应的就业补贴和政策保障，缓解高校毕业生等待业群体的就业焦虑，为选择从事数字经济相关行业的毕业生提供政策补贴支持，提高高校毕业生的就业积极性。严抓高等教育办学质量，提高高校的办学效益。高校要拉近学生与社会的距离，通过线上或线下讲座和授课等方式让学生了解社会发展需要的现状，顺应数字经济浪潮，提前培养数字化知识技能，减少应届毕业生毕业即失业的现象。企业要根据自身数字化发展的需要，结合数字经济背景，开设相关岗位，吸引高校应届毕业生从事数字企业的工作。

武可栋等（2022）② 认为，数字经济和数字技术带来了新的就业方向，未来的产业分工和组织形态将更加多样化，必定会催生出更多高技能劳动密集型细分行业。所以，政府要加快构建适合新技术和新技能发展的行业生态和就业环境，在鼓励大众创业、万众创新的同时，支持各创业创新主体发掘非程序化、替代性较弱的工种和岗位，向人机耦合和人机协同的方向发力，推进高质量就业进程。

在优化人力资源配置的同时，也要提高人力资源质量。中国数字经济的

---

① 郭东杰，周立宏，陈林．数字经济对产业升级与就业调整的影响［J］．中国人口科学，2022（3）：99-110+128.

② 武可栋，朱梦春，阎世平．数字经济发展水平对劳动力就业结构的影响［J］．统计与决策，2022，38（10）：106-111.

发展水平不断提升，线上数字服务平台得到推广，第一产业和第二产业的劳动者面临被取代的风险，第三产业的劳动者也面临就业转型的挑战。所以政府部门要加大教育的支持力度，尤其是对职业教育的投入。大力发展互联网技术，积极借助互联网数字平台开展线上教育，以便使那些受教育困难的群体能够在线接触更多的教育资源，实现教育资源共享，改善社会教育公平，提高全体人民的文化素养，促进精神上的共同富裕。开展第一产业和第二产业的转岗培训，规范培训机构与劳动力以及企业的三方互动沟通机制，顺应时代发展需要，扩大和加大知识与技术密集型服务业的培训范围和力度，帮助第一产业和第二产业的劳动者顺利完成转岗培训，实现“产业间”的就业转移。拓宽落实高端人才的引进方式和渠道，以数字化、信息化等相关领域的研发投入为载体，加大高端人才的培养力度，完善数字技术高端人才的培养体系，打造相配套的教研团队，为我国数字经济发展提供人才储备力量。实现企业和高校的双向联动，探索数字经济人才培育的新模式，鼓励企业在高校内建立数字技术创新教育学习基地。第三产业要顺应数字技术更新迭代的发展和产业结构优化升级的需要，适时地对数字经济相关行业的从业人员进行从业培训，帮助劳动者更新思维、提高效率，顺利实现人力资源在“产业内”的优化配置。

（二）优化公共资源配置，基本实现公共服务均等化

李实（2021）① 指出，现代社会中公共服务的数量和质量已经成为居民生活水平的重要组成部分，也是衡量社会富裕程度的重要标志，高水平高质量的公共服务均等化已成为共同富裕的重要内容之一。数字经济毫无疑问是推动公共服务均等化、普惠化、高效化的重要手段，是实现让广大人民群众共享发展果实的重要途径。《“十四五”数字经济发展规划》强调，要持续提高公共服务数字化水平，协调发展四大公共服务领域，实现数字经济发展推动共同富裕。

首先是政务服务领域，全国一体化政务服务平台是更好地发挥政府职能的新型数字化工具。“十三五”期间，我国中央和地方政府依托一体化政务服务平台，为推进数字政府建设提供了有效驱动力。企业产品生产许可证批准政策、异地就医结算机制、居民社会保障在线申请等政务服务项目得到了有

① 李实．共同富裕的目标和实现路径选择［J］．经济研究，2021，56（11）：4-13.

力的实施，“跨省通办”大大提高了政府服务的办事效率。“十四五”时期应该更加注重政府职能发挥的进一步提高。要加快政务服务的智能化和数字化，推进政务服务的规范和便利。努力实现常规服务的“一网通办”，中央制定高频服务的标准和方向，地方政府编制好高频服务的具体清单，真正实现高频服务“掌上可办”简化审批流程，为企业和群众提供便捷化服务。还要推动数据共享和业务协调，完善政务数据共享协调机制，例如加快推进数字身份全国统一认证，疫情期间行程码和健康码实现全国通用、电子证件互认等，促进各级政府的业务协调和数据共享。促进政务服务实现“区域通办”“跨省通办”。再者要推动政务服务纵深推进，推动政务资源向基层下沉，强化省市县政务服务三级联动，构建完善覆盖省、市、县、镇、村的多级政务服务体系，帮助生活困难的群体扫清信息障碍，促进线上线下融合。推动服务的精准化和主动化，利用大数据精准定位和精准预测，实现“人找服务”向“服务找人”的转变。最后是要推进政务服务资源向重点领域倾斜，聚焦社会热点问题，加大对公共卫生、应急处置、治安稳定等民生领域的政务资源配置，深化数字技术应用在解决重大社会公共事件时的应急响应和处理效率的问题。

其次是社会服务领域，促进社会服务资源的分配是改善民生、构建共建共治共享的共同富裕新格局的必要保证。“十四五”期间要进一步扩大社会服务的覆盖范围。对此的建议是：一是要促进社会服务的普惠化，开展通信信号和有线网络在贫困地区的服务试点，瞄准革命老区、少数民族聚集地区、边疆地区等薄弱地区，以及教育、医疗、脱贫等重大民生领域。提高社会服务的远程供给水平和覆盖水平，促进社会服务的均等化。促进信息无障碍建设，打破数字鸿沟，加强面向特殊群体的数字化社会服务建设，让更多的群众共享社会服务资源，探索多领域跨界合作。二是要扩大服务领域覆盖范围，加大智慧文旅、数字健康服务、线上教育、智慧医疗等社会服务的数字化，促进数字技术与社会服务的深度融合，优质资源深化应用。精准对接就业、养老、托育、家政等民生领域，优化社会服务资源流向群众生活的各个方面。发展智慧网络建设，推进有线电视资源和无线网络升级改造。

再次是数字城乡领域，统筹推动新型智慧城市和数字乡村建设。新型智慧城市是新一代信息技术在城市应用的综合载体，是城市实现整体数字化转型和智能化发展的重要抓手。我国新型智慧城市建设近年取得了显著成效，“十四五”时期需要进一步推动数字城乡融合发展。一是持续推进新型智慧城市建设。强化智慧城市统筹规划与顶层设计，切实推动城市数据整合共享和业务协同，分级分类推进新型智慧城市建设。结合城市实际需求，完善城市信息模型平台和运行管理服务平台，有条件的地市因地制宜，探索科学构建数字孪生城市。杜绝盲目跟风，强调应用成效，建设节约务实的新型智慧城市。鼓励社会力量参与，创新新型智慧城市建设、应用、运营等模式，建立健全智慧城市长效发展机制，推进智慧城市规划、设计、建设、运营协同，增强智慧城市建设的造血能力。二是提速数字乡村建设。完善农村地区信息和服务供给，提升信息惠农服务水平，构建乡村综合信息服务体系，推进农业生产生活数字化应用。推进乡村治理数字化进程，推进涉农服务事项线上线下一体化办理。健全城乡常住人口动态统计发布机制，促进城乡要素双向自由流动和公共资源合理配置，形成以城带乡、共建共享的数字城乡融合发展格局。

最后是数字生活领域，数字技术和数字经济带动了新经济业态，也提高了人民的生活质量。2020 年，即使受到疫情的冲击，我国信息消费规模仍高达 5.8 亿，智能家居、VR 模拟体验、智能导航等新型消费产品受到消费者的喜爱。我国应持续加大数字产品的生活供给，提高人民的幸福感。在居住环境方面，加快住宅和社区娱乐设施的数字化，推进数字化社区建设运营，建立智慧社区，有效满足居民的日常生活需要，对接服务型政府。在家居方面，推进智能家居，丰富数字化家庭生活，为居民日常家居生活提供便利。在消费方面，提升消费者的消费体验，提高在购物、健身、娱乐、餐饮等方面的智能化服务，促进我国信息消费潜能的进一步激发，促进经济高质量发展和发展成果的进一步共享。

（三）加强财税资源统筹，促进收入分配公平

刘诚（2022）① 认为，2021—2035 年，我国人均 GDP 将从 1.2 万美元提高到 2.3 万美元，向中等发达国家迈进，共同富裕得到实质性发展，这就需要把人均 GDP 的提高转化为居民收入的提高，及时缩小居民收入差距，这需要依赖数字经济的快速发展以及财政资源的统筹分配，笔者着力于财政资源配置和收入分配公平提出如下建议：

第一，进一步规范数字经济环境下的收入分配关系，在制度上，在兼顾

① 刘诚．数字经济与共同富裕：基于收入分配的理论分析［J］．财经问题研究，2022（4）：25-35.

数字经济发展的同时，积极利用收入分配制度促进共同富裕，缩小资本、劳务在数字经济初次分配领域的差距，在宏观上积极推行制度改革，缩小收入差距，在微观上关注数字经济相关利益方的立场，真正做到按生产要素进行分配，而不是资本主导的流量分配，从而使从事数字经济的劳动者能够获得合法公平的收入，进一步提高他们的工作积极性。创业者和企业能够获得良好的营商环境和数字技术支撑，消费者能够共享数字经济发展的红利，购买到物美价廉的数字经济商品。重点瞄准线上平台相关的营商环境，规范线上交易，促进线上数字资源的配置公平。

第二，积极利用税收政策调节数字领域的高收入，优化调节高收入群体的分配机制，重点调节大型互联网企业、经纪公司、网红明星等依靠数字经济发展红利获取高收益的行业和个人的经济收益。鼓励数字经济投资者利用数字技术和市场经济率先发展起来，并完善税收机制调节收入，进而利用转移支付，带动贫困地区和贫困群众的经济发展。严格规范直播带货网红和流量明星投机取巧、赚快钱的行为，加强对数字产品质量、价格的监管，加大对偷税漏税和虚假宣传谋取暴利行为的惩罚力度，引导粉丝理智追星，规范粉丝经济，加强对青少年网络打赏、盲目追星的潜在风险的教育，鼓励勤劳致富，严厉打击通过炒作诈骗博出名赚取暴利的商业模式，树立良好的社会风气。

第三，发挥财政部门在促进数字经济和共同富裕中的作用。樊轶侠和徐昊（2020）① 指出，现阶段，数字经济加速发展态势明显，财政部门需要对财政政策支撑体系做出适应性调整。财政部门可以通过制定相应的财政支出标准、完善政府采购内容、加强绩效管理等方式，对财政政策进行进一步修改。同时，李捷和韩凤芹（2021）② 认为财政部门可以积极引用数字技术提高财政资源配置的效率，不断提升财政数据的收集、运输、处理、分析的数字化水平，在“数字财政”方面，增设应用场景，在思想理念、财政运用、目标管理等方面，推动财政预算绩效管理提质增效，不断提高财政预算的精确性和适用性。

第四，着力扩大中等收入群体的规模，不断加强对劳动力市场的规范，

---

① 樊轶侠，徐昊．财政助力数字经济高质量发展：核心机理与经验启示［J］．改革，2020（8）：83-91.

② 李婕，韩凤芹．我国数字经济发展的财税政策建议［J］．社会科学家，2021（12）：107-112.

加强对企业工资制度制定的指导，适时地提高最低工资标准，增加与数字经济从业人员的沟通渠道，鼓励低收入群体参与数字经济等新型就业形式，并推动不同数字媒体和数字平台的合作联动，进一步扩大数字经济就业岗位和就业收入。调整现行的社会保障制度，使其适应数字经济的发展并保护劳动者权益。

第五，发挥财政资源与金融的协同效应。首先是政府投资基金的引导作用，针对重大、关乎民生领域和数字经济发展领域的项目和技术应用，进行灵活领投和跟投，例如通过股权投资等方式，降低相关实体企业和高科技企业的初次融资成本。加大财政投入构建融资担保和再担保机制，为数字企业的生产与运营保驾护航，防范化解金融风险，减少失业现象。同时为民生领域和数字经济领域给予企业融资担保的相关机构提供财政补贴支持，增强融资担保机构的风险承受能力，促进多层次、多主体的融资担保体系和再担保体系的构建。

只有不断加强对不同类型资源的优化配置，才能将有限的人力、物力、财力进行有效整合，从而在提高生产效率获得最高收益的同时，兼顾社会公平正义，促进全体人民生活水平的提高和共同富裕的实现。

三、促进科技向善

近年来，随着数字技术的影响日益广泛，以腾讯、网易为主的互联网龙头企业提出了“科技向善”，受到社会各界的广泛关注。数字技术并不具备天然的向善性，所以引导数字技术向善是整个社会的期待。在当今数字经济不断渗透人们日常生活的现实背景下，让科技向善，造福人民，实现共同富裕，是全社会的共同呼声。在推动科技向善的过程中，既要注意科技扩散，填补科技鸿沟，又要兼顾效率和公平，实现数字经济高质量发展。

推动科技扩散，填补科技鸿沟。经济学家舒尔茨指出，“没有扩散，创新便不可能有经济影响”。当前，我国仍然存在科技发展滞后、经济发展落后的地区，没有数字技术的持续创新，经济的发展只能带来短暂的繁荣。所以首先要推动不同产业和不同区域的数字技术扩散，提高 5G、移动互联网技术的普及率，加强贫困地区的信息基础设施建设。科技扩散不是简单的对生产技术的引用，而是更应该注重技术知识的溢出和技术创新思维的扩散。只有通过科技扩散，建立各地良性互动机制，才能推动整个社会全体成员的经济收益提高，实现共同富裕。

积极引导企业向善，市场是逐利的，不完全竞争、信息不对称等市场失灵现象对引导数字企业自发向善的行为起阻碍作用，这就需要政府发挥再配置作用。张颖熙和夏杰长（2022）① 认为，要同时发挥道德、制度、文化等社会因素在引导数字企业向善上的促进作用，尤其是第三次分配的调节作用，通过慈善公益活动、资助乡村教育、保护生态环境等发扬社会主义优良传统的行为来实现社会繁荣稳定，以及发展成果共享。

严厉打击利用数字技术进行违规犯罪的行为，提高违规和犯罪成本。在数字经济时代，数字金融犯罪和利用数字技术进行违法犯罪活动的数量大大增加，并且这类犯罪行为具有隐蔽性，迎合了违法人员的侥幸心理。因此，在打击犯罪行为的过程中，数字平台在获取数字信息带来的高额利益的同时，也要承担一定的责任。要明确数字平台的责任，实行适当的连坐机制，督促相关数字平台对所要发布的信息进行审核，平台审核后的消息和应用出现了违规和侵权行为，可以对平台进行追责，能够有效加强对数字违规和犯罪行为的监管。同时，要提高违法成本，就需要执法机关严厉打击，刹住这股歪风。要在立法上加大处罚力度，只有当受到处罚的成本高于获取的利益的时候，这种违法行为才能够得到有效遏制。

最后对于科技人才向善，伏志强和孙伟平（2021）② 提出，个人要遵守科技伦理道德准则，不断提高科技素养，积极践行社会主义核心价值观，将数字技术知识普及给身边更多需要技术帮助的群体。高校要加强数字人才的德育教育和综合素质的培养，引导科技人才积极向善。政府鼓励科技人员下乡，为数字农业和数字农村的建设提供技术支撑，同时鼓励人才扎根于基层，从技术需要中获取更多的科技创新灵感。

数字技术带给人类的善意就是能够最大限度地实现公平公正，改善人民生活。全社会要不断遵守科技向善的准则，帮助更大范围的人民共享数字技术发展成果，构建合理公正的社会秩序，实现共同富裕。

---

① 张颖熙，夏杰长．科技向善赋能共同富裕：机理、模式与路径［J］．河北学刊，2022，42（3）：115-122.

② 伏志强，孙伟平．科技向“善”：人工智能发展的价值遵循［J］．甘肃社会科学，2021（2）：97-103.

四、推动社会整体协调发展

根据上文可知，数字经济可以通过协调效应促进共同富裕的实现。共同富裕的协调效应是在优先发展一批“先富”的群体、地区和行业的基础上，带动“后富”的群体、地区和行业发展起来，前者与后者相互补充，相互促进，提高各行各业和全体人民建设社会主义的积极性，增强向心力和凝聚力。本部分内容将从区域协调、城乡协调、行业协调三个方面为如何在数字经济发展的大环境下实现共同富裕提供建议。

（一）注重区域协调发展，推动“东数西算”工程进一步落实

目前我国经济发展格局形成了东、中、西三大经济带，但是各个经济带的发展水平存在明显差异，经济发展不平衡现象较为突出。我国数字经济的发展可以缩小区域间差异，地区经济发展协调、交通水平提高等对促进区域协调发展起到了正向作用。要推动区域数字经济协调发展，促进共同富裕的实现，就必须立足区域驱动因素，加快优势区域互补和协同发展机制。

在地方层面，要依据各地数字经济发展实际情况促进经济的内循环，推动经济发展。伴随着数字技术的创新与渗透，我国东、中、西三大经济带都迎来了变革期，欠发达地区获得跨越式发展的机遇。地方层面要强调因地制宜。陈晓东和刘冰冰（2021）① 指出，要认识到促进区域协调发展是实现共同富裕的首要前提。在较高的经济发展水平下，数字经济对共同富裕的促进作用更加显著。要明确各地区落后的原因，才能对症下药。例如中华人民共和国成立以来，东北地区凭借优越的矿产资源和政策倾斜成为重工业基地，支撑起了东北地区的发展，但随着生态环境恶化和经济发展方式的转变，东北地区传统的高耗能、高污染生产方式难以为继，因此，东北地区衰落的主要原因普遍认为是经济增长方式的落后，在此背景下东北地区更应该把握数字经济发展趋势，积极推动高能耗产业的数字化转型和升级。东部地区拥有天然的区位优势和对外开放条件，改革开放后，凭借着政策支持发展起来。目前，东部地区已经成为全国经济发展的前沿地区，东部地区要继续加快数字技术的研发、运用和推广，同时要加大对中部和西部地区的技术援助和经济支持。中部地区主要面对的是产业转型动力不足，第一产业和第二产业仍

---

① 陈晓东，刘冰冰．区域数字经济协调发展的实现路径［J］．开放导报，2021（6）：71-80.

然占据主导地位，第三产业占比较低的问题。因此，中部地区要积极推动创新引领发展，构建协调发展的产业体系，尤其是要积极推动传统实体经济与数字经济的联动发展，让数字产业化和产业数字化成为中部地区重要的产业支撑和经济高质量发展的重要源泉。西部地区深居内陆，受地形地势、交通区位的限制较大，经济发展受到自然因素影响较大。因此，西部地区要因地制宜发展特色产业和特色文化，积极引进 GPS 等数字技术作为地区文化和产业的重要支撑，部署 5G 的商用和规模性建设促进边境贸易发展。进一步加大企业数字化和一体化建设，开发数字化要素资源，突破经济发展瓶颈，形成区域经济对数字经济的协同效应。要不断强化东部地区数字经济的正向溢出效应，补齐中西部数字经济发展短板，培养区域经济新增长极。综上所述，只有各区域经济协调，才能为增强区域经济的协同效应，最终实现共同富裕夯实基础。

在国家层面，从国家政策倾斜角度看，王海兵（2022）① 指出，国家政策应该自上而下向欠发达地区倾斜，帮助欠发达地区摆脱对传统矿产资源消耗的依赖，弥补与发达地区的数字发展鸿沟。比如，出台土地租赁、税收优惠、宽松信贷等政策，引导数字经济企业对欠发达地区进行投资并开展业务。严格按照专款专用的原则，帮助欠发达地区改善基础设施。“东数西算”，是指通过建设数据中心、云计算等数字技术基础设施，构建大数据一体化新型算力网络体系，可以将东部地区的算力需求有序引导到西部地区，通过优化数字中心建设布局，促进区域数字经济协同发展。“东数西算”工程中的“数”，指的是数据信息，“算”指的是算力，即对数据的处理能力。作为全国一体化大数据中心体系的关键环节，“东数西算”对实现互联共通、数据供需平衡，打破信息障碍，实现共同富裕具有重大意义。政府要进一步在算法、数据、算力等行业规划和创新研发建设中，优先考虑土地辽阔、地租廉价、气候适宜、矿产资源丰富的欠发达地区。鼓励发达地区的企业、高校、科研院所承担社会责任，与欠发达地区的企业、高校、科研基地结对帮扶，开展深度合作，共享理念、共谋发展、共同解决问题。鼓励欠发达地区立足发达地区在产业结构升级、人才、资金方面的优势，实现要素整合、平台共建、风险分担。

---

① 王海兵. 数字经济的“破坏性”：典型现象及政策建议［J］. 当代经济管理，2022（5）：1–7.

在对外开放上，进一步提高区域对外开放水平。当前，全球数字博弈愈演愈烈，我国各区域必须积极参与全球治理，畅通数字经济外循环，积极开展与其他国家在数字经济领域的合作。实现“引进来”和“走出去”相结合，一方面，要积极引进外资促进区域数字产业的发展和数字产品的开发；另一方面，要树立底线思维，各区域加强对数据的保护，积极推动区域贸易繁荣。在引进先进外来数字技术的基础上对关键领域攻坚克难，从而弥补区域间的数字鸿沟，消除制约要素流动的障碍。

（二）注重城乡协调发展，推动新型城镇化进一步发展

华兴顺（2021）① 研究得出数字经济对“三农”和城乡融合发展具有重大的理论价值和实践意义，对传统意义上的工农、城乡关系都提出了巨大的挑战，而城乡协调发展是实现共同富裕的重要路径，结合当下，加强新型城镇化建设能够有效促进城乡协同效应。因此，如何利用数字经济促进城乡协调发展和新型城镇化建设、实现共同富裕是经济社会持续关注的问题。

一是要统筹城乡发展规划，实现城乡的空间融合。推动新型城镇化，实现城乡协调融合发展，首先要实现空间融合，也就是“人”的融合。数字经济的发展使人口流动更加便利。城乡流动出现新的现象——“城乡两栖”人员增多，城镇人口身份和农村人口身份之间的界限变得模糊，为适应人口流动的新变化，要加快在人口集中居住的区域实现城乡融合，通过城镇人口和农村人口的逐渐融合来加速城镇化。同时，要进一步科学地统筹城乡规划，实现“地”的融合，优化城乡发展空间，尤其要加快农村地区的社区城镇化建设，积极引进数字技术建设智慧社区，为农村居民生活提供便利，提高人民的幸福感和获得感。在农村土地规划方面，要积极引入数字化技术，进行科学统筹，合理安排居民点布置。在促进人口城镇化和城乡社区融合的同时，加强农村用地的科学规范管理，确保国家耕地红线。最后，要建立健全促进城乡空间融合发展布局的理论机制，深化农村产权分配制度，加快新型城镇化进程，提升城乡协调效应，实现共同富裕。

二是要加大农村基础设施建设，优化农村居住环境。数字经济的推广和深入都是从城市地区优先发展起来的。所以农村地区的互联网普及率和有线网络建设相对于城市地区有较大的差距。2019 年，我国农村安装宽带用户总

① 华兴顺．数字经济对城乡融合的影响和发展路径研究［J］．全国流通经济，2021（5）：117-119.

数为1.35亿人次，在全国固定宽带接入用户中占30%。[①] 农村数字化基础设施建设是未来中国推进经济高质量发展的重要方面。政府要不断实现农村地区的千兆光网、5G网络、物联网应用与城市协同发展，提高乡村数字化接入的可能性。虽然农村数字基础设施建设投资因为投入成本高、经济效益低下等原因令企业和投资者望而却步，但是其投入必将带来巨大的社会效益。因此，政府应积极鼓励城市内的企业和投资者对农村地区进行投入，为数字基础设施建设投资创造良好的环境，积极参与农村民生工程建设，同时政府也应与这些投资企业进行合作，实现共建共享，减少企业投资风险，为实现数字产业化奠定基础。还要推动农村水利、道路、电力、农业发展等传统民生工程的数字化、智能化建设，进一步深化农村产业数字化发展，实现向近代化转型。

三是要运用数字技术促进乡村产业融合发展。首先要建立乡村数字经济和实体经济融合发展的激励和引导机制。积极利用有线电视、互联网数字平台进行宣传推介，发扬典型先锋模范的带头作用。对于当地农村居民认可的经营主体和数字媒介，政府要汲取它们的成功经验并加以总结，提升大家建设数字产业的积极性。创新农业产业发展模式，鼓励发展新的经济业态，利用网络直播等线上方式，扩大线上销售渠道，并与线下销售相结合，促进城乡数字销售体系的有效循环。

四是要鼓励知识青年返乡就业创业，发展新型农村数字经济经营主体。我国当前新型农业经营主体是家庭农场和农村合作社，都是农村数字经济发展中必不可少的一环。政府要加大对它们的财政金融支持力度，进一步扩大农业保险范围，提高新型经营主体的风险保障水平。加大对高文化素质农民的培育，教会他们使用数字技术，提高农民数字经营的能力和水平。利用财政补贴和优惠政策吸引知识青年下乡建设数字农村，并利用数字平台加以宣传，弘扬社会主义核心价值观。要建设具有创业孵化、技能培训和技术使用的农村创新产业基地，为人才返乡就业创业提供良好的环境。

五是要实现农业领域知识产权的创建和应用。在这个数字经济社会，人与人的关系逐渐以网络为纽带，实现智能化创新主要依靠人，因此，调动农

---

① 中国发展门户网．1.35亿户！我国农村宽带用户占固定宽带用户近三成［EB/OL］．（2020-03-12）［2022-09-06］．http：//cn.chinagate.cn/news/2020-03/12/content_ 75804233.htm.

民的生产积极性十分关键。要不断健全农村产权保护的法律制度，加强农村知识产权保护，提升农村知识创新能力。协调城乡的科技企业共同发展，鼓励科技特派员返乡创新数字农业，积极探索科技农业专利成果的质押融资业务。实施数字灌溉、精准施肥等重点科技专项，以及杂交农作物技术研发重大项目，努力培育出抗害虫、高质、高产的农业新品种。整合科研资源，开发数字化研发系统，促进农业创新领域研究的深入，尽快取得具有自主知识产权的农业领域科技成果。

新型城镇化能够有效促进城乡协同发展。要积极促进网络资源库建设和城乡数字资源共享，缩小城乡差距和不平衡，消除城乡数字鸿沟，发扬网络文化的积极作用，加强安全管理，提升城乡居民的信息搜索能力和网络素养，促进城乡居民文化上的相互认同感，实现物质和精神的共同富裕。

（三）注重行业协调发展，推动产业数字化和数字产业化进一步融合

数字经济发展下的行业协调效应主要是产业数字化和数字产业化之间的矛盾关系。产业数字化和数字产业化是当今数字经济时代“产业+数字化”发展的两个主要方向。对于数字产业化，曹梦石等（2021）① 指出，数字化产业是互联网经济发展的必然结果，数字经济催生新的行业，是我国新时代构建新的经济发展格局的重要实现路径。对于产业数字化，陈岷峰和汪祖刚（2021）② 认为，产业数字化是大数据、区块链、人工智能等新一代信息技术在传统行业中的应用，涉及产业的经营模式、行政管理、风险管理等方面，通过数字技术的渗入，传统行业可以提高经济效益、降低生产成本、节约社会资源。产业数字化是目前产业向高端转型的目标，实质上也是对传统行业的一次深入变革。两者的相互融合和促进能够实现数字技术在所有行业的广泛应用。产业数字化程度越高，越有利于数字技术的进一步创新，从而实现在此基础上的新兴数字产业发展，提高数字产业化程度。最终在数字经济的助力下，全行业都能实现协调发展，促进共建共治共享共同富裕新格局的构建。

1. 做好“两化”的顶层设计

明确发展导向，实现产业和技术的融合规划发展，保证总体战略方向上

---

① 曹梦石，徐阳洋，陆岷峰．“双碳”目标与绿色资本：构建资本有序流动体制与机制研究［J］．南方金融，2021（6）：59-68.

② 陆岷峰，汪祖刚．金融业人工智能应用的现状、问题与对策——基于商业银行数字机器人运用的样本分析［J］．金融科技时代，2021，29（1）：14-22.

的一致性和统一性。要抓主要矛盾，坚持统筹兼顾，既要集中力量将有限的资源投入最需要发展和最薄弱的行业，又要兼顾其他行业。发挥好数字经济服务实体经济、传统行业、人民群众的积极作用。在当前我国“两个一百年”历史交汇点上，要立足我国经济社会发展的整体目标，对我国产业数字化发展进行科学的顶层设计。

要立足我国当前经济发展新格局，制定全行业整体规划方向，一方面数字产业要顾全大局，其行业发展规划要服从和服务于其他行业；另一方面要考虑数字经济发展对全行业的影响，制定全国性行业数字化发展规划，在制定规划的过程中，要考虑全球数字经济产业融合发展的长远目标。

要积极利用数字技术持续深化供给侧结构性改革，满足随着数字经济发展而日益增长的消费者需求。陈长（2022）① 指出，数字化是产业的内在驱动力和深入结构性问题“内里”的关键所在。供给侧结构性改革是数字经济发展的原动力。要不断深化供给侧结构性改革，不断推进服务和产品质量的提高。激发企业活力，降低准入门槛，简化审批流程，充分释放内部生产活力和经济高质量增长潜能。

制定子行业的发展规划，帮助全国各个领域的子行业在母行业的指导下制定具体的规划路线。子行业的规划路线不仅要与母行业的规划衔接，也要与整体数字化产业相协调。

新兴数字化战略行业与传统行业要分别制定合理科学的供需发展规划，立足市场发展规律，对自身发展进行正确的定位。在注重国内市场需求的同时，努力实现国内外数字经济双循环，通过生产高数字附加值的产品进一步刺激内需和外需，促进全球产业链、供应链的科学发展。

2. 多个维度促进“两化”耦合

首先，要积极发展平台经济，只有实现行业经济平台化，才能突破时间和空间的限制，增加产品交易的频率和成功率，实现将数字经济产物服务于实体经济的发展能力。其次，要提升实体经济智慧化，不断提高实体经济的生产效率。最后，要不断将数字技术融入行业生产、销售、运输、运营的各个环节，数字技术可以为各行业捕捉市场信息，精准匹配需求，从而降低全

① 陈长．数字化赋能新时代金融供给侧结构性改革：逻辑、特征与路径［J］．西安财经大学学报，2022，35（2）：50-61.

行业的生产成本、增加产品的附加值，提高管理的数字化水平，发挥数字技术的重点引领和全面推进的积极作用，扩大国内行业协调效应，最终促进发展成果由全行业共享。

3. 深化体制机制改革

一是要促进对外开放机制的深入推进，改革开放四十余年，要从中汲取成功经验和历史教训，行业生产的产品，要努力实现在全球市场的流动。要制定全方位的对外开放政策，立足全球视角为我国数字化行业发展提供新定位，也要加强国内外行业的技术和经验交流。二是要加强行业组织体制的建设，行业组织不仅是经验交流的平台，也是业务合作的媒介。行业组织的进一步形成，有利于规范行业内的经营行为，促进企业合作联动。行业组织要发挥促进行业自律、信息传播的作用，督促企业顺应数字经济潮流，不违反市场规律，保护消费者权益，提升消费者的幸福感和获得感。

4. 抓行业重点和行业协调的主要矛盾

要促进行业协调和产业数字化发展就必须抓住重点领域和重点行业。一是要加强重点产业园区建设，促进产业集聚，企业是促进经济发展、实现共同富裕的主力军和动力源，产业园区能更好地集中力量解决重点问题，各地企业要依据当地的资源禀赋优势，加快建设区域产业园区，并做好发展规划，做好市场定位，科学决策。发挥中小型企业的优势，从而为促进主要矛盾的解决提供良好的行业环境。二是要打造数字科技中心，提高数字技术对重点行业和领域的辐射和带动作用，可以以科技发达的大城市为区位选择，促使重点发展的行业相对集中，更好地利用当地的科技资源和经济环境形成行业体系和上中下游产业链，实现重点传统行业和战略性新兴行业数字化建设深入发展，保持区域特色，形成中心、次中心的优势互补。坚持推进政产学研用一体化，发挥社会各界的帮助作用，突破制约产业数字化协调发展的全球性障碍，加大知识产权的保护，为行业数字化发展提供兜底保障。

总之，各行各业都要坚持产业技术化，只有技术才是发展繁荣的不竭动力，要脱虚向实，回归技术本源，如此才能实现国家产业的共同繁荣，扩大行业发展成果的共享范围，不断提高全体人民的幸福感和获得感，满足人民对美好生活的需求，实现全体人民共同富裕。

参考文献

［1］蔡跃洲．数字经济的增加值及贡献度测算：历史沿革、理论基础与方法框架［J］．求是学刊，2018，45（5）：65-71.

［2］蔡跃洲，张钧南．信息通信技术对中国经济增长的替代效应与渗透效应［J］．经济研究，2015，50（12）：100-114.

［3］曹梦石，徐阳洋，陆岷峰．“双碳”目标与绿色资本：构建资本有序流动体制与机制研究［J］．南方金融，2021（6）：59-68.

［4］曹海军，梁赛．赓续百年目标：共同富裕的因由寻绎、意蕴索隐和路径构想［J］．云南社会科学，2022（1）：54-61+187-188.

［5］陈晓东，刘冰冰．区域数字经济协调发展的实现路径［J］．开放导报，2021（6）：71-80.

［6］陈晓东，杨晓霞．数字经济发展对产业结构升级的影响——基于灰关联熵与耗散结构理论的研究［J］．改革，2021（3）：26-39.

［7］陈小辉，张红伟，吴永超．数字经济如何影响产业结构水平？［J］．证券市场导报，2020（7）：20-29.

［8］陈文，吴赢．数字经济发展、数字鸿沟与城乡居民收入差距［J］．南方经济，2021（11）：1-17.

［9］陈瑞义，戴静．数字产业化和产业数字化耦合协调性研究——以江苏省为例［J］．经济论坛，2022（2）：63-75.

［10］陈雪娟，胡怀国．共同富裕、人的全面发展与协调配套的基本分配制度体系——基于马克思需要理论的考察［J］．改革与战略，2022，38（2）：1-10.

［11］陈强．高级计量经济学及 Stata 应用［M］．北京：高等教育出版社，2014.

［12］陈长．数字化赋能新时代金融供给侧结构性改革：逻辑、特征与路

径［J］. 西安财经大学学报，2022，35（2）：50-61.

［13］陈晋玲 . 教育层次结构与经济增长关系的实证研究——基于 2000—2011 年面板数据分析［J］. 重庆大学学报（社会科学版），2013，19（5）：166-172.

［14］陈畴镛，陈雯卿 . 数字经济赋能共同富裕先行示范［J］. 浙江经济，2022（4）：16-19.

［15］陈临奇 . 数字经济时代对“服务业之谜”的再解释［D］. 北京：中国社会科学院研究生院，2020.

［16］陈劲，阳镇，张月遥 . 共同富裕视野下的中国科技创新：逻辑转向与范式创新［J］. 改革，2022（1）：1-15.

［17］陈鑫鑫，段博 . 数字经济缩小了城乡差距吗？——基于中介效应模型的实证检验［J］. 世界地理研究，2022，31（2）：280-291.

［18］陈丽君，郁建兴，徐铱娜 . 共同富裕指数模型的构建［J］. 治理研究，2021，37（4）：5-16+2.

［19］陈甬军，余雯雯 . 发展共享经济是实现共同富裕的重要路径［J］. 理论导报，2021（11）：53-55.

［20］陈宗胜，黄云，周云波 . 多维贫困理论及测度方法在中国的应用研究与治理实践［J］. 国外社会科学，2020（6）：15-34.

［21］陈正伟，张南林 . 基于购买力平价下共同富裕测算模型及实证分析［J］. 重庆工商大学学报（自然科学版），2013，30（6）：1-5.

［22］陈岑，张彩云，周云波 . 新时代背景下的共同富裕：挑战与路径选择［J］. 西南金融，2022（4）：31-43.

［23］丛屹，闫苗苗 . 数字经济、人力资本投资与高质量就业［J］. 财经科学，2022（3）：112-122.

［24］丁强，张向群 . 区域经济转型升级：基于战略性新兴产业与传统产业耦合发展的推动［J］. 科技与管理，2015，17（4）：72-77.

［25］邓石军，陈晓霞 . 数字经济促进了共同富裕吗［J］. 统计理论与实践，2022（3）：19-25.

［26］邓小平 . 邓小平文选（第 3 卷）［M］. 北京：人民出版社，1993.

［27］邓力平，王智烜，陈丽 . 对“加强财政资源统筹”重大决策的深层理解［J］. 当代财经，2021（9）：29-37.

[28] 邓宇．科技金融驱动我国制造业竞争力提升的路径研究［J］．西南金融，2022（7）：56-66.

[29] 董静媚．加快数字东北建设　更好助力振兴发展［J］．中国物价，2019（12）：31-34.

[30] 杜庆昊．数字产业化和产业数字化的生成逻辑及主要路径［J］．经济体制改革，2021（5）：85-91.

[31] 二十国集团数字经济发展与合作倡议［EB/OL］．（2016-09-20）．http：//www. g20chn. org/hywj/dncgwj/201609/t20160920_ 3474. html.

[32] 樊轶侠，徐昊．财政助力数字经济高质量发展：核心机理与经验启示［J］．改革，2020（8）：83-91.

[33] 方慧，张潇叶．中国文化产业数字化水平测度及其出口效应研究［J］．山东大学学报（哲学社会科学版），2022（3）：38-51.

[34] 方曼，陈德军．加强学生科技创新基地的建设　促进创新人才的培养［J］．实验技术与管理，2009，26（8）：20-22.

[35] 伏志强，孙伟平．科技向"善"：人工智能发展的价值遵循［J］．甘肃社会科学，2021（2）：97-103.

[36] 付文军．中国特色社会主义共同富裕论纲［J］．社会科学辑刊，2021（6）：159-167.

[37] 顾海良．共同富裕是社会主义的本质要求［J］．红旗文稿，2021（20）：4-11.

[38] 郭美晨．ICT 产业与产业结构优化升级的关系研究——基于灰关联熵模型的分析［J］．经济问题探索，2019（4）：131-140.

[39] 郭树行，刘紫琪，张荐清．面向新媒体的数字经济指数建设研究［J］．中国出版，2021（10）：33-38.

[40] 郭峰，王靖一，王芳，等．测度中国数字普惠金融发展：指数编制与空间特征［J］．经济学（季刊），2020，19（4）：1401-1418.

[41] 郭东杰，周立宏，陈林．数字经济对产业升级与就业调整的影响［J］．中国人口科学，2022（3）：99-110+128.

[42] 郭朝先，王嘉琪，刘浩荣．"新基建"赋能中国经济高质量发展的路径研究［J］．北京工业大学学报（社会科学版），2020，20（6）：13-21.

[43] 国家统计局．中国科技统计年鉴 2018［M］．北京：中国统计出版

社，2018.

［44］国务院新闻办公室．中国的民主白皮书［EB/OL］.（2021-12-04）［2022-09-06］. http：//www. scio. gov. cn/zfbps/ndhf/44691/Document/1717212/1717212. htm.

［45］国际货币基金组织. 衡量数字经济［R］. 国际货币基金组织政策文件，2018（2）：18-28.

［46］韩璐，陈松，梁玲玲．数字经济、创新环境与城市创新能力［J］. 科研管理，2021，42（4）：35-45.

［47］韩振峰．中国共产党探索共同富裕的历程及经验启示［J］. 党课参考，2022（7）：98-104.

［48］何春．中国城镇化的农村减贫效应研究［D］. 沈阳：辽宁大学，2018.

［49］何春．城镇化进程中的贫困治理［M］. 北京：中国经济出版社，2021.

［50］何盈颖．中国数字经济对产业结构升级的影响研究［D］. 保定：河北大学，2021.

［51］何大安．中国数字经济现状及未来发展［J］. 治理研究，2021，37（3）：5-15+2.

［52］何宗樾，张勋，万广华．数字金融、数字鸿沟与多维贫困［J］. 统计研究，2020，37（10）：79-89.

［53］何宗樾，宋旭光．数字经济促进就业的机理与启示——疫情发生之后的思考［J］. 经济学家，2020（5）：58-68.

［54］贺正楚，张蜜，潘红玉．基于新发展理念的共享经济溢出效应评价［J］. 统计与决策，2021，37（17）：131-134.

［55］胡伦，陆迁．贫困地区农户互联网信息技术使用的增收效应［J］. 改革，2019（2）：74-86.

［56］华兴顺．数字经济对城乡融合的影响和发展路径研究［J］. 全国流通经济，2021（5）：117-119.

［57］华坚，潘雪晴．农业科技创新对粮食产业高质量发展的影响——基于 30 个省份面板数据分析［J］. 华东经济管理，2022，36（7）：55-64.

［58］黄群慧，刘学良．新发展阶段中国经济发展关键节点的判断和认识［J］. 经济学动态，2021（2）：3-15.

［59］黄群慧，余泳泽，张松林．互联网发展与制造业生产率提升：内在机制与中国经验［J］．中国工业经济，2019（8）：5-23.

［60］黄逾白．新媒体时代农业跨境电商的信息不对称问题及优化策略［J］．农业经济，2021（10）：126-128.

［61］黄浩．数字经济带来的就业挑战与应对措施［J］．人民论坛，2021（1）：16-18.

［62］黄伟鑫．基于面板数据模型的城市地价与房价互动关系研究［D］．杭州：浙江大学，2011.

［63］黄一玲．中国共产党实现共同富裕的百年探索与经验启示［J］．南京师大学报（社会科学版），2021（5）：93-101.

［64］黄金芳．数字经济背景下互联网发展对区域经济差距的影响——基于劳动力要素配置视角［J］．商业经济研究，2021（21）：167-171.

［65］洪银兴．以包容效率与公平的改革促进共同富裕［J］．经济学家，2022（2）：5-15.

［66］纪雯雯，刘向兵．数字经济发展对未来教育的影响与应对［J］．国家教育行政学院学报，2021（3）：58-66.

［67］经济合作与发展组织．衡量数字经济：一个新的视角［M］．上海：上海远东出版社，2015.

［68］蒋永穆，亢勇杰．数字经济促进共同富裕：内在机理、风险研判与实践要求［J］．经济纵横，2022（5）：21-30+135.

［69］蒋永穆．数据作为生产要素参与分配的现实路径［J］．国家治理，2020（31）：43-45.

［70］江小涓，靳景．中国数字经济发展的回顾与展望［J］．中共中央党校（国家行政学院）学报，2022，26（1）：69-77.

［71］康芸．加快传统产业企业数字化转型［J］．宏观经济管理，2022（6）：82-90.

［72］孔文豪，吴佳宜，黄思颖．数字鸿沟与相对剥夺感：微观证据与影响机制［J］．电子政务，2021（1）：110-124.

［73］雷小苗．社会主义市场经济条件下科技创新的新型举国体制研究［J］．经济学家，2021（12）：14-21.

［74］李永红，黄瑞．我国数字产业化与产业数字化模式的研究［J］．科

技管理研究，2019，39（16）：129–134.

［75］李晓华．“互联网+”改造传统产业的理论基础［J］．经济纵横，2016（3）：57–63.

［76］李丽，张东旭，薛雯卓，等．数字经济驱动服务业高质量发展机理探析［J］．商业经济研究，2022（3）：174–176.

［77］李金昌，余卫．共同富裕统计监测评价探讨［J］．统计研究，2022，39（2）：3–17.

［78］李实，朱梦冰．推进收入分配制度改革　促进共同富裕实现［J］．管理世界，2022，38（1）：52–61+76+62.

［79］李实．共同富裕的目标和实现路径选择［J］．经济研究，2021，56（11）：4–13.

［80］李泽泉．坚定不移走共同富裕道路［J］．红旗文稿，2011（22）：14–15.

［81］李丽霞，李宁，张旭锐．互联网使用对农户多维贫困的减贫效应研究［J］．科学决策，2019（11）：66–82.

［82］李雪松．努力实现“十四五”发展目标及2035年远景目标［J］．经济研究参考，2020（24）：100–102.

［83］李三希．我国数字经济发展的主要特点和突出优势［J］．国家治理，2021（18）：3–7.

［84］李蕾．黄河流域数字经济发展水平评价及耦合协调分析［J］．统计与决策，2022（9）：26–30.

［85］李豫新，李枝轩．乡村振兴背景下数字经济发展与城乡收入差距［J］．金融与经济，2022（6）：60–67+96.

［86］李春成．科技创新助力共同富裕的路径［J］．中国科技论坛，2021（10）：3.

［87］李婕，韩凤芹．我国数字经济发展的财税政策建议［J］．社会科学家，2021（12）：107–112.

［88］李晓华．数字技术推动下的服务型制造创新发展［J］．改革，2021（10）：72–83.

［89］厉敏．发展数字经济，助力高质量发展建设共同富裕示范区［J］．信息化建设，2021（8）：16–21.

［90］林映贞．互联网、不同层次教育与经济高质量发展［D］．大连：大连理工大学，2021.

［91］梁东亮，赖雄麟．数字经济促进共同富裕研究——基于均衡增长视角［J］．理论探讨，2022（3）：57-62.

［92］刘培林，钱滔，黄先海，等．共同富裕的内涵、实现路径与测度方法［J］．管理世界，2021，37（8）：117-129.

［93］刘传辉，杨志鹏．城市群数字经济指数测度及时空差异特征分析——以六大城市群为例［J］．现代管理科学，2021（4）：92-111.

［94］刘雅君，蒋国梁．网络基础设施建设推动了城市数字经济发展吗？——基于“宽带中国”战略的准自然实验［J］．求是学刊，2022，49（3）：61-73.

［95］刘诚．数字经济与共同富裕：基于收入分配的理论分析［J］．财经问题研究，2022（4）：25-35.

［96］列宁．列宁全集（第7卷）［M］．中共中央马克思恩格斯列宁斯大林著作编译局，译．北京：人民出版社，2013.

［97］列宁．列宁全集（第29卷）［M］．中共中央马克思恩格斯列宁斯大林著作编译局，译．北京：人民出版社，2017.

［98］刘方，孟祺．数字经济发展：测度、国际比较与政策建议［J］．青海社会科学，2019（4）：83-90.

［99］刘诚．数字经济与共同富裕：基于收入分配的理论分析［J］．财经问题研究，2022（4）：25-35.

［100］刘红红．产业数字化转型对消费结构优化的影响——消费回流的中间效应［J］．商业经济研究，2022（12）：52-55.

［101］刘风云．互联网背景下流通业数字化对消费升级的影响——基于省级面板的实证［J］．商业经济研究，2022（2）：57-60.

［102］刘荣增，何春．环境规制对城镇居民收入不平等的门槛效应研究［J］．中国软科学，2021（8）：41-52.

［103］刘钒，余明月．长江经济带数字产业化与产业数字化的耦合协调分析［J］．长江流域资源与环境，2021，30（7）：1527-1537.

［104］刘渝琳，王雨豪，朱鑫城．共同富裕目标下可持续经济福利结构均衡增长［J］．数量经济技术经济研究，2022，39（5）：3-24.

［105］刘儒，张艺伟．数字经济与共同富裕——基于空间门槛效应的实证研究［J］．西南民族大学学报（人文社会科学版），2022，43（3）：90-99.

［106］刘军，曹雅茹，鲍怡发，等．制造业智能化对收入差距的影响研究［J］．中国软科学，2021（3）：43-52.

［107］刘诚．数字经济与共同富裕：基于收入分配的理论分析［J］．财经问题研究，2022（4）：25-35.

［108］刘军，杨渊鋆，张三峰．中国数字经济测度与驱动因素研究［J］．上海经济研究，2020（6）：81-96.

［109］刘鹏飞．基于主成分分析与灰色预测的新型城镇化综合水平测度［D］．衡阳：南华大学，2021.

［110］刘魏，张应良，王燕．数字普惠金融发展缓解了相对贫困吗？［J］．经济管理，2021，43（7）：44-60.

［111］刘丹．基于面板数据模型的农地流转影响因素研究［D］．杭州：浙江大学，2019.

［112］陆岷峰，王婷婷．数字技术与小微金融：担保与风险转移模式创新研究——基于数字技术在商业银行小微金融风险管理中的应用［J］．当代经济管理，2021，43（3）：72-82.

［113］陆岷峰．绿色理念与低碳转型：新阶段商业银行打造低碳银行研究——基于百年绿色发展思想视角［J］．金融理论与实践，2021（5）：1-11.

［114］陆岷峰，汪祖刚．金融业人工智能应用的现状、问题与对策——基于商业银行数字机器人运用的样本分析［J］．金融科技时代，2021，29（1）：14-22.

［115］陆挺．2035年我国成为“中等发达国家”需要多快的GDP增速［J］．企业观察家，2021（5）：20-21.

［116］陆杰华，韦晓丹．老年数字鸿沟治理的分析框架、理念及其路径选择——基于数字鸿沟与知沟理论视角［J］．人口研究，2021，45（3）：17-30.

［117］罗楚亮，李实，岳希明．中国居民收入差距变动分析（2013—2018）［J］．中国社会科学，2021（1）：33-54+204-205.

［118］吕光明，陈欣悦．2035年共同富裕阶段目标实现指数监测研究［J］．统计研究，2022，39（4）：3-20.

［119］马述忠，贺歌，郭继文．数字农业的福利效应——基于价值再创造与再分配视角的解构［J］．农业经济问题，2022（5）：10-26.

［120］马慧．数字经济背景下平台企业横向并购反垄断的困境与路径［J］．中国流通经济，2021，35（12）：112-124.

［121］马宇罡，苑楠．科技资源科普化配置——科技经济融合的一种路径选择［J］．科技导报，2021，39（4）：36-43.

［122］马克思．资本论（第一卷）［M］．中共中央马克思恩格斯列宁斯大林著作编译局，译．北京：人民出版社，1975.

［123］孟添，张恒龙．数字金融与区域经济高质量发展［J］．社会科学辑刊，2022（1）：139-148.

［124］穆菁．在高质量发展中促进共同富裕，统筹做好重大金融风险防范化解工作［J］．共产党员，2021（18）：4-5.

［125］欧阳日辉．数字经济促进共同富裕的逻辑、机理与路径［J］．长安大学学报（社会科学版），2022，24（1）：1-15.

［126］逄健，朱欣民．国外数字经济发展趋势与数字经济国家发展战略［J］．科技进步与对策，2013，30（8）：124-128.

［127］戚聿东，褚席．数字经济发展促进产业结构升级机理的实证研究［J］．学习与探索，2022（4）：111-120.

［128］秦建群，赵晶晶，王薇．数字经济对产业结构升级影响的中介效应与经验证据［J］．统计与决策，2022（11）：99-103.

［129］邱泽奇，张樹沁，刘世定，等．从数字鸿沟到红利差异——互联网资本的视角［J］．中国社会科学，2016（10）：93-115+203-204.

［130］任保平．全面理解新发展阶段的共同富裕［J］．社会科学辑刊，2021（6）：142-149.

［131］任晓刚，李冠楠，王锐．数字经济发展、要素市场化与区域差距变化［J］．中国流通经济，2022，36（1）：55-70.

［132］任保平，张陈璇．中国数字经济发展的安全风险预警与防范机制构建［J］．贵州财经大学学报，2022（2）：1-13.

［133］石文静．中国共产党实现共同富裕的历程与经验［J］．科学社会主义，2021（6）：35-39.

［134］申云，李京蓉．我国农村居民生活富裕评价指标体系研究——基

于全面建成小康社会的视角［J］. 调研世界，2020（1）：42-50.

［135］宋群. 我国共同富裕的内涵、特征及评价指标初探［J］. 全球化，2014（1）：35-47+124.

［136］苏畅. 马克思主义共同富裕思想与我国的实践路径研究［D］. 北京：中共中央党校，2018.

［137］谭洪波. 数字经济与共同富裕［N/OL］. 光明日报，（2022-02-15）［2022-09-06］. https：//xw. qq. com/cmsid/20220215A01RNA00.

［138］陶长琪，周璇. 产业融合下的产业结构优化升级效应分析——基于信息产业与制造业耦联的实证研究［J］. 产业经济研究，2015（3）：21-31+110.

［139］田勇，殷俊. 互联网进村的减贫效果评估及其机制分析——基于农村电商创业热潮的背景［J］. 现代经济探讨，2019（2）：98-106.

［140］田海燕，李秀敏. 财政科教支出、技术进步与区域经济协调发展——基于引致技术进步动态多区域 CGE 模型［J］. 财经研究，2018，44（12）：85-99.

［141］唐红涛，谢婷. 数字经济视角下产业扶贫与产业振兴有效衔接的机理与效应研究［J］. 广东财经大学学报，2022（4）：30-43.

［142］唐斯斯，赵文景. 着力推动公共服务数字化　促进数字经济发展红利全民共享［J］. 中国经贸导刊，2022（3）：26-28.

［143］万海远. 实现全体人民共同富裕的现代化［J］. 中国党政干部论坛，2020（12）：36-40.

［144］万海远，陈基平. 共享发展的全球比较与共同富裕的中国路径［J］. 财政研究，2021（9）：14-29.

［145］王海兵. 数字经济的“破坏性”：典型现象及政策建议［J］. 当代经济管理，2022（5）：1-7.

［146］王立胜. 以共享发展促共同富裕：理念、挑战与路径［J］. 当代世界与社会主义，2021（6）：61-67.

［147］王思斌. 乡村振兴中韧性发展的经济——社会政策与共同富裕效应［J］. 探索与争鸣，2022（1）：110-118+179.

［148］王思瑶. 数字经济能否编制卫星账户［J］. 中国统计，2019（1）：40-42.

［149］王立胜．以共享发展促共同富裕：理念、挑战与路径［J］．当代世界与社会主义，2021（6）：61－67．

［150］王瑜，汪三贵．互联网促进普惠发展的基本经验：成本分担与多层面赋能［J］．贵州社会科学，2020（11）：132－140．

［151］王海艳，林云舟，滕忠铭．数字经济对城乡融合发展的影响因素研究［J］．中共福建省委党校（福建行政学院）学报，2022（3）：123－132．

［152］王世强．数字经济中的反垄断：企业行为与政府监管［J］．经济学家，2021（4）：91－101．

［153］王阳，朱计翰．数字经济背景下促进共同富裕的路径选择［J］．科学发展，2022（3）：104－112．

［154］王冬，柴国俊．农业供给侧结构性改革提振居民消费：影响效应和传导机制［J］．西南民族大学学报（人文社会科学版），2021，42（12）：109－120．

［155］王维佳．产业融合理念下传统农耕文化与乡村旅游协同发展研究［J］．农业经济，2020（12）：50－51．

［156］汪阳洁，唐湘博，陈晓红．新冠肺炎疫情下我国数字经济产业发展机遇及应对策略［J］．科研管理，2020，41（6）：157－171．

［157］汪晓文，杜欣．中国经济增长方式转变的影响因素及路径选择［J］．北京理工大学学报（社会科学版），2018，20（6）：104－111．

［158］王喆，陈胤默，张明．测度全球数字经济发展：基于TIMG指数的特征事实［J］．金融评论，2021，13（6）：40－56+118－119．

［159］王俊．从电子政务、智慧城市到智慧社会——智慧宜昌一体化建设实践探析［J］．电子政务，2018（5）：52－63．

［160］魏亚飞，李言．网络基础设施与数字经济产业化——来自“宽带中国”政策的准自然实验［J］．云南财经大学学报，2021，37（7）：1－14．

［161］魏和清．关于知识测度理论与方法的思考［J］．当代财经，2005（7）：120－123．

［162］温念军．发展数字经济　助力乡村振兴［N］．钦州日报，2021－11－22（6）．

［163］温忠麟，叶宝娟．中介效应分析：方法和模型发展［J］．心理科学进展，2014，22（5）：731－745．

［164］温湖炜，钟启明．数字基础设施与企业全要素生产率——来自中国上市公司的证据［J］．软科学，2022（6）：1-11.

［165］吴翌琳．国家数字竞争力指数构建与国际比较研究［J］．统计研究，2019，36（11）：14-25.

［166］吴晓波，裴珍珍．高技术产业与传统产业协同发展的战略模式及其实现途径［J］．科技进步与对策，2006（1）：50-52.

［167］武可栋，朱梦春，阎世平．数字经济发展水平对劳动力就业结构的影响［J］．统计与决策，2022，38（10）：106-111.

［168］习近平．扎实推动共同富裕［J］．求是，2020（20）：32.

［169］习近平．在全国脱贫攻坚总结表彰大会上的讲话［N］．人民日报，2021-02-26（2）.

［170］夏杰长，刘诚．数字经济赋能共同富裕：作用路径与政策设计［J］．经济与管理研究，2021，42（9）：3-13.

［171］谢小飞，吴家华．中国共产党追求共同富裕的百年历程与启示［J］．西南民族大学学报（人文社会科学版），2021，42（7）：53-58.

［172］肖若晨．大数据助推乡村振兴的内在机理与实践策略［J］．中州学刊，2019（12）：48-53.

［173］向书坚，吴文君．中国数字经济卫星账户框架设计研究［J］．统计研究，2019，36（10）：3-16.

［174］向云，陆倩，李芷萱．数字经济发展赋能共同富裕：影响效应与作用机制［J］．证券市场导报，2022（5）：2-13.

［175］续继．国内外数字经济规模测算方法总结［J］．信息通信技术与政策，2019（9）：78-81.

［176］续继，唐琦．数字经济与国民经济核算文献评述［J］．经济学动态，2019（10）：117-131.

［177］许宪春，关会娟，张钟文．新时代中国经济社会统计的创新与发展［J］．统计研究，2019，36（9）：3-17.

［178］许宪春，张美慧．中国数字经济规模测算研究——基于国际比较的视角［J］．中国工业经济，2020（5）：23-41.

［179］徐维祥，周建平，周梦瑶，等．数字经济空间联系演化与赋能城镇化高质量发展［J］．经济问题探索，2021（10）：141-151.

［180］薛成，孟庆玺，何贤杰．网络基础设施建设与企业技术知识扩散——来自“宽带中国”战略的准自然实验［J］．财经研究，2020，46（4）：48-62.

［181］严成樑．社会资本、创新与长期经济增长［J］．经济研究，2012，47（11）：48-60.

［182］姚战琪．产业数字化转型对消费升级和零售行业绩效的影响［J］．哈尔滨工业大学学报（社会科学版），2021，23（4）：143-151.

［183］杨仲山，张美慧．数字经济卫星账户：国际经验及中国编制方案的设计［J］．统计研究，2019（5）：16-30.

［184］杨文圣，李旭东．共有、共建、共享：共同富裕的本质内涵［J］．西安交通大学学报（社会科学版），2022，42（1）：10-16.

［185］杨东．后疫情时代数字经济理论和规制体系的重构——以竞争法为核心［J］．人民论坛·学术前沿，2020（17）：48-57.

［186］杨煌．共同富裕：中国共产党百年的奋斗与追求［J］．世界社会主义研究，2021，6（9）：23-37+102-103.

［187］于德．习近平精准扶贫思想研究［D］．北京：中共中央党校，2019.

［188］袁梦瑶，杨娟．试论数字经济四大效应助推共同富裕［J］．现代交际，2022（5）：55-61+122.

［189］曾倩，韩珣，方新．效率与公平视角下企业及政府的资源配置决策［J］．中国管理科学，2020，28（10）：88-97.

［190］查建国，陈炼．数字经济赋能共同富裕［N］．中国社会科学报，2022-04-08（2）.

［191］翟仁祥，宣昌勇．数字普惠金融提高了城市创业活跃度吗［J］．现代经济探讨，2022（5）：76-87.

［192］战炤磊．居民、企业与政府收入协同增长：共同富裕的重要实现路径［J］．学术研究，2021（11）：107-114.

［193］张亮亮，刘小凤，陈志．中国数字经济发展的战略思考［J］．现代管理科学，2018（5）：88-90.

［194］张文魁．数字经济的内生特性与产业组织［J］．管理世界，2022，38（7）：79-90.

［195］张建华，孙熠譞．从全面小康到共同富裕［J］．学习与实践，2022（2）：14-23+2.

［196］张颖熙，夏杰长．科技向善赋能共同富裕：机理、模式与路径［J］．河北学刊，2022，42（3）：115-122.

［197］张云霞．完善社会主义市场经济体制是新时代科技创新的必然要求［J］．贵州社会科学，2019（9）：18-24.

［198］张占斌，吴正海．共同富裕的发展逻辑、科学内涵与实践进路［J］．新疆师范大学学报（哲学社会科学版），2022，43（1）：39-48+2.

［199］张昕蔚，蒋长流．数据的要素化过程及其与传统产业数字化的融合机制研究［J］．上海经济研究，2021（3）：60-69.

［200］张虎，韩爱华，杨青龙．中国制造业与生产性服务业协同集聚的空间效应分析［J］．数量经济技术经济研究，2017，34（2）：3-20.

［201］张美慧．国际新经济测度研究进展及对中国的借鉴［J］．经济学家，2017（11）：47-55.

［202］张品茹．数字经济发展视域下技术创新与城市消费公平研究［J］．商业经济研究，2022（11）：42-45.

［203］张岩．数字经济给企业用工带来的机遇与挑战［J］．合作经济与科技，2021（15）：102-103.

［204］张勋，万广华，张佳佳，等．数字经济、普惠金融与包容性增长［J］．经济研究，2019，54（8）：71-86.

［205］张二震，戴翔．数字赋能中国全球价值链攀升：何以可能与何以可为［J］．阅江学刊，2022，14（1）：109-118+174-175.

［206］张德茗，梁元秀．创新投入结构对 TFP 的影响——基于知识产权保护调节作用的分析［J］．商业研究，2017（5）：122-128.

［207］赵玉鹏，王志远．数字经济与数字经济时代浅议［J］．广西民族大学学报（哲学社会科学版），2003（S1）：113-114.

［208］赵涛，张智，梁上坤．数字经济、创业活跃度与高质量发展——来自中国城市的经验证据［J］．管理世界，2020，36（10）：65-76.

［209］赵勇．数字时代推进共同富裕的法治完善［J］．湖北大学学报（哲学社会科学版），2022，49（2）：13-20.

［210］赵鑫铖，梁双陆．中国区域经济福利的水平测度与增长测度研究

[J]. 数量经济技术经济研究，2020，37（7）：26-47.

［211］赵星 . 数字经济发展现状与发展趋势分析［J］. 四川行政学院学报，2016（4）：85-88.

［212］郑文娟 . 中国城市住房价格与住房租金的影响因素及相互关系研究［D］. 杭州：浙江大学，2011.

［213］郑业鲁，唐宇清 . 数字农业与广东农业信息化发展的思考［J］. 南方经济，2004（12）：68-70.

［214］朱文博浩，李晓峰，孙波 . 后疫情时代数字化促进粤港澳大湾区传统产业升级研究［J］. 国际贸易，2021（3）：52-59.

［215］周泽红，郭劲廷 . 数字经济发展促进共同富裕的理路探析［J］. 上海经济研究，2022（6）：5-16.

［216］周善将，周天松 . 新发展格局下产业智能化发展的消费升级溢出效应：理论与实证［J］. 商业经济研究，2021（22）：173-177.

［217］中国发展门户网 . 1. 35 亿户！我国农村宽带用户占固定宽带用户近三成［EB/OL］.（2020-03-12）［2022-09-06］. http：//cn. chinagate. cn/news/2020-03/12/content_ 75804233. htm.

［218］中国劳动经济学会就业促进专业委员会课题组 . STEM 教育与中国经济高质量发展［J］. 中国经济报告，2020（4）：68-86.

［219］2021 年中央经济工作会议公报全文［EB/OL］. 经济形势报告网 .（2021-09-09）［2022-12-30］. http：//www. china-cer. com. cn/guwen/2021090914626. html.

［220］中共中央文献研究室 . 邓小平思想年编：一九七五——九九七［M］. 北京：中央文献出版社，2011.

［221］中共中央 . 中共中央关于党的百年奋斗重大成就和历史经验的决议［M］. 北京：人民出版社，2021.

［222］中共中央 . 中共中央关于制定国民经济和社会发展第十四个五年规划和二〇三五年远景目标的建议［M］. 北京：人民出版社，2020.

［223］朱太辉，林思涵，张晓晨 . 数字经济时代平台企业如何促进共同富裕［J］. 金融经济学研究，2022，37（1）：181-192.

［224］左晓栋 . G20“数字经济倡议”与网络安全［J］. 微型机与应用，2016，35（18）：1-2.

[225] 植草益. 信息通讯业的产业融合 [J]. 中国工业经济, 2001 (2): 24-27.

[226] ACEMOGLU D, RESTREPO P. Automation and New Tasks: How Technology Displaces and Reinstates Labor [J]. Journal of Economic Perspectives, 2019, 33 (2): 3-30.

[227] AHMAD N, SCHREYER P. Measuring GDP in a Digitalised Economy [EB/OL]. (2016-06-17) [2022-10-23]. https://www.oecd-ilibrary.org/economics/measuring-gdp-in-a-digitalised-economy_ 5jlwqd81d09r-en.

[228] BEAN C. Independent Review of British Economic Statistics [R]. Independent Report of the British Ministry of Finance and the Cabinet Office London, 2016.

[229] BAREFOOYK, CURTIS D, JOLLIF W, et al. Defining and Measuring the Digital Economy [R]. Washington: Bureau of Economic Analysis, 2018: 12-24.

[230] BUKHT R, HEEKS R. Defining, Conceptualising and Measuring the Digital Economy [J]. International Organization Research Journal, 2017 (13): 143-172.

[231] ECHEVARRIA C. Changes in Sectoral Composition Associated with Economic Growth [J]. International Economic Review, 1997, 38 (2): 431-452.

[232] GROSHEN E L, MOYER B C, AIZCORBE A M, et al. How Government Statistics Adjust for Potential Biases from Quality Change and New Goods in an Age of Digital Technologies: A View from the Trenches [J]. Journal of Economic Perspectives, 2017, 31 (2): 187-210.

[233] HANSEN B E. Threshold Effects in Non-dynamic Panels: Estimation, Testing, and Inference [J]. Journal of Population Economics, 1999, 93 (2): 345-368.

[234] HENRY D, COOKE S, MONTES S. The Emerging Digital Economy [R/OL]. [2017-02-28]. http://www.esa.doc.gov/sites/default/files/emergingdig_ 0.pdf.

[235] ITIF. The 2014 State New Economy Index [R]. Washington D. C.: ITIF, 2014.

[236] KAHIN B, BRYNJOLFSSON E. Understanding the Digital Economy: Data, Tools, and Research [M]. Cambridge: The MIT Press, 2000.

[237] KIRKMAN G, CORNELIUS P, SACHS J, et al. The Global Information Technology Report 2001-2002: Readiness forthe Networked World [M]. New York: Oxford University Press, 2002.

[238] MARGHERIO L, DAVE H, COOK S, Montes S. The Emerging Digital Economy [R]. U. S. Department of Commerce, 1998.

[239] OJANPERÄ S, GRAHAM M, ZOOK M. The Digital Knowledge Economy Index: Mapping Content Production [J]. Journal of Development Studies, 2019: 55.

[240] TAPSCOTT D. The Digital Economy: Promise and Peril in the Age of Networked Intelligence [M]. New York: McGraw-Hill, 1996.

[241] ZUO G W. Wired and Hired: Employment Effects of Subsidized Broadband Internet for Low-Income Americans [J]. American Economic Journal: Economic Policy, 2021, 13 (3): 447-482.

结语

本书的完成离不开诸多师长和亲朋好友的关心与帮助。首先，要感谢河南财经政法大学经济学院的领导和老师给予我的支持和帮助，从开始构思到书稿完成，前后花费了近一年时间，在此期间，院领导多次组织召开书稿讨论会，和大家一起进行书稿交流讨论，对书稿中存在的不足及问题提出针对性的修改意见，并且在私下也经常鼓励我坚持写作，增强了我完成书稿的信心。

其次，要感谢中国城市科学研究会杨春志老师、国家税务总局郑州市金水区税务局王柯程老师和西安交通大学丁昱文博士在模型选择、数据处理和分析过程中给予的指导和帮助，本书运用了固定效应模型、中介效应模型、面板门槛模型以及空间计量模型等多种模型，而且使用的城市面板数据样本量较大，数据处理有一定的难度，他们利用自己所掌握的知识为我提供了一些专业性的技术指导。另外，还要感谢徐培芳老师及段鸿飞等同学对本书稿图表的绘制，使得本书得以顺利完成。

最后要感谢我的家人，是你们为我提供了坚实的后盾，使我能勇敢地走下去，特别感谢我的孩子，工作太忙对你的陪伴和关注很少，希望你能够理解。